UTB

Eine Arbeitsgemeinschaft der Verlage

Böhlau Verlag · Wien · Köln · Weimar
Verlag Barbara Budrich · Opladen · Toronto
facultas.wuv · Wien
Wilhelm Fink · Paderborn
A. Francke Verlag · Tübingen
Haupt Verlag · Bern
Verlag Julius Klinkhardt · Bad Heilbrunn
Mohr Siebeck · Tübingen
Nomos Verlagsgesellschaft · Baden-Baden
Ernst Reinhardt Verlag · München · Basel
Ferdinand Schöningh · Paderborn
Eugen Ulmer Verlag · Stuttgart
UVK Verlagsgesellschaft · Konstanz, mit UVK/Lucius · München
Vandenhoeck & Ruprecht · Göttingen · Bristol
vdf Hochschulverlag AG an der ETH Zürich

Jörg Reinhardt

Grundkurs Sozialverwaltungsrecht für die Soziale Arbeit

Mit 22 Übersichten, 13 Fällen und Musterlösungen

Ernst Reinhardt Verlag München Basel

Prof. ***Jörg Reinhardt*** lehrt rechtliche Grundlagen der Sozialen Arbeit an der Hochschule für angewandte Wissenschaften München.

Bibliografische Information der Deutschen Nationalbibliothek

Die Deutsche Nationalbibliothek verzeichnet diese Publikation in der Deutschen Nationalbibliografie; detaillierte bibliografische Daten sind im Internet über <http://dnb.d-nb.de> abrufbar.

UTB-Band-Nr.: 4216
ISBN 978-3-8252-4216-9

Printed in Germany
Einbandgestaltung: Atelier Reichert, Stuttgart
Satz: Da-TeX Gerd Blumenstein, Leipzig

Ernst Reinhardt Verlag, Kemnatenstr. 46, D-80639 München
Net: www.reinhardt-verlag.de E-Mail: info@reinhardt-verlag.de

Inhalt

Abkürzungen 11

Vorwort 13

1 Grundbegriffe 14
1.1 Verwaltung 14
1.2 Verwaltungsrecht 15
1.2.1 Allgemeines Verwaltungsrecht 16
1.2.2 Besonderes Verwaltungsrecht 17
1.3 Sozialverwaltungsrecht 18
1.3.1 Allgemeines Sozialverwaltungsrecht 19
1.3.2 Besonderes Sozialverwaltungsrecht 20

2 Träger der Verwaltung 23
2.1 Staatliche Verwaltung 23
2.1.1 Unmittelbare Staatsverwaltung 24
2.1.2 Mittelbare Staatsverwaltung 27
2.2 Private Organisationen und Privatpersonen 32
2.2.1 Beliehene 32
2.2.2 Verwaltungshelfer 33
2.2.3 Freie Träger 33
2.3 System der Aufsicht 35
2.3.1 Dienstaufsicht 36
2.3.2 Rechtsaufsicht 37
2.3.3 Fachaufsicht 38

3 Formen des Verwaltungshandelns ... 40
3.1 Hoheitliches Handeln ... 40
3.2 Privatrechtliches Handeln ... 40
3.2.1 Fiskalisches Verwaltungshandeln ... 42
3.2.2 Verwaltungsprivatrecht ... 43

4 Der Verwaltungsakt ... 45
4.1 Begriff des Verwaltungsakts ... 45
4.1.1 Maßnahme einer Behörde ... 45
4.1.2 Gebiet des öffentlichen Rechts ... 46
4.1.3 Regelung ... 46
4.1.4 Einzelfall ... 48
4.1.5 Unmittelbare Rechtswirkung nach außen ... 48
4.2 Arten von Verwaltungsakten ... 50
4.2.1 Einzelverfügung ... 50
4.2.2 Allgemeinverfügung ... 51
4.2.3 Begünstigender Verwaltungsakt ... 51
4.2.4 Belastender Verwaltungsakt ... 51
4.2.5 Verwaltungsakt mit Doppelwirkung ... 52
4.2.6 Feststellender Verwaltungsakt ... 52
4.2.7 Gestaltender Verwaltungsakt ... 53
4.2.8 Verwaltungsakt mit Drittwirkung ... 53
4.2.9 Mitwirkungsbedürftiger Verwaltungsakt ... 54
4.2.10 Verwaltungsakt mit Dauerwirkung ... 55
4.2.11 Gebundener Verwaltungsakt ... 56
4.2.12 Ermessensverwaltungsakt ... 56
4.3 Nebenbestimmungen ... 62
4.4 Erlass des Verwaltungsakts ... 65
4.4.1 Grundsatz der Formfreiheit; Bestimmtheit ... 65
4.4.2 Bekanntgabe schriftlicher Verwaltungsakte ... 69
4.4.3 Wirksamwerden und Bestandskraft des Verwaltungsakts ... 71

4.4.4 Grundsätze der Leistungserbringung 72
4.4.5 Durchsetzung von Verwaltungsakten 75

5 Das Verwaltungsverfahren 79
5.1 Verfassungsrechtliche Grundlagen 79
5.1.1 Grundsatz der Gesetzmäßigkeit der Verwaltung 80
5.1.2 Verhältnismäßigkeitsgrundsatz 82
5.1.3 Gleichbehandlungsgrundsatz 83
5.1.4 Wirtschaftlichkeitsgrundsatz 84
5.2 Verfahrensgrundsätze des SGB X 86
5.2.1 Grundsatz der behördlichen Neutralität 86
5.2.2 Grundsatz der Nichtförmlichkeit 86
5.2.3 Grundsatz der Verfahrensbeschleunigung 87
5.2.4 Grundsatz der Zweckmäßigkeit 88
5.2.5 Grundsatz der Kostenfreiheit 88
5.2.6 Amtsermittlungsprinzip 88
5.3 Verfahrensbeteiligte 92
5.3.1 Verfahrensbeteiligung 92
5.3.2 Beteiligtenfähigkeit 93
5.3.3 Handlungsfähigkeit 94
5.4 Beginn des Verwaltungsverfahrens 95
5.4.1 Verfahrenseinleitung von Amts wegen 95
5.4.2 Verfahrenseinleitung auf Antrag 96
5.5 Bestimmung der zuständigen Behörden 100
5.5.1 Internationale Zuständigkeit 100
5.5.2 Sachliche Zuständigkeit 102
5.5.3 Örtliche Zuständigkeit 104
5.5.4 Funktionale Zuständigkeit 105
5.5.5 Amtshilfe 105
5.6 Rechte der Verfahrensbeteiligten 106
5.6.1 Vertretung durch Bevollmächtigte und Hinzuziehen von Beiständen 106

5.6.2 Auskunfts- und Beratungsrechte ... 108
5.6.3 Ausschluss und Ablehnung von Amtspersonen ... 110
5.6.4 Anhörungsrecht ... 112
5.6.5 Akteneinsicht ... 114

6 Datenschutz ... 117
6.1 Verfassungsrechtliche Grundlagen des Datenschutzes ... 118
6.2 Datenschutzrecht im Überblick ... 119
6.2.1 Allgemeiner und bereichsspezifischer Datenschutz ... 119
6.2.2 Datenschutz freier Träger ... 120
6.3 Datenschutz im Sozialrecht ... 121
6.3.1 Begriffe im Datenschutzrecht ... 123
6.3.2 Erheben von Daten ... 126
6.3.3 Speichern von Daten ... 127
6.3.4 Übermitteln von Daten ... 128
6.3.5 Nutzen von Daten ... 132
6.3.6 Verstöße gegen den Datenschutz ... 134
6.3.7 Prüfschema zum Datenschutz ... 134

7 Der fehlerhafte Verwaltungsakt ... 137
7.1 Grundsatz der Rechtswidrigkeit ... 138
7.2 Nichtigkeit des Verwaltungsakts ... 139
7.3 Berichtigung von Sachfehlern ... 140
7.4 Umdeutung des Verwaltungsakts ... 141
7.5 Heilung von Fehlern ... 141
7.6 Unbeachtliche Fehler ... 141

8 Rechtsbehelfe ... 144
8.1 Formlose Rechtsbehelfe ... 144
8.1.1 Gegenvorstellung ... 145
8.1.2 Aufsichtsbeschwerde ... 146
8.1.3 Dienstaufsichtsbeschwerde ... 146

8.1.4 Beauftragte für spezielle Belange 147
8.1.5 Petition 147
8.2 Förmliche Rechtsbehelfe („Rechtsmittel“) 148
8.2.1 Widerspruch 150
8.2.2 Klage zum Sozial- oder zum Verwaltungsgericht 158
8.2.3 Einstweiliger Rechtsschutz 159
8.2.4 Berufung und Revision 162

9 Die Aufhebung von Verwaltungsakten durch die Verwaltung 164
9.1 Rücknahme eines rechtswidrigen Verwaltungsakts 165
9.1.1 Belastender Verwaltungsakt 166
9.1.2 Begünstigender Verwaltungsakt 167
9.2 Widerruf eines rechtmäßigen Verwaltungsakts 168
9.2.1 Belastender Verwaltungsakt 168
9.2.2 Begünstigender Verwaltungsakt 168
9.3 Aufhebung eines Verwaltungsakts mit Dauerwirkung 169
9.4 Rückerstattungspflicht 170
9.5 Verfahren bei der Aufhebung 170

10 Der öffentlich-rechtliche Vertrag 172
10.1 Begriff des öffentlich-rechtlichen Vertrags 172
10.2 Arten öffentlich-rechtlicher Verträge 172
10.2.1 Koordinationsrechtliche Verträge 172
10.2.2 Subordinationsrechtliche Verträge 174
10.3 Abschluss des öffentlich-rechtlichen Vertrags 176

Anhang 178
Überblick über die Bücher des Sozialgesetzbuchs 178
Musterlösungen 178

Literatur 190
Literaturempfehlungen zum Sozialverwaltungsrecht für die Soziale Praxis 190
Juristische Lehrbücher zum Sozialverwaltungsrecht 190
Kommentare zu den Gesetzen des Allgemeinen Sozialverwaltungsrechts 191
Sachregister 193

Abkürzungen

AdVermiG	Adoptionsvermittlungsgesetz
AdVermiStAnKoV	Verordnung über die Anerkennung von Adoptionsvermittlungsstellen sowie die im Adoptionsvermittlungsverfahren zu erstattenden Kosten
AG	Ausführungsgesetz
AGKJHG	Landesgesetz zur Ausführung des Kinder- und Jugendhilfegesetzes
AGSG	Bayer. Ausführungsgesetz zum Sozialgesetzbuch
AGSGB XII	Landesausführungsgesetz zur Ausführung des Zwölften Buches Sozialgesetzbuch
AO	Abgabenordnung
ASD	Allgemeiner Sozialdienst
AsylVfG	Asylverfahrensgesetz
AufenthG	Aufenthaltsgesetz
AGSG	Ausführungsgesetz zum Sozialgesetzbuch
BAföG	Bundesausbildungsförderungsgesetz
BDSG	Bundesdatenschutzgesetz
BEEG	Bundeselterngeld- und Elternzeitgesetz
BGB	Bürgerliches Gesetzbuch
BImSchG	Bundesimmissionsschutzgesetz
BKGG	Bundeskindergeldgesetz
BSG	Bundessozialgericht
BSHG	Bundessozialhilfegesetz
BVerfG	Bundesverfassungsgericht
BVerwG	Bundesverwaltungsgericht
GastG	Gaststättengesetz
GdB	Grad der Behinderung
GewO	Gewerbeordnung
GG	Grundgesetz für die Bundesrepublik Deutschland
i. V. m.	in Verbindung mit
JVA	Justizvollzugsanstalt
KiTa	Kindertagesstätte

KKG	Gesetz zur Kooperation und Information im Kinderschutz
LSG	Landessozialgericht
NRW	Nordrhein-Westfalen
OEG	Opferentschädigungsgesetz
OVG	Oberverwaltungsgericht
RDG	Rechtsdienstleistungsgesetz
SchKG	Schwangerschaftskonfliktgesetz
SchwbAwV	Schwerbehindertenausweisverordnung
SGB (I–XII)	Sozialgesetzbuch (Die römische Zahl gibt den Namen des jeweiligen Buchs an.)
SGG	Sozialgerichtsgesetz
StGB	Strafgesetzbuch
StVO	Straßenverkehrsordnung
StVZO	Straßenverkehrs-Zulassungs-Ordnung
UVG	Unterhaltsvorschussgesetz
VA	Verwaltungsakt
VGH	Verwaltungsgerichtshof
VwGO	Verwaltungsgerichtsordnung
VwVfG	Verwaltungsverfahrensgesetz
VwVG	Verwaltungsvollstreckungsgesetz
VwZG	Verwaltungszustellungsgesetz
VwZVG	Verwaltungszustellungs- und Vollstreckungsgesetz
WoGG	Wohngeldgesetz
ZPO	Zivilprozessordnung

Vorwort

Das Sozialverwaltungsrecht spielt in vielen Bereichen der Sozialen Arbeit und des Sozialmanagements eine zunehmend wichtige Rolle. Von der Begleitung von Arbeitssuchenden über die Jugendhilfe bis hin zur Tätigkeit in den Allgemeinen Sozialen Diensten überlagern Zuständigkeiten und Verfahrensfragen immer wieder die fachlich-inhaltlichen Aspekte. Den Rechtsschutzmöglichkeiten gegen Akte der Verwaltung kommt in Zeiten knapper Kassen eine immer größere Bedeutung zu.

Der vorliegende Grundkurs soll den Einstieg in das abstrakte und wenig griffige Thema des Sozialverwaltungsrechts anhand vieler Beispiele, vor allem aus dem Kinder- und Jugendhilferecht, erleichtern. Wie bei jedem juristischen Lehrbuch ist es für das Verständnis des Textes unerlässlich, dass die darin zitierten Gesetzesbestimmungen parallel mitgelesen werden.

Die einschlägigen Landesgesetze und die strukturellen Rahmenbedingungen der sechzehn – teilweise grundverschiedenen – Landesverwaltungen machen es leider unmöglich, im Rahmen eines Grundkurses die Situation in den einzelnen Bundesländern umfassend darzustellen. Zudem bitte ich um Nachsicht, dass ich zumeist die männliche Form von Personenbezeichnungen verwende. Dies soll zur Lesbarkeit des Grundkurses beitragen – auch das Gesetz verwendet oftmals nur die männliche Form.

Schließlich danke ich meinem Sohn Jan für die Idee und wichtige Hinweise zu diesem Buch, Frau Sandra Möbius für ein erstes kritisch-konstruktives „Gegenlesen“ aus studentischer Sicht sowie Rolf P. Bach, Iris Egger-Otholt und Antje Krebs für ergänzende Informationen zu den Verwaltungsstrukturen außerhalb Bayerns. Für Hinweise auf Fehler oder Anregungen zur Verbesserung bin ich jederzeit dankbar.

München, im Juli 2014 Jörg Reinhardt

1 Grundbegriffe

1.1 Verwaltung

Die Verwaltung ist die **Exekutive** im Sinne der klassischen Staatstheorie, die von den drei Staatsgewalten Legislative (Gesetzgebung), Judikative (Rechtsprechung) und eben der Exekutive (Verwaltung) ausgeht. Aufgabe der Verwaltung ist der **Vollzug und die Durchsetzung der Gesetze**.

Da das staatliche und gesellschaftliche Zusammenleben in nahezu allen Bereichen durch normative Regelungen geordnet ist, sind die Behörden mit der Umsetzung von Bestimmungen aus den verschiedensten Rechts- und Lebensbereichen befasst. Diese reichen vom Baurecht über das Arzneimittel- und Polizeirecht bis hin zum Sozialhilfe- oder Straßenverkehrsrecht.

Angesichts dieser enormen Aufgabenvielfalt wird unterschieden zwischen der Leistungsverwaltung und der Eingriffsverwaltung: Die **Eingriffsverwaltung** dient der Durchsetzung der öffentlichen Sicherheit und Ordnung, indem sie Bürgerinnen und Bürgern konkrete Verhaltensvorgaben macht (z. B. eine bestimmte Art des Bauens vorschreibt, Demonstrationen untersagt, Lärmschutzauflagen durchsetzt etc.) und damit zwangsläufig hoheitlich, d. h. „von oben“, in die Rechts- und Freiheitssphäre der Bürger eingreift.

Beispiele

Weitere Beispiele für die Eingriffsverwaltung sind polizeiliche Maßnahmen (z. B. ein Platzverweis, die Ingewahrsamnahme oder die Feststellung von Personalien); ordnungs- und sicherheitspolitische Schutzmaßnahmen (z. B. Baustopps, Badeverbote, Gewerbeuntersagungen); ausländerrechtliche Maßnahmen (z. B. Ausweisung, Abschiebung) oder eingreifende Jugendhilfemaßnahmen (z. B. Inobhutnahme, Heim- und KiTa-Aufsicht).

Die Verwaltung hat aber nicht nur den Auftrag zur Durchsetzung von Regeln und Verboten, sondern sie erbringt auch verschiedenste Leistungen für die Bürgerinnen und Bürger. Diesen Teilbereich behördlicher Aufgaben bezeichnet man als **Leistungsverwaltung**.

Beispiele

Beispiele für die Leistungsverwaltung sind die Wasser- und Elektrizitätsversorgung; Müllabfuhr; Krankenhausversorgung; Förderung kultureller und sportlicher Angebote; familienpolitische Leistungen; öffentlicher Personennahverkehr; Kindertagesbetreuung; Versorgung mit Schulen und Hochschulen; Arbeitsförderung; Grundsicherung; Sozialhilfe etc.

Die **Sozialverwaltung** hat den Auftrag zur Umsetzung der sozialen **Leistungsgesetze**, d.h. der zwölf Bücher des SGB und der zugehörigen Gesetze nach § 68 SGB I. Sie ist damit „klassische" Leistungsverwaltung, denn sie erbringt gemäß § 11 SGB I **Sozialleistungen** in der Form von Dienstleistungen (z.B. Arbeitsvermittlung, Erziehungsberatung), Sachleistungen (z.B. Hilfsmittel für kranke und behinderte Menschen) und Geldleistungen (z.B. Grundsicherung, Unterhaltsvorschuss, Elterngeld, BAföG oder Opferentschädigungsrenten).

1.2 Verwaltungsrecht

Das Verwaltungsrecht regelt die **hoheitliche** Tätigkeit der öffentlichen Verwaltung gegenüber dem Bürger. Es ist deshalb – neben dem Staatsorganisations- und Verfassungsrecht sowie dem Strafrecht – Teil des **öffentlichen Rechts**. Hoheitliche Tätigkeit bedeutet dabei nicht zwingend, dass eine Behörde nur eingreifende Maßnahmen trifft: Auch die Entscheidung über Leistungen ist hoheitlich, denn auch die Leistungsverwaltung erfüllt staatliche Aufgaben in einem Über-/Unterordnungsverhältnis gegenüber dem Bürger. Damit gehört auch die Leistungsverwaltung zum öffentlichen Recht (Kap. 3.1).

Innerhalb des weiten Feldes des Verwaltungsrechts unterscheidet man das allgemeine Verwaltungsrecht (Kap. 1.2.1) und das besondere Verwaltungsrecht (Kap. 1.2.2).

1.2.1 Allgemeines Verwaltungsrecht

Für die hoheitliche Tätigkeit der Verwaltung gelten bestimmte, letztlich auf das **Rechtsstaatsprinzip** zurückgehende Grundsätze, die von so grundlegender Bedeutung sind, dass sie für alle Verwaltungsbereiche in gleicher Weise gelten müssen. Diese Grundsätze sind Gegenstand des **allgemeinen Verwaltungsrechts**. Hierzu gehören etwa der Gleichbehandlungsgrundsatz und das Willkürverbot (Art. 3 GG), aber auch grundlegende Vorgaben für ein faires und rechtsstaatliches Verwaltungshandeln wie das Recht des Bürgers, vor negativen Verwaltungsentscheidungen angehört zu werden. Zudem sind zentrale Begriffe (z. B. die Definition des Verwaltungsakts und des öffentlich-rechtlichen Vertrags) sowie elementare Verfahrensfragen (etwa diejenige, ob auch Minderjährige oder juristische Personen Anträge stellen und an einem Verwaltungsverfahren beteiligt sein können) im allgemeinen Verwaltungsrecht geregelt.

Die Verfahrensvorgaben des allgemeinen Verwaltungsrechts, die von den **Bundesbehörden** (z. B. dem Zoll oder der Bundespolizei) zu beachten sind, sind bundesrechtlich geregelt, nämlich im Verwaltungsverfahrensgesetz (VwVfG), dem Verwaltungszustellungsgesetz (VwZG) und dem Verwaltungsvollstreckungsgesetz (VwVG) des Bundes. Im Bereich der **Landesbehörden** und der **Kommunen** haben dagegen die Länder die Organisationshoheit. Diese haben deshalb eigene **Landesverwaltungsverfahrensgesetze** (z. B. in Bayern das Bayerische Verwaltungsverfahrensgesetz, in Nordrhein-Westfalen das VwVfG NRW, in Thüringen das Thüringer Verwaltungsverfahrensgesetz) sowie landesrechtliche Regelungen zur Zustellung von Schriftstücken und der zwangsweisen Durchsetzung von Regelungen erlassen (z. B. das Bayerische oder Thüringer Verwaltungszustellungs- und Vollstreckungsgesetz; in Nordrhein-Westfalen das dortige Landeszustellungsgesetz und das VwVG NRW). In diesen Landesgesetzen ist das allgemeine Verwaltungsrecht für die Behörden der Länder und der Kommunen geregelt.

Für die Anwendung des Bundes- oder Landesverwaltungsverfahrensrechts kommt es also **nicht darauf an, ob ein Bundes- oder ein Landesgesetz vollzogen wird;** entscheidend ist ausschließlich, ob eine **Bundes- oder eine Landesbehörde** tätig wird!

Beispiele

Wird der Zoll tätig, dann ergeben sich die allgemeinen Bestimmungen zum Verfahren aus dem Verwaltungsverfahrensgesetz des Bundes (VwVfG), denn die Zollbehörden sind Bundesbehörden. Die Zustellung von Bescheiden hat gemäß dem Verwaltungszustellungsgesetz (VwZG) und die Vollstreckung, also die Durchsetzung von Regelungen der Zollbehörden, nach dem Verwaltungsvollstreckungsgesetz (VwVG) des Bundes zu erfolgen. Handelt dagegen eine Landes- oder eine Kommunalbehörde (etwa die Ausländerbehörde, das Bauamt, die Polizei oder das Ordnungsamt), dann hat diese die allgemeinen Verwaltungsgesetze des Landes zu beachten, in Bayern also das Bayerische Verwaltungsverfahrensgesetz sowie das Bayerische Verwaltungszustellungs- und Vollstreckungsgesetz.

1.2.2 Besonderes Verwaltungsrecht

Da die Verwaltung höchst unterschiedliche Tätigkeitsfelder abzudecken hat, benötigt sie **bereichsspezifisch unterschiedlich ausgestaltete** Verfahren, um jeweils auf sinnvollem Wege zu praktikablen Ergebnissen zu kommen. Naturgemäß werden für eine erfolgreiche polizeiliche Tätigkeit andere Verfahrensbestimmungen sinnvoll sein als für das Pflegekinderwesen, das Baurecht oder die Krankenhausplanung. Würden alle Verwaltungsbereiche nach denselben Kriterien arbeiten, wären häufig kaum passgerechte Verfahren zu erwarten. Daher gibt es eine Vielzahl von Gesetzen mit **fachspezifischen Sondervorschriften** und Spezialregelungen, die nur für bestimmte, abgegrenzte Verwaltungsbereiche gelten. Diese Sondervorschriften sind niedergelegt im **besonderen Verwaltungsrecht**.

Beispiele

Beispiele für Vorschriften des besonderen Verwaltungsrechts sind etwa die Bestimmungen über die Erteilung einer Baugenehmigung, die Voraussetzungen für die Niederlassungserlaubnis eines Ausländers nach dem AufenthG, die Regelungen über lebensmittelrechtliche Verbote oder die Zulassung von Arzneimitteln.

Gemäß dem juristischen Grundsatz **„lex specialis vor lex generalis"** geht das besondere Verwaltungsrecht dem allgemeinen Verwaltungsrecht vor. Bei der Gesetzesanwendung ist daher zunächst immer zu

Allgemeines und besonderes Verwaltungsrecht

Übersicht 1

Besonderes Verwaltungsrecht:
Fachspezifische Regelungen für bestimmte Verwaltungszweige
z.B. Baurecht, Sozialhilferecht, Polizeirecht, Gewerberecht

GEHT VOR ↓

Allgemeines Verwaltungsrecht:
Grundsätze für alle Bereiche der Verwaltung
z.B. Willkürverbot, Begriff des Verwaltungsakts, Amtshilfe

überlegen, ob für einen konkreten Fall spezialgesetzliche Bestimmungen existieren. Ist dies der Fall, dann hat die Verwaltung diese zu berücksichtigen. Gibt es dagegen keine Sonderregelungen, dann (und nur dann!) darf die Verwaltung auf die Bestimmungen des allgemeinen Verwaltungsrechts zurückgreifen.

Beispiel

Das Gaststättengesetz ermöglicht, dass jederzeit Auflagen zum Schutz von Gästen, in der Gaststätte Beschäftigten oder Anwohnern getroffen werden können (§ 5 GastG). Diese Regelung ist vorrangig gegenüber der allgemeinen Möglichkeit im Landesverwaltungsverfahrensgesetz, Auflagen zu erlassen (z. B. Art. 36 BayVwVfG).

1.3 Sozialverwaltungsrecht

Das **Sozialrecht** ist derjenige Teil des (Leistungs-)Verwaltungsrechts, welcher die **Sozialleistungen** regelt (§ 1 Abs. 1 SGB I). Es ist gesondert von den übrigen die Verwaltung betreffenden Gesetzen im Sozialgesetzbuch und dessen Nebengesetzen (das sind alle in § 68 SGB I genannten Gesetze) niedergelegt. Das **Sozialverwaltungsrecht regelt die hoheitliche Tätigkeit der Sozialbehörden**. Das sind die Behörden, die das SGB und seine Nebengesetze vollziehen. Auch im Sozialrecht unterscheidet man allgemeines und besonderes Sozialverwaltungsrecht.

1.3.1 Allgemeines Sozialverwaltungsrecht

Das **allgemeine Sozialverwaltungsrecht** und das **Sozialverwaltungsverfahren** sind vor allem im **SGB X** geregelt; wichtige allgemeine Grundsätze (z. B. behördliche Auskunfts- und Beratungspflichten oder Mitwirkungspflichten von Antragstellern) finden sich aber auch im **SGB I**. Die Vorschriften des Sozialverwaltungsrechts gelten dabei unabhängig davon, ob eine Sozialleistung durch eine Bundesbehörde oder die Landessozialbehörden erbracht wird (die nach § 1 Abs. 1 S. 2 SGB X erforderliche Anwendbarkeitserklärung ist für alle wichtigen Bereiche des Sozialrechts erfolgt).

Zu sehen ist aber, dass das **Landesrecht** ergänzende Vorschriften zum Sozialverwaltungsrecht enthalten kann. Das Bundesrecht verweist an einigen Stellen sogar ausdrücklich auf die gesetzlichen Bestimmungen der Länder, etwa bei der Bestimmung der zuständigen Leistungsträger für das Wohngeld (§ 26 Abs. 2 SGB I) und die Jugendhilfe (§ 27 Abs. 2 SGB I), der Kindertagesbetreuung (§ 26 SGB VIII) oder beim Schutz von Kindern und Jugendlichen, die (teil-)stationär außerhalb der eigenen Familie betreut werden (§ 49 SGB VIII). In den einzelnen Bundesländern finden sich die entsprechenden landesrechtlichen Bestimmungen vor allem in deren Ausführungsgesetzen zum Sozialgesetzbuch.

Beispiele

In Bayern gibt es ein Gesetz zur Ausführung des Sozialgesetzbuchs (AGSG). Andere Bundesländer haben zu einzelnen Büchern des SGB jeweils gesonderte Ausführungsgesetze erlassen, z. B. das hessische Ausführungsgesetz zum SGB XII (HAG-SGB XII), das Nordrhein-Westfälische Gesetz zum SGB II (AG-SGB II) oder das Bremische Gesetz zur Ausführung des Kinder- und Jugendhilfegesetzes (BremAGKJHG).

Aus dem Föderalismus können sich somit auch im Bereich des Sozialrechts gewisse – meist nur geringfügige! – Unterschiede in den einzelnen Bundesländern ergeben.

Beispiel

Gemäß § 44 SGB VIII benötigt man grundsätzlich eine Erlaubnis für die Aufnahme eines Pflegekindes. Konkrete Kriterien für deren Bewilligung enthält das SGB VIII hingegen nicht. Diese ergeben sich aber teilweise aus dem Landesrecht: Für Bayern enthält Art. 34 AGSG Detailvorschriften zur Überprüfung von Pflegeeltern und zum Antragsverfahren, die das Bundesrecht ergänzen. Im Hessischen Kinder- und Jugendhilfegesetzbuch (HKJGB) werden dagegen nur geringfügige Konkretisierungen getroffen und das Hamburgische Gesetz zur Ausführung des Achten Buches Sozialgesetzbuch (AG SGB VIII) verzichtet völlig auf ergänzende Vorschriften zum Bundesrecht.

Abgesehen von den Bestimmungen des SGB I sind die Verfahrensregelungen im allgemeinen Verwaltungsrecht des Bundes, der einzelnen Länder sowie im SGB X aber weitgehend identisch.

1.3.2 Besonderes Sozialverwaltungsrecht

Die fachbereichsspezifischen Sondervorschriften und **Spezialregelungen,** die nur in Bezug auf einzelne Sozialleistungen gelten, finden sich in den Büchern II bis VIII und XI bis XII des SGB sowie in den in § 68 SGB I genannten Nebengesetzen (z. B. dem BAföG, dem Wohngeldgesetz, dem Adoptionsvermittlungsgesetz etc.).

Beispiele

Bspw. sind die einzelnen Leistungen der Kranken- und Pflegeversicherung, die Voraussetzungen für eine KiTa-Betriebserlaubnis nach dem SGB VIII, die Regelungen zur Feststellung der Pflegebedürftigkeit oder einer Behinderung etc. zum besonderen Sozialverwaltungsrecht zu rechnen.

Aus diesen Gesetzen können sich besondere Bestimmungen für das Verfahren ergeben (z. B. Regelungen zur Zuständigkeit von Behörden, Schriftformerfordernisse für Anträge oder besondere Mitwirkungspflichten von Antragstellern). Diese Sonderregeln gehen den allgemeinen Bestimmungen des SGB X und des SGB I vor (§ 37 SGB I).

Beispiele

- Nach § 6 Abs. 2 S. 2 i. V. m. Abs. 1 S. 1 SGB VIII kann das Jugendamt ein ausländisches Kind in Obhut nehmen, wenn es sich **tatsächlich** in Deutschland aufhält. Diese Sonderregelung verdrängt die allgemeine Regelung in § 30 SGB I, wonach die Vorschriften des SGB an sich nur anwendbar sind, wenn Ausländer ihren Wohnsitz oder **gewöhnlichen** Aufenthalt in Deutschland haben.
- Es stellt sich die Frage, ob und in welcher Form ein BAföG-Antrag zu stellen ist. Der Grundsatz im allgemeinen Verwaltungsrecht (§ 18 SGB X) lautet, dass die Verwaltung „von Amts wegen" tätig wird, also ohne dass ein Antrag erforderlich ist. Zudem gilt der Grundsatz der Formfreiheit (§ 9 SGB X). Für die Ausbildungsförderung gibt es jedoch besondere Bestimmungen in einem Sondergesetz des besonderen Verwaltungsrechts (eben dem BAföG): Laut § 46 Abs. 1 S. 1 BAföG setzt die Leistung einen Antrag voraus, der in schriftlicher Form zu stellen ist. Da das BAföG dem allgemeinen Verwaltungsrecht vorgeht (§ 37 SGB I), sind §§ 9 und 18 SGB X nicht anwendbar; es ist ein schriftlicher Antrag erforderlich.

Auch das SGB IV enthält allgemeine Vorschriften. Da diese jedoch ausschließlich für die Sozialversicherung gelten (§ 1 Abs. 1 SGB IV), ist das SGB IV im Vergleich zum SGB I und dem SGB X als „fachspezifisch" und damit als Teil des besonderen Sozialverwaltungsrechts einzuordnen.

Eine besondere Rolle im System der einzelnen Bücher des SGB spielt darüber hinaus das SGB IX. Dieses enthält keine eigenen Sozialleistungen, betrifft aber speziell Menschen mit Behinderungen und chronischen Krankheiten. Das SGB IX kann deshalb als Sonderregelung zu den besonderen Teilen des SGB bezeichnet werden und gehört somit ebenfalls nicht zum allgemeinen Sozialverwaltungsrecht.

Die einzelnen Bereiche des Verwaltungsrechts sind in Übersicht 2 zusammenfassend dargestellt.

Übersicht 2

Allgemeines und besonderes Verwaltungsrecht (2)

Besonderes Verwaltungsrecht: z.B. AufenthG, AsylVfG, GewO, LandesBauG, BImSchG, GastG		**Besonderes Sozialverwaltungsrecht:** SGB II – IX; XI und XII Nebengesetze nach § 68 SGB I
↓ GEHT VOR ↓		↓ GEHT VOR
Allg. Verwaltungs- und Verfahrensrecht Bund: VwVfG (Bundesbehörden)	**Allg. Verwaltungs- und Verfahrensrecht Land:** LandesVwVfG (Landesbehörden)	**Allgemeines Sozialverwaltungsrecht und Sozialverwaltungsverfahren:** SGB I, SGB X (i.d.R. Bundes- *und* Landessozialbehörden)

Fall 1: Der Antrag auf Unterhaltsvorschuss

Die Alleinerziehende A beantragt für ihre beiden Kinder per E-Mail Leistungen nach dem Unterhaltsvorschussgesetz (UVG) beim zuständigen Jugendamt.

a) Das Jugendamt besteht auf einen schriftlichen Antrag. Zu Recht?

b) Das Jugendamt möchte, dass die A den Namen des Vaters der Kinder angibt. Muss die A das tun?

2 Träger der Verwaltung

So vielfältig wie die Aufgaben der Verwaltung ist auch deren Organisation. Die höchst unterschiedlichen behördlichen Handlungsfelder haben dazu geführt, dass sich in den einzelnen Verwaltungsbereichen verschiedenste Strukturen entwickelt haben.

Im Bereich der **Polizei** und des **Ordnungsrechts** ist beispielsweise eine hierarchisch arbeitende Verwaltung unverzichtbar, wenn es um die Durchführung von Großeinsätzen geht (z. B. Präsenz bei Fußballgroßveranstaltungen, Begleitung von Großdemonstrationen, Absicherung von Staatsbesuchen etc.).

Dagegen stehen in der **Sozialverwaltung** traditionell der gesellschaftliche **Solidargedanke** und die **öffentliche Fürsorge** im Vordergrund. Das hat zur Folge, dass die Sozialverwaltung nicht auf den Staat zentriert ist, sondern v.a. durch **Solidarsysteme** sowie die Verantwortlichkeit der **Kommunen** im Bereich der Daseinsvorsorge geprägt wird. Sowohl der Bund als auch die Länder haben deshalb die Befugnis, bestimmte öffentliche Aufgaben auf **Körperschaften und Anstalten des öffentlichen Rechts** zu übertragen (Art. 87 Abs. 3 GG). Für die Sozialversicherung schreibt dies Art. 87 Abs. 2 GG sogar ausdrücklich vor.

Angesichts der unterschiedlichen gesetzlichen Aufgabenzuweisungen, Anforderungen und fachlichen Bedürfnisse in den einzelnen Verwaltungsbereichen ist über die vergangenen Jahrzehnte eine schier unüberschaubare Zersplitterung der „Behördenlandschaft“ im sozialen Bereich entstanden. Statt „Leistungen aus einer Hand“ zu erhalten, muss sich der Bürger derzeit eher in einem Labyrinth von Zuständigkeiten zurechtfinden.

2.1 Staatliche Verwaltung

Der „klassische“ Verwaltungsträger ist nach wie vor „der Staat“. Darunter versteht man den **Bund und die Länder**. Aus Art. 30 i. V. m. Art. 83 ff. GG ergibt sich der Grundsatz, dass sämtliche Verwaltungsaufgaben **grundsätzlich durch die Länder** erledigt werden. Diesen steht dabei die sog. „Verwaltungshoheit" zu, d.h. sie bestimmen selbst, welche Behörden sie mit welchen Aufgaben betrauen, wie diese strukturiert sind und welches Personal vorgehalten wird.

Beispiel

Im Bereich der Sozialverwaltung werden vielfach die Versorgungsämter und die Integrationsämter als Landesbehörden tätig. Diese sind bspw. für das Elterngeld, das Betreuungsgeld und die Opferentschädigung sowie für Teilhabeleistungen für Menschen mit Behinderung zuständig. Einige Bundesländer haben diese Aufgaben inzwischen durch Landesgesetz auf kommunale Träger übertragen. Mit Blick auf die Verwaltungshoheit der Länder ist dies zulässig.

Eigene **Behörden des Bundes** darf es nur dann geben, wenn das Grundgesetz in Art 83ff. GG dem Bund die ausdrückliche Befugnis zur Einrichtung der jeweiligen Stellen gibt. Sie sind im sozialen Bereich eher selten zu finden. Allerdings darf der Bund selbstständige Bundesoberbehörden für alle Angelegenheiten einrichten, in denen er gemäß Art. 71ff. GG die Gesetzgebungshoheit hat (Art. 87 Abs. 3 GG).

Beispiel

Beispielsweise obliegt dem Bundesversicherungsamt (BVA) u.a. die Aufsicht über die überregionalen Sozialversicherungsträger. Die Einrichtung des BVA ist deshalb zulässig, weil dem Bund gemäß Art. 74 Abs. 1 Nr. 12 GG im Bereich der Sozialversicherung die Gesetzgebungsbefugnis zusteht.

2.1.1 Unmittelbare Staatsverwaltung

Grundsätzlich war auf Bundes- wie auch auf Landesebene traditionell eine **dreistufige Verwaltungsstruktur** anzutreffen. Das bedeutet, dass es eine obere, eine mittlere und eine untere Behördenebene gibt. Umfängliche Verwaltungsreformen und „Verschlankungsbestrebungen" der jüngeren Vergangenheit haben dazu geführt, dass in vielen Fachbereichen und in der überwiegenden Zahl der Bundesländer inzwischen die mittlere Verwaltungsebene weggefallen ist und der dreistufige Verwaltungsaufbau in eine **zweistufige Verwaltung** umstrukturiert wurde. Lediglich in Baden-Württemberg, Bayern, Hessen und Nordrhein-

Westfalen wurde der dreistufige Verwaltungsaufbau in der allgemeinen Verwaltung beibehalten.

In jedem Fall ist die mehrstufige Staatsverwaltung **streng hierarchisch strukturiert**. Die unteren staatlichen Behörden haben die rechtlichen, fachlichen und organisatorischen Vorgaben der ihnen vorgesetzten höheren Behörden zu beachten und umzusetzen. Den oberen Behörden stehen Weisungsrechte sowie die **Dienst-, Rechts- und Fachaufsicht** über den nachgeordneten Bereich zu (Kap. 2.3).

Oberste Behörden

In der Behördenhierarchie sind die **Ministerien** die obersten Bundes- bzw. Landesbehörden. In den **Stadtstaaten** Berlin, Bremen und Hamburg nehmen die Senatsbehörden die Funktion des Ministeriums wahr. Der Auftrag der obersten Behörden kann allgemein mit **Planungs-, Steuerungs- und Koordinierungsaufgaben** umschrieben und zusammengefasst werden.

Beispiel

Die Obersten Landesjugendbehörden (d. h. die Landesjugendministerien) haben den Auftrag zur fachlichen Weiterentwicklung der Kinder- und Jugendhilfe. Hier werden Gesetzesvorhaben entwickelt und abgestimmt, fachliche Konzeptionen zur qualitativen Weiterentwicklung entworfen (z. B. Bildungspläne, Aktionspläne zur Umsetzung der UN-Kinderrechtekonvention etc.) oder Maßnahmen zur flächendeckenden Koordinierung von Angeboten erarbeitet (z. B. Förderung von Beratungsstellen, Familienfreizeiten, offener Behindertenarbeit oder spezifischen Angeboten für Menschen mit Migrationshintergrund).

Untere Behörden

Anlaufstellen für die **Bearbeitung von Einzelanliegen** der Bürger sind regelmäßig die **unteren Verwaltungsbehörden.** In den Flächenstaaten sind dies die Landratsämter und die Verwaltungen der kreisfreien Städte (Baden-Württemberg: Landratsamt oder Stadtkreis); in den **Stadtstaaten** nehmen die Bezirksverwaltungen (Berlin, Hamburg) bzw. die Ortsteile (Bremen) die Aufgaben der unteren Staatsbehörde wahr.

Die unteren Staatsbehörden sind mit der Abwicklung der Einzelfälle betraut, was schon aufgrund der räumlichen Nähe zum Bürger sachgerecht ist.

Beispiele

- Die Standes- und Passämter oder die Ausländerbehörden bearbeiten die Anträge von Bürgern auf die Ausstellung von Ausweisen, Erteilung von Geburts- oder Heiratsurkunden bzw. die Erteilung ausländerrechtlicher Einreise- und Aufenthaltstitel.
- Im Bereich des SGB reichen oftmals die Versorgungs- und Integrationsämter als untere Landesbehörden familienpolitische Leistungen (z. B. Kindergeld, Elterngeld, Betreuungsgeld) oder Leistungen für Menschen mit Behinderung (z. B. Zuschüsse zur Umgestaltung von Arbeitsplätzen) aus.

Mittelbehörden

Zwischen den beiden genannten Ebenen sind in Baden-Württemberg, Bayern, Hessen und Nordrhein-Westfalen zusätzlich **Mittelbehörden** vorgesehen. In Baden-Württemberg und Hessen sind dies die Regierungspräsidien, in Bayern die Regierungen und in Nordrhein-Westfalen die Bezirksregierungen. Den Mittelbehörden kommt einerseits eine **Aufsichtsfunktion** über die unteren Verwaltungsbehörden zu; andererseits haben sie häufig eine **koordinierende Funktion auf der regionalen Ebene**. In einigen Fällen nehmen sie auch Einzelfallaufgaben wahr, für welche im örtlichen Bereich nur ein geringer Bedarf besteht, sodass staatliche Anlaufstellen auf regionaler Ebene als ausreichend angesehen werden.

Beispiel

Die Regierungen in Bayern sind Aufsichtsbehörden über die unteren Staatsbehörden sowie die Kommunalverwaltung. Gleichzeitig haben sie im Bereich der Zuwanderungspolitik den Auftrag zur regionalen Koordinierung der Förderung von Einzelmaßnahmen zur Verbesserung der Integration von Menschen mit Migrationshintergrund.

Die Landesdirektion Sachsen sowie die Landesverwaltungsämter in Sachsen-Anhalt und Thüringen werden teilweise in erster Instanz und teilweise als Fachaufsichts- und Widerspruchsbehörde tätig. Da diese Ämter aber nicht regional, sondern landesweit zuständig sind, werden sie als **„obere" oder „höhere" Landesbehörden** bezeichnet.

Sonderbehörden

Unabhängig von dem üblichen zwei- oder dreistufigen Verwaltungsaufbau ist auf Bundes- wie auch auf Landesebene zusätzlich die Einrichtung von **Sonderbehörden** möglich, die keine nachgeordneten Stellen haben.

Beispiele

Beispiele sind das Bundesamt für Justiz (das unter anderem für grenzüberschreitende Rechtshilfeangelegenheiten im Bereich von Jugendhilfe, Sorge- und Unterhaltsrecht zuständig ist), sowie die Landeskriminalämter.

2.1.2 Mittelbare Staatsverwaltung

Im Bereich der Sozialverwaltung haben sowohl der Bund als auch die Länder viele Aufgaben auf die sogenannte **mittelbare Staatsverwaltung** verlagert. Hintergrund ist, dass hinter vielen Sozialleistungen nicht der Staat als Leistungsträger steht, sondern die Solidargemeinschaft der Beitragszahler: Der gesamte Bereich der Sozialversicherungsleistungen wird nicht vom Staat aus Steuermitteln erbracht, sondern überwiegend durch Beiträge finanziert, welche die Versicherten solidarisch einbezahlen.

Gerade im Bereich der **Sozialversicherung** stellt sich daher die Frage, ob es zu einem solchen, solidarisch ausgestalteten System „passt", wenn der Staat die von der Solidargemeinschaft finanzierten Leistungen mithilfe seines eigenen, hierarchischen Verwaltungssystems erbringt. Den Beitragszahlern sollten nämlich, wenn sie eine soziale Leistung schon aus eigenen Mitteln bewerkstelligen, auch Mitspracherechte hinsichtlich der Kriterien für die Leistungsvergabe, der Prioritätensetzung etc. zustehen. Derartige Partizipationsmöglichkeiten sind der streng hierarchischen staatlichen Verwaltung aber völlig fremd.

Daher wurde für die solidarisch ausgestalteten Bereiche in Art. 87 Abs. 2 und 3 GG der Weg eröffnet, dass die öffentlichen Sozial-leistungen nicht durch die unmittelbare Staatsverwaltung (d. h. nicht durch den Staat als solchen) ausgereicht werden. Stattdessen hat der Staat **rechtlich selbstständige und unabhängige Einrichtungen** geschaffen, welche die Verwaltung der betreffenden Bereiche übernommen haben (vgl. für die Sozialversicherung § 29 Abs. 3 SGB IV). Nachdem es sich aber auch hier um öffentliche Leistungen handelt, für die letztlich der

Staat verantwortlich ist, spricht man insoweit von einer **„mittelbaren Staatsverwaltung"**: Der Staat nimmt seine Verantwortung für die Leistungserbringung zwar wahr, aber er verwaltet die Leistungen nicht selbst, sondern indirekt über rechtlich von ihm unabhängige Institutionen.

Zur mittelbaren Staatsverwaltung gehören die in Übersicht 3 dargestellten **Körperschaften, Anstalten und Stiftungen des öffentlichen Rechts**. Diese gibt es sowohl auf der Bundes- als auch auf der Landesebene.

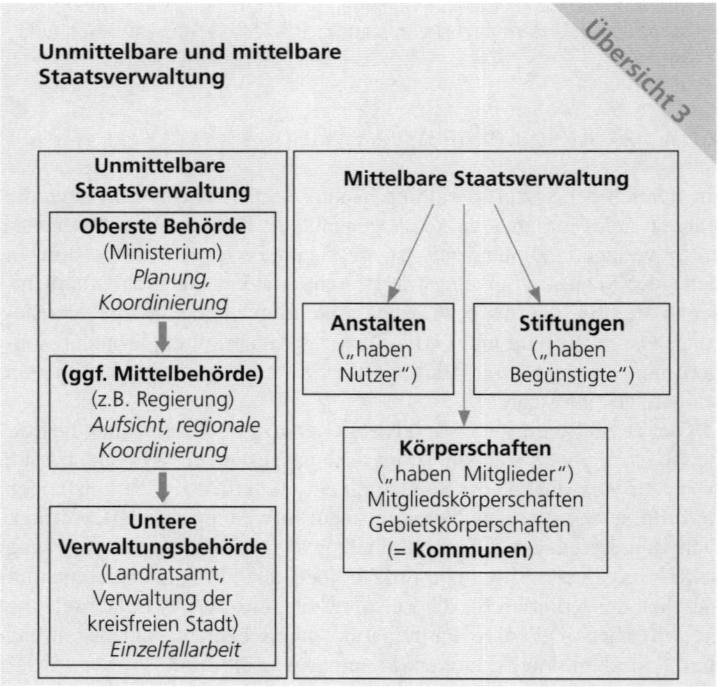

Körperschaften des öffentlichen Rechts

Im Bereich des Sozialrechts kommt den **Körperschaften** eine besonders wichtige Rolle zu. Letztlich wird fast das gesamte **Sozialversicherungsrecht** durch Körperschaften des öffentlichen Rechts verwaltet. Hierzu gehören

- die gesetzlichen **Krankenkassen**, welche die Leistungen der gesetzlichen Krankenversicherung (SGB V) erbringen (§ 21 Abs. 2 SGB I),
- die **Pflegekassen** bei den Krankenkassen für die Leistungen der gesetzlichen Pflegeversicherung nach dem SGB XI (§ 21a Abs. 2 SGB I),
- die **Unfallkassen** für die gesetzliche Unfallversicherung nach dem SGB VII (§ 22 Abs. 2 SGB I) sowie
- die **Rentenversicherung Bund** (und weitere Stellen, vgl. § 23 Abs. 2 SGB I) für die Leistungen der gesetzlichen Rentenversicherung (SGB VI).

Körperschaften sind dadurch gekennzeichnet, dass sie **mitgliedschaftlich strukturiert** sind (Merksatz: **„Körperschaften haben Mitglieder"**). Sie sind rechtlich unabhängig und verwalten sich selbst (z. B. haben die gesetzlichen Krankenkassen die individuelle Möglichkeit, ihren Mitgliedern Beitragsrückerstattungen, Wahltarife oder Bonusprogramme zu gewähren). Sie können eigenes Personal beschäftigen und haben das Recht zur Verbeamtung von Mitarbeitern. Den Mitgliedern (z. B. den gesetzlich Kranken- oder Rentenversicherten) stehen über die Sozialwahlen (§ 45 SGB IV) **Mitbestimmungs- und Kontrollbefugnisse** zu.

Beispiele

Weitere Beispiele für Körperschaften sind die Rechtsanwalts-, Ärzte-, Industrie- und Handelskammern, die Handwerkskammer und (seit neuerer Zeit) die Hochschulen sowie die Bundesagentur für Arbeit (§ 367 Abs. 1 SGB III).

Neben diesen sogenannten Mitgliedskörperschaften spielen gerade im sozialen Bereich auch die sogenannten **Gebietskörperschaften** eine wichtige Rolle. Dies ist eine andere Bezeichnung für die **Kommunen**, also die kreisangehörigen Gemeinden, die Landkreise und die kreisfreien Städte. Bei diesen ergibt sich die Mitgliedschaft aus dem Wohnsitz. Die Einwohner der jeweiligen Gebietskörperschaft sind demnach deren Mitglieder. Sie üben ihre Mitgestaltungsrechte durch Kommunalwahlen aus (z. B. die Gemeinderats-, die Landkreistags- oder die Bürgermeisterwahlen). Auch die Kommunen sind rechtlich unabhängig vom Staat und können ihre örtlichen Angelegenheiten durch Satzungen selbstständig regeln (Art. 28 Abs. 2 GG, sog. kommunales **Selbstverwaltungsrecht**).

Im Rahmen ihrer örtlichen Zuständigkeit haben die Kommunen grundsätzlich den **Auftrag der Daseinsvorsorge**, d. h. sie sind verantwortlich für die Versorgung der Bevölkerung mit sozialen Angeboten und Einrichtungen auf der lokalen Ebene. Im Einzelnen erfüllen die unterschiedlichen kommunalen Ebenen ihre sozialen Aufgaben je nach Bedarf und wirtschaftlicher Bedeutung.

Beispiele

Beispiele für soziale Aufgaben der **kreisangehörigen Gemeinden und Städte**:

In Bayern sind die Bedarfsplanung für Kindertagesstätten und die Jugendarbeit den kreisangehörigen Gemeinden zugewiesen, da insoweit auch in den kleinen Gemeinden und Städten ein großer Bedarf vor Ort besteht. Viele kreisangehörige Kommunen halten darüber hinaus Angebote der Behinderten- und Seniorenarbeit vor, die v.a. durch ehrenamtliches Engagement („Nachbarschaftshilfe"; „Ehrenamtsbörse") geprägt sind.

Die **Landkreise und kreisfreien Städte** nehmen dagegen vor allem die Aufgaben des örtlichen Trägers der Kinder- und Jugendhilfe sowie der Sozialhilfe wahr. Sie werden aber auch als örtliche Krankenhausträger tätig.

Den **Landratsämtern bzw. der Verwaltung der kreisfreien Städte** kommt also eine **Doppelfunktion** zu: Einerseits sind sie als untere Staatsbehörde Teil der unmittelbaren Landesverwaltung. Zugleich sind sie aber auch die zuständige Stelle des Landkreises bzw. der Stadt als Gebietskörperschaft für deren kommunale Aufgaben. Das Landratsamt bzw. die Verwaltung der kreisfreien Stadt vereint rechtlich gesehen somit je zwei Behörden mit völlig unterschiedlichen Aufgaben unter einem Dach. Nach außen wird dies dadurch sichtbar, dass die Landratsämter je nach Aufgabenbereich das Briefpapier mit dem Wappen des jeweiligen Bundeslandes oder eben dem Landkreiswappen verwenden. Die Staatsaufgaben werden durch vom Land bezahltes Personal erledigt, die kommunalen Aufgaben durch Beschäftigte des Landkreises bzw. der Stadt.

In Bayern und der Pfalz gibt es mit den **Bezirken** eine weitere Ebene kommunaler Gebietskörperschaften. Diesen ist im sozialen Bereich vor allem die Eingliederungshilfe für Menschen mit Behinderung sowie die Versorgung mit Kliniken für psychisch kranke Menschen zugewiesen.

Die Bundesländer Baden-Württemberg, Hessen, Mecklenburg-Vorpommern und Nordrhein-Westfalen haben eine ganze Reihe sozialer Aufgaben von der unmittelbaren Staatsverwaltung auf die kommunale Ebene delegiert. Zu diesem Zweck wurden der **Kommunalverband** für Jugend und Soziales (Baden-Württemberg), der **Landeswohlfahrtsverband** (Hessen), der **Kommunale Sozialverbund** (Mecklenburg-Vorpommern) und die **Landschaftsverbände** (Nordrhein-Westfalen) eingerichtet, die bspw. als überörtliche Jugendhilfe- und Sozialhilfeträger agieren, die Aufgaben des Integrationsamts übernehmen oder das soziale Entschädigungsrecht (z. B. nach dem Opferentschädigungsgesetz) vollziehen. Diese Option der „Kommunalisierung" staatlicher Aufgaben ist durch die Länderhoheit im Bereich der Verwaltung gedeckt.

Anstalten des öffentlichen Rechts

Auch die **Anstalten** des öffentlichen Rechts sind vom Staat rechtlich unabhängige Organisationen, die öffentliche Aufgaben erledigen. Anders als bei den Körperschaften steht bei den Anstalten jedoch nicht die Zugehörigkeit zu einer bestimmten Gruppe (Mitgliedschaft in der Krankenkasse; Einwohner einer Kommune) im Vordergrund. Vielmehr haben Anstalten den Auftrag, der Bevölkerung bestimmte öffentliche Leistungen zur Nutzung zur Verfügung zu stellen (Merksatz: **„Anstalten haben Nutzer"**). Zu denken ist hier etwa an die früher weitverbreiteten öffentlichen Badeanstalten, die früheren Bildungsanstalten (Schulen, Hochschulen), die frühere „Bundesanstalt für Arbeit" etc. Die Bedeutung der rechtlich selbstständigen Anstalten ist in den letzten Jahren allerdings zurückgegangen.

Beispiele

Klassische Beispiele sind weiterhin die öffentlichen (!) Rundfunkanstalten, die Studentenwerke, die Kreis- und Stadtsparkassen sowie das Technische Hilfswerk. Die Hochschulen sind dagegen inzwischen mitgliedschaftlich organisiert und daher zu Körperschaften geworden; die Bundesagentur für Arbeit hat sich trotz Umbenennung ihren Charakter als Anstalt bewahrt, obwohl sie rein rechtlich eine Körperschaft ist (§ 367 Abs. 1 SGB III).

Stiftungen des öffentlichen Rechts

Schließlich kann der Staat öffentliche Leistungen auch über **Stiftungen** des öffentlichen Rechts ausreichen (Merksatz: **„Stiftungen haben Begünstigte"**). Auch die Stiftungen des öffentlichen Rechts sind rechtlich und fachlich vom Staat unabhängig.

Beispiele

Beispiele sind etwa die Bundesstiftung „Mutter und Kind", die Bayerische Landesstiftung, welche u.a. Projekte im sozialen Bereich bezuschusst, oder die von der Bayerischen Staatsregierung aus Privatisierungserlösen gegründete Stiftung „Bündnis für Kinder", die gewaltpräventive Projekte unterstützt.

2.2 Private Organisationen und Privatpersonen

Auch **Privatpersonen oder privatrechtliche Vereinigungen** können hoheitliche Aufgaben der öffentlichen Verwaltung wahrnehmen. Auch diese gehören damit zur mittelbaren Staatsverwaltung.

2.2.1 Beliehene

Das „prominenteste" Beispiel für hoheitliche Aufgaben in privater Hand ist der TÜV, der als juristische Person des Privatrechts (Aktiengesellschaft) hoheitlich entscheiden kann, ob ein Kraftfahrzeug die erforderliche Prüfplakette nach § 29 StVZO erhält und damit weiter am Straßenverkehr teilnehmen darf oder nicht. Wenn privaten Organisationen oder Einzelpersonen **durch das Gesetz hoheitliche Rechte übertragen** („verliehen") werden, spricht man von einer „Beleihung". Der TÜV ist ein sogenannter „Beliehener".

Beispiele

Weitere „klassische" Beispiele für hoheitlich tätige Privatpersonen sind die Schornsteinfeger nach § 17 des Schornsteinfeger-Handwerksgesetzes. Im psychosozialen Bereich ist die Befugnis der Schwangerschaftskonfliktberatungsstellen der freien Träger zur Ausstellung oder Verweigerung der Beratungsbescheinigung nach § 7 des Schwangerschaftskonfliktgesetzes als hoheitliche Beleihung anzusehen.

2.2.2 Verwaltungshelfer

Privatpersonen können auch als sogenannte **Verwaltungshelfer** in die hoheitliche Tätigkeit der Verwaltung einbezogen werden. Im Unterschied zum Beliehenen trifft der Verwaltungshelfer aber keine eigenen Entscheidungen, sondern er **hilft lediglich ehrenamtlich bei der Umsetzung öffentlicher Aufgaben** durch die Behörden. Er wirkt nach außen wie ein Teil der Verwaltung und ist quasi als deren „Werkzeug" tätig.

Beispiele

- Die klassischen Beispiele hierfür sind die in Bayern und Sachsen zur Unterstützung der Polizei eingerichtete ehrenamtliche Sicherheitswacht oder die Schulweghelfer. Im Bereich des SGB sind die Versicherungsältesten und Vertrauensleute nach § 40 SGB IV zu nennen.
- Bringt die Mitarbeiterin einer Kinderkrippe ein vom Jugendamt in Obhut genommenes Kind auf Bitte des Jugendamts zu einer Inobhutnahmestelle, so wird sie ebenfalls als Verwaltungshelferin tätig.

In der Literatur werden auch die im Auftrag der Polizei tätigen Abschleppunternehmen oder von der Bauverwaltung zur Durchsetzung einer Abrissverfügung eingesetzte Abrissunternehmen als Beispiele für Verwaltungshelfer genannt. Dies ist allerdings nicht unumstritten, weil diese regelmäßig eigene (Verdienst-)Interessen verfolgen und nach außen nicht wie ein Teil der Verwaltung wirken.

2.2.3 Freie Träger

Häufig erbringen **freie Träger** die an sich von den nach §§ 18 ff. SGB I verantwortlichen Leistungsträgen geschuldeten Sozialleistungen. Der nach dem Gesetz für die entsprechenden Leistungen eigentlich zuständige Leistungsträger koordiniert, finanziert und überwacht oftmals nur die Leistung, die durch den freien Träger als **Leistungserbringer** gewährt wird.

Beispiel

Im Bereich der Jugendhilfe werden die Jugendarbeit, Ehe-, Familien- und Erziehungsberatung, Heimerziehung und viele weitere Leitungen fast ausschließlich durch freie Träger erbracht (vgl. insoweit auch den „Subsidiaritätsgrundsatz" in § 4 Abs. 2 SGB VIII). Zuständiger Leistungsträger sind gemäß §§ 27 Abs. 2 SGB I und 85 Abs. 1 SGB VIII die örtlichen Jugendhilfeträger, d. h. die Landkreise und kreisfreien Städte. Diese haben aber als verantwortliche Stellen lediglich sicherzustellen, dass die Leistungen tatsächlich bedarfsgerecht vorgehalten werden und ein etwaiger Leistungsanspruch betroffener Bürger erfüllt wird. Sie müssen die Leistung aber nicht zwingend selbst und durch eigenes Personal erbringen.

In dieser Situation sind die freien Träger nicht als Beliehene anzusehen, denn sie entscheiden nicht, ob dem Einzelnen eine Leistung zusteht oder nicht. Sie haben keine entsprechenden Hoheitsrechte. Auch als Verwaltungshelfer können sie nicht bezeichnet werden, denn sie unterstützen die Verwaltung nicht bei deren Leistungserbringung, sondern sie handeln rechtlich **unabhängig, selbstständig und aus einem wirtschaftlichen Eigeninteresse bzw. karitativem Selbstverständnis** heraus; sie sind also nicht als reines „Werkzeug" der Verwaltung anzusehen. In der Regel erfolgt die Leistungserbringung der freien Träger aufgrund eines öffentlich-rechtlichen Vertrages mit dem zuständigen Leistungsträger (Kap. 10.2.1).

Werden die hoheitlichen Aufgaben der Leistungsträger auf freie Träger als Leistungserbringer übertragen, entsteht gegenüber dem Bürger das sogenannte **„sozialrechtliche Leistungsdreieck"** (Übersicht 4): Der Bürger hat einen Rechtsanspruch auf Sozialleistungen nur gegenüber dem gesetzlich bestimmten Leistungsträger. Dieser tritt jedoch häufig nicht selbst als Leistungserbringer in Erscheinung. Gleichwohl hat er die **Letztverantwortung**, dass die jeweils geschuldete Sozialleistung ordnungsgemäß und rechtmäßig durch den „zwischengeschalteten" Leistungserbringer erbracht wird.

Beispiel

Kinder haben gemäß § 24 Abs. 2 SGB VIII ab dem ersten Lebensjahr bis zum Schuleintritt einen Rechtsanspruch gegen den örtlichen Jugendhilfeträger auf einen Platz in der Kindertagesbetreuung. Der nach §§ 27 Abs. 2 SGB I und 85 Abs. 1 SGB VIII zuständige Leistungsträger (Landkreis oder kreisfreie Stadt) ist rechtlich verantwortlich dafür, dass dieser Anspruch erfüllt wird. Er muss die erforderliche Zahl an Betreuungsplätzen vorhalten, diese aber nicht selbst einrichten. Er kann insoweit auf kommunale Träger (z. B. kreisangehörige Gemeinden), freie Träger (z. B. Diakonie, Caritas, Arbeiterwohlfahrt usw.) oder Privatpersonen (Tagesmütter) zurückgreifen. Diese kann er für die entsprechenden Leistungen bezahlen oder bezuschussen. Entscheidend ist lediglich, dass das erforderliche Platzangebot tatsächlich vorhanden ist.

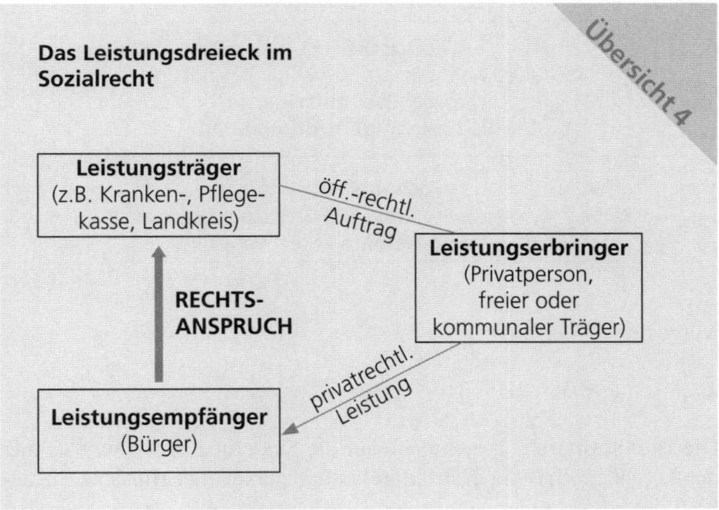

2.3 System der Aufsicht

Um die ordnungsgemäße Erfüllung der Verwaltungsaufgaben sicherzustellen, hat es sich bewährt, nicht nur die Gerichte über die Rechtmäßigkeit des Verwaltungshandelns im Einzelfall entscheiden zu lassen. Vielmehr hat die Verwaltung eigene Mechanismen zur Steuerung und Planung von Aufgaben, zur Bereitstellung von (sachlichen und personellen) Ressourcen sowie zur internen Kontrolle von Behörden entwickelt. Diese werden mit dem Überbegriff der Aufsicht bezeichnet. Konkret lassen sich drei Bereiche der verwaltungsinternen Aufsicht unterscheiden (Übersicht 5).

Das System der Aufsicht

Übersicht 5

Dienstaufsicht (Weisungsrecht in Organisations- und Personalfragen): Nur in der **unmittelbaren** Staatsverwaltung
Rechtsaufsicht (Rechtliche Kontrolle des Verwaltungshandelns): Auch gegenüber **mittelbaren Verwaltungsträgern/Kommunen**
Fachaufsicht (Fachlich-inhaltliche Kontrolle des Verwaltungshandelns): Nur in der **unmittelbaren** Staatsverwaltung

2.3.1 Dienstaufsicht

Die **Dienstaufsicht** bezieht sich auf die Steuerung und Überwachung der Aufgabenerfüllung in struktureller und personeller Hinsicht. Sie betrifft die Frage, wie die einzelnen Behörden organisatorisch gegliedert sind und soll sicherstellen, dass in den Dienststellen eine ordnungsgemäße Sach- und Personalausstattung vorgehalten wird. Ziel ist, dass die Behörden ihre Aufgaben zeitlich sowie organisatorisch ordnungsgemäß erledigen. Zu diesem Zweck dürfen die übergeordneten Staatsbehörden in der **unmittelbaren Staatsverwaltung** dem nachgeordneten Bereich bspw. Weisungen erteilen, Prioritäten vorgeben und Personalmehrungen (aber auch Reduzierungen!) beschließen.

Beispiel

Im August 2013 wurde das Betreuungsgeld eingeführt. Die für diese Leistung zuständige Behörde hat nun die Bearbeitung sicherzustellen. Das übergeordnete Ministerium darf dieser Behörde insoweit vorgeben, dass die zuständige Stelle für diese neue Aufgabe eine bestimmte Zahl von Mitarbeitern einzuteilen hat und dass diese aus weniger prioritären

Bereichen abgezogen werden. Diese Vorgabe des Ministeriums betrifft die Behördenstruktur und ist daher durch die Möglichkeit der Dienstaufsicht abgedeckt.

Die **mittelbare Staatsverwaltung** (d. h. die Anstalten, Stiftungen und Körperschaften einschließlich der Kommunen) unterliegt nicht der staatlichen Dienstaufsicht, denn sie ist rechtlich vom Staat unabhängig und daher selbst für die Organisation ihrer Aufgaben sowie der entsprechenden Prioritäten zuständig. Die Dienstaufsicht obliegt hier deshalb der Leitung der jeweiligen Körperschaft, Anstalt oder Stiftung selbst.

2.3.2 Rechtsaufsicht

Anders als die Dienstaufsicht, welche primär die Verwaltungsorganisation betrifft, dient die **Rechtsaufsicht** der Überwachung, dass die Verwaltung ihre Aufgaben in Übereinstimmung mit den gesetzlichen Vorgaben erfüllt, so wie dies nach dem Rechtsstaatsprinzip (Grundsatz der Gesetzmäßigkeit der Verwaltung, Kap. 5.1.1) geboten ist. Verstöße der Verwaltung gegen die Gesetze können somit einerseits vom betroffenen Bürger angegriffen werden (zu den Rechtsbehelfen: Kap. 8), andererseits aber auch ohne einen entsprechenden Antrag des Bürgers durch die Verwaltung selbst behoben werden (Kap. 9).

Da der Grundsatz der **Gesetzmäßigkeit der Verwaltung** von überragender Bedeutung für die Rechtsstaatlichkeit ist, obliegt dem Staat die Rechtsaufsicht auch dann, wenn er öffentliche Aufgaben im Wege der **mittelbaren Staatsverwaltung** erledigen lässt. Denn anderenfalls könnte sich der Staat jeder Verantwortung für ein rechtsstaatliches Verwaltungshandeln dadurch entziehen, dass er sämtliche öffentlichen Aufgaben auf Körperschaften, Anstalten oder Private überträgt. Dies kann nicht im Interesse des Grundgesetzes sein. Daher obliegt die Rechtsaufsicht nicht nur den übergeordneten Behörden im Bereich der unmittelbaren Staatsverwaltung, sondern der Staat übt die Rechtsaufsicht auch über die Behörden der mittelbaren Staatsverwaltung aus.

Beispiele

Dem Bundesversicherungsamt (Bundesbehörde) obliegt die Rechtsaufsicht über die gesetzlichen Krankenkassen, die bundesweit tätig sind; das Bundesministerium für Arbeit und Soziales hat die Rechtsaufsicht über die Bundesagentur für Arbeit. Die Rechtsaufsicht über die Jugendämter obliegt in den Ländern der Kommunalaufsicht, da die Landkreise und kreisfreien Städte als Kommunen die örtlichen Träger der Jugendhilfe sind.

2.3.3 Fachaufsicht

Die dritte Form staatlicher verwaltungsinterner Aufsicht ist die **Fachaufsicht**. Diese befasst sich im Unterschied zur Rechtsaufsicht nicht mit der Rechtmäßigkeit des Verwaltungshandelns, sondern mit den dabei innerhalb des gesetzlichen Rahmens qualitativ zugrunde zu legenden Standards (d. h. mit der Frage, „wie" fachlich vorgegangen wird). Auch hier gilt, dass im hierarchischen System der **unmittelbaren Staatsverwaltung** die oberen Behörden ihren nachgeordneten Stellen fachliche Anweisungen hinsichtlich der Zweckmäßigkeit des Vorgehens geben können.

Beispiel

Das Polizeipräsidium darf als vorgesetzte Behörde den nachgeordneten Inspektionen vorgeben, dass Vernehmungen von Frauen, die Opfer häuslicher oder sexueller Gewalt geworden sind, nur durch weibliche Beschäftigte durchgeführt werden sollen.

Im Bereich der **mittelbaren Staatsverwaltung** darf sich der Staat nicht in die fachliche Aufgabenerledigung einmischen. Er hat insoweit wiederum die rechtliche Selbstständigkeit der Körperschaften (einschließlich der Kommunen!), Anstalten und Stiftungen zu beachten.

Beispiel

Gemäß § 8a Abs. 1 SGB VIII muss sich das Jugendamt bei Verdacht auf eine Kindeswohlgefährdung erforderlichenfalls einen Eindruck von der Situation des Kindes in seiner Umgebung machen, z. B. durch einen Hausbesuch. Detaillierte fachliche Anforderungen an diesen stellt das Gesetz nicht. Daher könnte die Fachaufsicht bspw. vorgeben, dass ein Hausbesuch stets durch zwei Fachkräfte, in der Regel je eine männliche und eine weibliche gemeinsam, vorzunehmen ist. Nachdem die Jugendhilfe den Landkreisen und kreisfreien Städten zugewiesen ist und diese somit als Kommunen (d. h. in mittelbarer Staatsverwaltung) tätig werden, darf das zuständige Landesjugendministerium dem Jugendamt keine entsprechenden fachlichen Vorgaben machen. Dieses Recht steht nur dem Landrat oder Bürgermeister bzw. dem Jugendhilfeausschuss (§ 70 Abs. 2 SGB VIII) des Kreises oder der kreisfreien Stadt zu.

Eine Ausnahme gilt dann, wenn der Staat den Kommunen staatliche Aufgaben durch Gesetz übertragen hat, für die diese an sich gar nicht zuständig wären (sog. **„übertragener Wirkungskreis"** der Kommunen). In diesen Bereichen (z. B. dem Meldewesen und dem Sicherheitsrecht) darf der Staat auch fachlich-inhaltliche Vorgaben machen, da die Kommunen hier keine eigenen, sondern staatliche Aufgaben erledigen.

Literatur

Bossong, H. (2006): Sozialverwaltung. Ein Grundkurs für soziale Berufe. Juventa, Weinheim

Braatz, W. (2011): Äußere Behördenorganisation, Bd. 17. BVS, München

Dahme, H.-J., Schütter, S, Wohlfahrt, N. (2008): Lehrbuch Kommunale Sozialverwaltung und Soziale Dienste. Grundlagen, aktuelle Praxis und Entwicklungsperspektiven. Juventa, Weinheim

Kitzeder, P. (2013): Kommunalrecht, Bd. 8. BVS, München

Fall 2: Der Lehrplanstreit

a) Das Landessozialministerium will einer staatlichen Hochschule den Lehrplan für den Studiengang Soziale Arbeit sowie den Studierenden einen detaillierten Stundenplan vorgeben. Die Hochschule beruft sich darauf, dass es keinerlei gesetzliche Vorgaben zu den Stundenplänen gibt und das Ministerium der Hochschule „in dieser Sache nichts zu sagen hat". Wer hat Recht?

b) Das Wissenschaftsministerium des Bundeslandes beanstandet, dass die Hochschule weiterhin Studiengebühren erhebt, obwohl diese nicht mehr gesetzlich vorgesehen sind. Darf das Ministerium die Hochschule anweisen, dass sie die zu Unrecht erhobenen Gebühren zurücküberweist?

3 Formen des Verwaltungshandelns

3.1 Hoheitliches Handeln

Von hoheitlicher Tätigkeit spricht man immer dann, wenn die Verwaltung gegenüber dem Bürger in einem **„Über- / Unterordnungsverhältnis"** tätig wird.

Hoheitliches Handeln bedeutet aber nicht zwangsläufig, dass es sich um behördliche Vorgaben und Eingriffe handeln muss: Auch die Entscheidung über öffentliche **Leistungen** (z. B. das Gewähren einer Ausbildungsbeihilfe nach dem BAföG, einer Unfallrente nach dem SGB VII oder die Zuweisung eines KiTa-Platzes) erfolgt im Über- / Unterordnungsverhältnis zwischen Bürger und Staat und ist damit hoheitlich.

Die rechtswissenschaftlichen Theorien (Subjekts-, Interessen-, Subjektions-, Sonderrechtstheorie und weitere) darüber, wann eine Maßnahme hoheitlich bzw. dem öffentlichen Recht zuzuordnen ist, müssen hier nicht erörtert werden. Für die Praxis der Sozialen Arbeit genügt die Faustregel, dass hoheitliches Handeln vorliegt, wenn zwischen Bürger und Staat ein Über- / Unterordnungsverhältnis besteht.

3.2 Privatrechtliches Handeln

In einer Vielzahl von Alltagssituationen wäre es nicht „passend", wenn die Verwaltung hoheitlich handeln würde. Es wäre beispielsweise kaum vorstellbar, dass ein Sozialamt seine Dienstwägen oder ein Ministerium die Amtsräume sowie das erforderliche Büromaterial hoheitlich beschlagnahmt. Deshalb hat die Verwaltung die Möglichkeit, auch zivilrechtlich, also „wie ein Bürger", am Rechtsverkehr teilzunehmen und **Verträge** abzuschließen. Rechtlich ist das möglich, denn nicht nur natürliche, sondern auch juristische Personen sind rechtsfähig. Der Staat (d. h. der Bund und die Länder) sowie die Körperschaften, Anstalten und Stiftungen des öffentlichen Rechts sind sogenannte juristische Personen des öffentlichen Rechts und können daher gemäß § 89 BGB als solche in gleicher Weise wie privatrechtliche juristische Personen (z. B. ein eingetragener Verein, eine GmbH oder eine AG) am Rechtsverkehr teilnehmen und zivilrechtliche Verträge abschließen.

Für diese zivilrechtliche **Verwaltungstätigkeit** gelten die „normalen" Vorschriften des bürgerlichen Rechts (v.a. das BGB). Das **Verwaltungsrecht ist dagegen nicht einschlägig, wenn Behörden privatrechtlich handeln**. Das ergibt sich u. a. aus § 1 SGB X, wonach das SGB X nur auf die hoheitliche Tätigkeit (d. h. im Über- / Unterordnungsverhältnis) von Behörden anwendbar ist.

Handeln Behörden zivilrechtlich, dann ist auch der Rechtsweg zur **Zivilgerichtsbarkeit** (z. B. Amtsgericht, Landgericht, Arbeitsgericht) eröffnet, denn laut §§ 40 VwGO und 51 SGG sind die Verwaltungs- und Sozialgerichte (mit wenigen Ausnahmen) nur für „öffentlich-rechtliche", also für Streitigkeiten aus dem Über- / Unterordnungsverhältnis zwischen Staat und Bürger zuständig.

Beispiele

- Das Bundesfamilienministerium führt eine Fachtagung über familienpolitische Leistungen durch und bucht eine Sozialarbeiterin aus einem Forschungsinstitut für einen Vortrag über besondere aktuelle Bedarfslagen alleinerziehender Elternteile. Zwischen dem Ministerium und der Vortragenden wird ein privatrechtlicher Dienstvertrag geschlossen. Kommt es zum Streit über dessen ordnungsgemäße Abwicklung, so ist je nach Höhe des Streitwerts das Amts- oder Landgericht, jedenfalls aber ein Zivilgericht zuständig.
- Ein Bundesland schafft 20 neue Stellen, die nicht mit Beamten, sondern mit Verwaltungsangestellten besetzt werden. Mit den Bewerbern wird also ein privatrechtlicher Arbeitsvertrag geschlossen (eine Verbeamtung wäre ein hoheitlicher Akt). Kommt es in der Folge zum Streit über die Vergütung, eine Kündigung oder die Formulierung eines Arbeitszeugnisses, so ist der Rechtsweg zum Arbeitsgericht eröffnet.

Manchmal betrifft eine Frage mehrere Rechtsgebiete gleichzeitig: Die Entscheidung über die Aufnahme eines Kindes in einer kommunalen KiTa (also das „ob") erfolgt hoheitlich. Dagegen können die Betreuungszeiten, die Höhe des Entgelts, Fragen der Abholung und Krankmeldung etc. (also das „wie") durch einen privatrechtlichen Belegungsvertrag zwischen der Gemeinde und den Personensorgeberechtigten des Kindes ausgestaltet werden.

Auch Entscheidungen über staatliche Subventionen (z. B. über die Förderung eines Inklusionsprojekts) können Elemente sowohl privatrechtlichen als auch hoheitlichen Handelns haben: Die Entscheidung über die Bewilligung der Subvention (also das „ob") trifft die Verwaltung hoheitlich; werden die Fördermittel als zinsgünstiges Darlehen vergeben, werden die Verzinsungs- und Rückzahlungskonditionen (also das „wie") sodann in einem privatrechtlichen Darlehensvertrag festgelegt.

Als mögliche **Unterformen** privatrechtlichen Verwaltungshandelns werden die in Übersicht 6 aufgeführten Bereiche unterschieden.

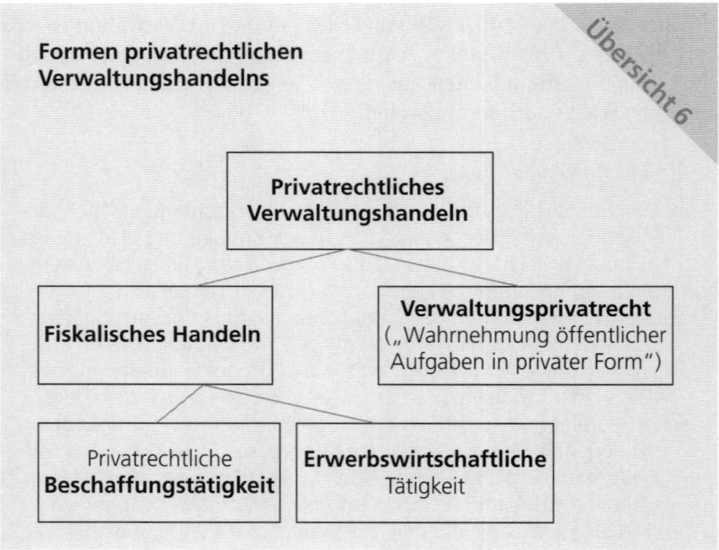

3.2.1 Fiskalisches Verwaltungshandeln

Dieser Begriff ist der Oberbegriff für die Fälle, in denen die Verwaltung rein privatrechtlich handelt, also für

- die sogenannte **„Beschaffungstätigkeit"** der Verwaltung, wie z. B. Bau oder Miete eines Bürogebäudes; Kauf von Computern oder Büromaterial; Leasing eines Dienstwagens; Reparatur eines Kopierers

- die **erwerbswirtschaftliche Tätigkeit** der Verwaltung, wie bspw. Vermietung von Rathausräumen für private Veranstaltungen; Verkauf von Blumen durch die Stadtgärtnerei; Schlossführung durch die staatliche Schlösserverwaltung; Weinverkauf durch ein staatliches Weingut.

3.2.2 Verwaltungsprivatrecht

Verwaltungsprivatrecht ist die Bezeichnung dafür, dass die Verwaltung zwar **hoheitliche Aufgaben** wahrnimmt, sich dabei aber **privater Rechtsformen** bedient.

Beispiele

- Die Müllabfuhr, die Wasser- oder Stromversorgung sind originäre öffentliche Pflichtaufgaben der Gemeinden. Die Gemeinden müssen diese Aufgaben aber nicht zwangsläufig mit eigenem Personal oder eigenen Sachmitteln erledigen; sie können auch andere Organisationsformen wählen und die Müllabfuhr z. B. durch eine „eigene" GmbH erledigen oder die städtischen Elektrizitätswerke in eine Aktiengesellschaft umwandeln.
- Im Bereich der Krankenhausversorgung werden viele (von den Landkreisen und kreisfreien Städten errichtete und betriebene) Kreiskliniken privatisiert und in privater Form (in aller Regel als GmbH) betrieben. Das ist zulässig; entscheidend ist lediglich, dass im Landkreis bzw. der kreisfreien Stadt eine ausreichende Versorgung sichergestellt ist.

In diesem Fall richtet sich das Verhältnis zwischen dem Bürger und der Verwaltung ebenfalls **nach dem Zivilrecht**.

Beispiel

Ein Patient benötigt eine Operation. Er schließt mit dem städtischen Klinikum, das in der Form einer städtischen GmbH betrieben wird, einen zivilrechtlichen Krankenhausvertrag ab. Kommt es nun zu Behandlungsfehlern, kann er etwaige Schadensersatz- und Schmerzensgeldansprüche gegen die Klinik GmbH aufgrund der Verletzung des Behandlungsvertrags vor den Zivilgerichten geltend machen.

Nachdem es sich beim Verwaltungsprivatrecht um die Wahrnehmung öffentlicher Aufgaben handelt, muss die Verwaltung aber auch dann, wenn sie eine privatrechtliche Betriebsform gewählt hat, **zusätzlich bestimmte öffentlich-rechtliche Bestimmungen beachten**. Insbesondere sind die Grundrechte, Benachteiligungsverbote und der (Sozial-) Datenschutz zu berücksichtigen. Begründet wird dies mit dem Merksatz **„Keine Flucht der Verwaltung ins Privatrecht"**: In einem Rechtsstaat muss die Verwaltung rechtsstaatlich handeln und darf sich dieser Verantwortung nicht entziehen, indem sie auf privatrechtliche Formen und die damit verbundene Gestaltungsfreiheit („Vertragsfreiheit“) ausweicht. Das ergibt sich aus Art. 1 Abs. 3 GG, wonach alle drei Staatsgewalten, mithin auch die Verwaltung, stets der unmittelbaren Bindung an die Grundrechte unterliegen.

Beispiel

Wenn eine Gemeinde die Müllentsorgung in der Form einer GmbH wahrnimmt, muss sie bei der Gestaltung der Verträge mit den Anwohnern aus Gleichbehandlungsgründen (Art. 3 GG!) einheitliche Gebührensätze zugrunde legen. Der zivilrechtliche Grundsatz der Freiheit der Vertragsgestaltung wird somit durch die Grundrechtsbindung der öffentlichen Hand eingeschränkt.

Fall 3: Die Kreditfalle

Die kreisfreie Stadt A subventioniert den Kindergartenausbau durch zinslose Darlehen, die den KiTa-Trägern bewilligt werden. Nach Ablauf der Kreditlaufzeit von drei Jahren fordert die Stadt vom freien Träger T gemäß der Vereinbarung im Darlehensvertrag die Rückzahlung des Darlehens. T macht geltend, er hätte vor der Rückforderung nach § 24 SGB X angehört werden müssen. Im Übrigen verstoße die Rückforderung gegen Art. 3 GG, weil von einem anderen Träger entgegen den Vertragsbestimmungen ohne Grund nur die Hälfte der Darlehenssumme zurückgefordert wurde, da dessen Vorsitzender und der erste Bürgermeister von A befreundet sind. Hat T Recht?

4 Der Verwaltungsakt

4.1 Begriff des Verwaltungsakts

Der Verwaltungsakt ist die wichtigste Form, in der die Verwaltung Entscheidungen gegenüber dem Bürger treffen kann. Im Alltagssprachgebrauch wird er als **„Bescheid"** bezeichnet. Das ist unscharf, denn Verwaltungsakte müssen nicht unbedingt schriftlich sein. Das Gesetz enthält in § 31 S. 1 SGB X eine eindeutige Definition. Danach ist jede „Verfügung, Entscheidung oder andere hoheitliche Maßnahme, die eine Behörde zur Regelung eines Einzelfalles auf dem Gebiet des öffentlichen Rechts trifft und die auf unmittelbare Rechtswirkung nach außen gerichtet ist" ein Verwaltungsakt. Im Einzelnen liegt ein solcher also immer dann vor, wenn die in Übersicht 7 aufgeführten Kriterien erfüllt sind.

4.1.1 Maßnahme einer Behörde

Der Begriff **„Behörde"** ist definiert in § 1 Abs. 2 SGB X: Danach ist Behörde „jede Stelle, die Aufgaben der öffentlichen Verwaltung wahrnimmt". Das sind sämtliche in Kapitel 2 genannte Stellen. Verwaltungs-

Übersicht 7

Merkmale des Verwaltungsakts
(§ 31 SGB X)

1. Maßnahme einer **Behörde** (§ 1 Abs. 2 SGB X)
2. auf dem Gebiet des **öffentlichen Rechts** („hoheitlich")
3. zur **Regelung eines Einzelfalls** („konkret-individuell")
4. mit **unmittelbarer Rechtswirkung** nach außen („nicht verwaltungsintern")

akte können demnach durch alle Behörden der **unmittelbaren Staatsverwaltung** (untere, mittlere und oberste Bundes- und Landesbehörden sowie Sonderbehörden) erlassen werden. Außerdem fallen alle Einrichtungen der **mittelbaren Staatsverwaltung** (Körperschaften, Anstalten und Stiftungen des öffentlichen Rechts einschließlich der Kommunen) unter den Behördenbegriff. Schließlich können auch **Privatpersonen** und privatrechtliche Vereinigungen als **Beliehene** öffentliche Aufgaben wahrnehmen, weshalb sie in dieser Funktion ebenfalls als Behörde gelten.

4.1.2 Gebiet des öffentlichen Rechts

Das Kriterium „Maßnahme auf dem Gebiet des öffentlichen Rechts" dient der **Abgrenzung zum privatrechtlichen Handeln** von Behörden (Kap. 3.2), welches ausschließlich den Bestimmungen des bürgerlichen Rechts (z. B. dem Kauf-, Miet-, Arbeits- oder Werkvertragsrecht) unterliegt. Ein Verwaltungsakt kann nur im Bereich des öffentlichen Rechts in Betracht kommen, also nur dann, wenn eine Behörde **hoheitlich** (d. h. im Über-/Unterordnungsverhältnis, Kap. 3.1) gegenüber dem Bürger tätig wird.

Beispiel

Die Landkreisverwaltung lässt das Gebäude, in dem das Sozialamt untergebracht ist, durch eine Baufirma renovieren. Über die Bauarbeiten wird ein „gewöhnlicher" Werkvertrag (§§ 631 ff. BGB) geschlossen. Der Landkreis handelt damit privatrechtlich. Er kann bei eventuellen Mängeln somit nicht hoheitlich durch Verwaltungsakt die Nachbesserung anordnen, sondern er muss ggf. den Rechtsweg vor die Zivilgerichte beschreiten.

4.1.3 Regelung

Behörden treffen dann eine **Regelung**, wenn sie ein **Recht begründen, entziehen oder verbindlich feststellen**. Konkret bedeutet das, dass man von einer Regelung spricht, wenn ein Bürger durch die Behörde zu etwas verpflichtet wird, eine Leistung bewilligt, ein Antrag abgelehnt oder eine Feststellung getroffen wird.

Beispiele

Es wird BAföG, Elterngeld oder eine andere Sozialleistung bewilligt; irrtümlich bewilligte Leistungen werden zurückgefordert; die Höhe der auszuzahlenden Grundsicherung wird abgesenkt; es werden die Schwerbehinderteneigenschaft und ein entsprechender Grad der Behinderung festgestellt; ein Antrag auf Wohngeld wird abgelehnt.

Am Kriterium der „Regelung“ fehlt es beim sogenannten **„schlicht hoheitlichen Verwaltungshandeln“**: Von einem solchen spricht man, wenn etwas zwar im hoheitlichen Kontext „geschieht“, aber **keine Regelung** getroffen wird. Mangels Regelung gehören zum schlicht hoheitlichen Handeln daher bspw.:

- **vorbereitende Maßnahmen** von Behörden (z. B. die Anhörung eines Antragstellers zu seinen persönlichen Verhältnissen),
- die **Androhung oder Ankündigung** von Maßnahmen (z. B. die Ankündigung des Jobcenters, dass dieses die Grundsicherung gemäß § 31a SGB II kürzen wird, wenn der Antragsteller nicht innerhalb von zwei Monaten den Besuch eines Integrationskurses nachweist),
- **Auskünfte, Beratung oder Informationen** (§§ 13 ff. SGB I; 8 Abs. 3 SGB VIII – Die Ablehnung einer Beratung stellt dagegen sehr wohl eine Regelung dar!); dagegen ist eine **Zusicherung** eine Regelung, wenn sie schriftlich erfolgt, da sie in diesem Fall gemäß § 34 Abs. 1 SGB X für die Verwaltung bindend ist.

Auch **reine Ausführungshandlungen** (sogenannte **„Realakte“**, z. B. die tatsächliche Vornahme der Auszahlung der bereits schriftlich bewilligten Sozialhilfe, die Pfändung eines Goldbarrens oder die Aushändigung des beantragten Schwerbehindertenausweises) fallen unter den Begriff des schlicht hoheitlichen Handelns ohne Regelungscharakter.

Beispiele

Weitere Beispiele für schlicht hoheitliches Handeln: Gutachtliche Stellungnahme des Jugendamts an das Familiengericht (§ 50 SGB VIII); die BAföG-Stelle weist einen Antragsteller nach § 66 SGB I auf eine mögliche Leistungskürzung hin, weil dieser nicht die erforderlichen Angaben macht; es ergeht eine Rentenauskunft nach § 109 SGB VI; ein Betroffener wird vor der Ablehnung seines Antrags auf eine Opferentschädigungsrente nach § 24 SGB X angehört.

4.1.4 Einzelfall

Eine hoheitliche Maßnahme ist nur dann ein Verwaltungsakt, wenn durch sie ein **Einzelfall** geregelt wird. Über dieses Kriterium erfolgt die **Abgrenzung des Verwaltungsakts von Gesetzen, Verordnungen und Satzungen**: Auch diese enthalten zwar Regelungen; allerdings sind sie immer an einen unbestimmten Personenkreis (also an „jedermann“) gerichtet. Es handelt sich daher bei allen Rechtsnormen um abstrakt-generelle Regelungen. Ein Verwaltungsakt liegt dagegen nur vor, wenn nur ein **konkreter Fall individuell geregelt** wird. Verwaltungsakte dienen gerade der Umsetzung der abstrakt-generellen Rechtsnormen im ganz konkreten Einzelfall.

Beispiel

Gemäß § 44 SGB VIII benötigen Pflegeeltern grundsätzlich eine Pflegeerlaubnis. Diese Regelung in § 44 SGB VIII ist abstrakt-generell, denn sie gilt für jedermann. Es handelt sich um ein Gesetz und nicht um die konkrete Regelung eines individuellen Einzelfalls – damit also nicht um einen Verwaltungsakt. Wenn aber das Jugendamt einer konkreten Familie die Pflegeerlaubnis in Bezug auf ein bestimmtes Pflegekind erteilt, dann liegt in dieser Pflegeerlaubnis eine konkret-individuelle Regelung und mithin ein Verwaltungsakt. Ebenso würde es sich um einen Verwaltungsakt handeln, wenn das Jugendamt bestimmten Betroffenen die Pflegeerlaubnis verweigern würde. Durch den Verwaltungsakt, der in der Pflegeerlaubnis oder ihrer Verweigerung liegt, wird die allgemeine gesetzliche Regelung des § 44 SGB VIII im konkreten Einzelfall umgesetzt.

Achtung: Die **Allgemeinverfügung** als Unterfall des Verwaltungsakts (vgl. § 31 S. 2 SGB X und Kap. 4.2.2) erlaubt auch konkret-individuelle Regelungen, die an eine **Personenmehrheit** gerichtet sind, sofern die betroffene Personengruppe konkret bestimmt oder bestimmbar ist.

4.1.5 Unmittelbare Rechtswirkung nach außen

Die Einzelfallregelung muss schließlich auch eine **unmittelbare Rechtswirkung nach außen** haben. „Nach außen“ bedeutet, dass von der Regelung ein Sachverhalt **außerhalb der Verwaltung** betroffen ist. Rein innerdienstliche Regelungen stellen somit keine Verwaltungsakte dar.

Beispiele

Beispiele für verwaltungsinterne Regelungen, die nur den Dienstbetrieb regeln und daher **keine** Verwaltungsakte sind: Bestimmung durch die Behördenleitung, welcher Beamte einen bestimmten Vorgang zu bearbeiten hat; **Umsetzung** eines Beamten von seinem aktuellen auf einen gleichwertigen anderen Arbeitsplatz innerhalb derselben Behörde; Regelung, wo in der Behörde die Akten zu lagern und wie sie zu sichern sind.

Manche Personalmaßnahmen innerhalb der Verwaltung sind zwar innerdienstliche Regelungen, können aber **zusätzlich auch eine Rechtswirkung nach außen** entfalten. Dies ist immer dann der Fall, wenn sie über das allgemeine Direktionsrecht (d. h. die generelle Befugnis des Arbeitgebers zur Erteilung von Weisungen) hinausgehen und die Beschäftigten „wie einen Bürger" in ihren Rechten berühren.

Beispiele

- Die Kürzung der Besoldung eines Beamten aufgrund eines Disziplinarverfahrens betrifft diesen nicht nur innerdienstlich, sondern auch privat – denn ihm steht nun weniger Geld zur Verfügung.
- Das Verbot, im Dienst ein Kopftuch oder einen Ohrring zu tragen, betrifft nicht nur den Dienstbetrieb (das „Erscheinungsbild" von Behördenvertretern), sondern auch das durch Art. 2 Abs. 1 GG geschützte Persönlichkeitsrecht (bei Kopftüchern, die als religiöses Symbol getragen werden, zugleich die in Art. 4 GG garantierte Religionsfreiheit).
- Die **Versetzung** eines Beamten ist die dauerhafte Zuweisung neuer Dienstaufgaben in einer anderen Behörde. Daher betrifft die Versetzung an einen anderen Dienstort oder zu einer nachgeordneten Behörde nicht nur den dienstlichen Betrieb, sondern auch den betroffenen Beamten selbst, denn dieser hat nun evtl. höhere Fahrtkosten oder einen anderen sozialen Status. Die Versetzung ist daher – anders als die Umsetzung – ein Verwaltungsakt.

Alle vorgenannten Regelungen wirken sich über das allgemeine Weisungsrecht des Arbeitgebers hinaus auf die Rechtssphäre der Betroffenen (insbesondere deren Freiheitsgrundrechte) aus. Sie haben daher Außenwirkung und sind Verwaltungsakte.

Die Rechtswirkung nach außen muss **unmittelbar** eintreten. Daran fehlt es, wenn zwischen einer behördlichen Maßnahme und deren Wirkung auf die Bürger noch weitere Schritte erforderlich sind.

Beispiel

Die Note „6" in einer Schulklausur hat keine unmittelbare Rechtswirkung auf den betroffenen Schüler – denn die schlechte Note kann ggf. durch bessere Ergebnisse in Folgeklausuren ausgeglichen werden. Eine unmittelbare Außenwirkung wäre lediglich gegeben, wenn mit der Note untrennbar die Entscheidung verbunden wäre, dass die Prüfung oder das gesamte Schuljahr wiederholt werden muss. Schulnoten haben aber keine solche Wirkung; erst die Entscheidung im Jahreszeugnis, dass der oder die Betroffene nicht in die nächsthöhere Klasse vorrücken darf, ist ein Verwaltungsakt.

4.2 Arten von Verwaltungsakten

In der Behördenpraxis haben sich verschiedene Arten von Verwaltungsakten herausgebildet. Die Einordnung einer behördlichen Regelung als ein bestimmter Verwaltungsakt ist deshalb wichtig, weil von der Art des Verwaltungsakts auch verfahrenstechnische Vorgaben (z. B. ob eine Anhörung nach § 24 SGB X erforderlich ist), die Möglichkeit der Rücknahme nach §§ 44 bis 48 SGB X (Kap. 9) oder die Auswahl des zu ergreifenden Rechtsmittels abhängen (Kap. 8.2.2). Bedeutsam sind die nachfolgend genannten Arten von Verwaltungsakten.

4.2.1 Einzelverfügung

Von einer Einzelverfügung spricht man, wenn die Verwaltung eine konkret-individuelle **Einzelfallregelung** trifft. D.h. es wird der konkrete Fall eines bestimmten Adressaten geregelt und z. B. ein Leistungs-, Beitragsfestsetzungs- oder Rückforderungsbescheid erlassen.

Beispiele

Bewilligung einer Unfallrente für Herrn A, Ablehnung von Frau B als Adoptionsbewerberin, Rückforderung von Arbeitslosengeld von Herrn C; Kürzung von Leistungen für Frau D nach § 66 SGB I.

4.2.2 Allgemeinverfügung

Ein konkret-individueller Verwaltungsakt muss sich nicht zwingend nur an eine einzige Person richten: Gemäß § 31 S. 2 SGB X gilt als Verwaltungsakt auch die sogenannte **Allgemeinverfügung**. Diese richtet sich an mehrere Personen, wobei es sich allerdings um einen **klar abgrenzbaren Personenkreis** handeln muss. Im Sozialrecht spielen Allgemeinverfügungen kaum eine Rolle; die „klassischen" Beispiele sind Rodel- und Badeverbote (diese richten sich an alle Personen, die an einem bestimmten Ort rodeln oder baden wollen), polizeiliche Platzverweise (richten sich an alle Personen, welche den betreffenden Ort verlassen sollen), Ampeln (richten sich an alle Verkehrsteilnehmer, die an die betreffende Stelle im Straßenverkehr kommen) oder der Smogalarm (richtet sich an alle Autofahrer, die in das Zentrum einer bestimmten Stadt fahren wollen).

4.2.3 Begünstigender Verwaltungsakt

Ein begünstigender Verwaltungsakt **verbessert die Rechtsposition** des Adressaten. Diesem wird beispielsweise eine Sozialleistung oder eine Subvention bewilligt, der Umbau eines Hauses (z.B. zu einem Frauenhaus) oder der Betrieb einer Einrichtung (z.B. Krankenhaus, Kinderheim) genehmigt. Ein begünstigender Verwaltungsakt wird vom Adressaten in aller Regel nicht angegriffen werden. Allerdings kann mit der sogenannten **Verpflichtungsklage** auf den Erlass eines begünstigenden Verwaltungsakts geklagt werden (zu den Klagearten: Kap. 8.2.2).

4.2.4 Belastender Verwaltungsakt

Belastende Verwaltungsakte **greifen in die Rechte** des Adressaten **ein.** Der „Status quo" des Betroffenen wird zu einem „Status quo minus".

Beispiele

Ein Versicherter wird zur Nachzahlung von Beiträgen zur gesetzlichen Krankenversicherung verpflichtet; einer KiTa oder einem Kinderheim wird der weitere Betrieb untersagt.

Ein belastender Verwaltungsakt liegt auch dann vor, wenn ein **Antrag auf einen begünstigenden Verwaltungsakt abgelehnt** wurde (z. B. Ablehnung eines Wohngeld- oder eines Elterngeldantrags). Daher muss in diesem Fall der Betroffene vor der ablehnenden Entscheidung angehört werden (§ 24 SGB X); er kann sich mit **Widerspruch und Anfechtungsklage** gerichtlich gegen die für ihn negative Entscheidung wehren (Kap. 8.2.1 und 8.2.2). Gleichzeitig kann er gemäß § 54 Abs. 4 SGG auf die abgelehnte Leistung klagen.

4.2.5 Verwaltungsakt mit Doppelwirkung

Ein solcher, auch **„janusköpfiger Verwaltungsakt"** oder „Verwaltungsakt mit Mischwirkung" genannter Verwaltungsakt verbessert einerseits die Position des Betroffenen; gleichzeitig greift er aber auch in dessen Rechte ein. Dies ist immer der Fall, wenn der Betroffene weniger erhält, als er beantragt hat, oder wenn ihm etwas genommen wird, aber er eine Entschädigung dafür zugesprochen bekommt.

Beispiele

Einem Ausländer wird Grundsicherung nach dem SGB II unter der Auflage bewilligt, dass er an einem Integrationskurs teilnimmt; ein Obdachloser erhält Sozialhilfe nach dem SGB XII, aber erst zu einem späteren Zeitpunkt als beantragt.

In dieser Situation kann der Betroffene wahlweise mit der Anfechtungsklage (Anfechtung des negativen Teils der Entscheidung) oder mit der Verpflichtungsklage (Klage auf volle Leistung) gegen die Regelung vorgehen.

4.2.6 Feststellender Verwaltungsakt

Ein feststellender Verwaltungsakt gibt die Rechtsposition des Betroffenen wieder und **stellt diese rechtlich verbindlich fest**.

Beispiele

Feststellung der Behinderteneigenschaft nach § 68 SGB IX; Feststellung einer versicherungspflichtigen Beschäftigung nach § 7a SGB IV; Feststellung der Erwerbsfähigkeit nach § 44a SGB II; Klärung des Rentenversicherungskontos nach § 149 Abs. 5 SGB VI. Mit diesen Feststellungen sind keine konkreten Leistungen verbunden; diese müssen gesondert bewilligt werden. Gleichwohl kommt der Feststellung aber eine rechtliche Bindungswirkung zu (Kap. 4.4.3), sodass von einer „Regelung" im Sinne von § 31 SGB X gesprochen werden kann.

Kommt es wegen der Feststellung von Rechten oder Rechtsverhältnissen zum Streit zwischen der Verwaltung und dem Bürger, so muss unterschieden werden: Wurde ein entsprechender Antrag (z. B. auf Feststellung der Schwerbehinderteneigenschaft) abgelehnt, dann sind **Widerspruch und Anfechtungsklage** statthaft. Unter den Voraussetzungen der §§ 43 VwGO bzw. 55 SGG kommt aber auch eine sogenannte **Feststellungsklage** als eigene Klageart in Betracht (Kap. 8.2.2).

4.2.7 Gestaltender Verwaltungsakt

Durch einen gestaltenden Verwaltungsakt wird ein Rechtsverhältnis begründet, verändert oder aufgehoben.

Beispiel

Die Ernennung eines Beamten begründet dessen öffentlich-rechtliches Dienstverhältnis zu seinem Dienstherrn. Die Einbürgerung begründet die deutsche Staatsangehörigkeit.

4.2.8 Verwaltungsakt mit Drittwirkung

Von einem **Verwaltungsakt mit Drittwirkung** spricht man, wenn dieser auf den Adressaten zwar positive, für einen Dritten aber negative Auswirkungen hat. Der Unterschied zum Verwaltungsakt mit Doppelwirkung liegt darin, dass dieser ausschließlich den Adressaten betrifft; der Verwaltungsakt mit Drittwirkung **wirkt sich** dagegen **auch auf andere Personen aus**.

Beispiele

- Einer Elterninitiative wird der Betrieb einer Kindertagesstätte mitten in einem Wohngebiet genehmigt. Diese Entscheidung ist für den Träger der KiTa als Adressaten des Verwaltungsakts positiv. Zugleich werden aber Dritte (die Nachbarn) durch die Genehmigung in ihren Rechten beeinträchtigt, da sie nun mit erheblichem Lärm durch im Freien spielende Kinder und frühmorgendlich an- und abfahrende Autos beeinträchtigt werden (Anmerkung: Die entsprechenden Klagen von Anwohnern werden in der Sache meist keine Aussicht auf Erfolg haben, da die Rechtsprechung Kinderlärm regelmäßig als sozial angemessen und somit nicht als relevante Störung beurteilt).
- Nach § 34 Abs. 2 SGB I sind Witwenrenten im Fall der (möglicherweise nach islamischem Recht im Ausland geschlossenen) Mehrehe den begünstigten Frauen anteilig zu gewähren. Wird einer dieser Ehefrauen nach dem Tod des Ehemannes eine deutsche Witwenrente bewilligt, so wirkt sich der entsprechende Bewilligungsbescheid zugleich immer auch auf die anderen Ehefrauen aus, da die Höhe von deren Anteil davon betroffen wird. Der Bewilligungsbescheid ist somit ein Verwaltungsakt mit Drittwirkung.

Das Erkennen einer Drittwirkung ist wichtig für die behördliche Praxis, denn wenn sich eine Entscheidung auch auf Dritte auswirkt, dann muss die Verwaltung diese bereits in der Phase der Entscheidungsfindung mit einbeziehen: Die Betroffenen werden dann ebenfalls Verfahrensbeteiligte (§ 12 Abs. 2 SGB X) und können ihre Rechte (z. B. Akteneinsichtsrechte nach § 25 SGB X oder Anhörungsrechte nach § 24 SGB X) im behördlichen Verfahren geltend machen. Darüber hinaus können sie den Verwaltungsakt anfechten, obwohl sie gar nicht der Adressat der behördlichen Entscheidung sind (§§ 42 Abs. 2 VwGO, 54 Abs. 1 und 2 SGG).

4.2.9 Mitwirkungsbedürftiger Verwaltungsakt

Bei mitwirkungsbedürftigen Verwaltungsakten wird unterschieden, ob diese der **Mitwirkung des Betroffenen** bedürfen (diese ist immer erforderlich, wenn eine Sozialleistung nur auf Antrag des Betroffenen bewilligt werden darf, etwa die Ausbildungsförderung nach § 46 BAföG, das Elterngeld nach § 7 BEEG oder das Wohngeld nach § 22 WoGG), oder ob eine **weitere Behörde** beim Erlass mitwirken muss. Im letzteren Fall spricht man von einem sogenannten **„mehrstufigen Verwaltungsakt"**.

Beispiel

Beispiele für mehrstufige Verwaltungsakte gibt es im Sozialrecht kaum. Der „Klassiker" ist die Regelung in § 36 des Baugesetzbuchs, wonach ein Bauantrag zunächst das Einverständnis der Gemeinde erfordert. Erst danach kann das Landratsamt als zuständige Behörde abschließend über den Bauantrag entscheiden.

4.2.10 Verwaltungsakt mit Dauerwirkung

Manche Verwaltungsakte (insbesondere im Sicherheits- und Ordnungsrecht) erledigen sich sofort mit ihrem Erlass.

Beispiel

Beispielsweise hat die Auflösung einer Demonstration oder ein Platzverweis durch die Polizei nach ihrer bzw. seiner Durchsetzung keine Wirkung mehr auf die Betroffenen. Die Maßnahme hat sich durch ihren Vollzug erledigt.

Ein **Verwaltungsakt mit Dauerwirkung** wirkt dagegen **in die Zukunft hinein** oder hat einen **„Wiederholungseffekt"**. Solche Verwaltungsakte finden sich im Sozialrecht häufig.

Beispiele

Die Feststellung der Behinderteneigenschaft wirkt dauerhaft, nämlich solange die Behinderung besteht. Die Bewilligung von Alters- (§ 235 Abs. 1 SGB VI) oder Unfallrenten (§ 56 SGB VII) führt zur laufenden Fortzahlung, bis diese durch einen Folgebescheid verändert werden.

Eine **Besonderheit** gibt es bei der Bewilligung von **Sozialhilfe**: Sozialhilfeleistungen sind laut der Rechtsprechung nämlich keine rentenähnlichen Dauerleistungen, sondern Hilfen in einer besonderen Notsituation. Sie werden deshalb grundsätzlich nicht über längere, sondern nur für die nächstliegende Zeit bewilligt. Das Sozialamt kann daher die Entscheidung über einen Antrag nur in Bezug auf eine einmalige Leistung oder aber für einen längeren Zeitraum treffen. Je nachdem, wie der Bescheid formuliert ist, handelt es sich um einen Verwaltungsakt mit oder ohne Dauerwirkung.

4.2.11 Gebundener Verwaltungsakt

Von einem gebundenen Verwaltungsakt spricht man, wenn der Bürger einen **Rechtsanspruch** auf eine bestimmte Leistung hat (vgl. § 38 SGB I). In diesem Fall hat die zuständige Behörde keine andere Möglichkeit, als die Leistung zu gewähren, wenn die erforderlichen Voraussetzungen erfüllt sind.

Beispiele

Gegenüber der Krankenkasse besteht nach § 33 SGB V ein Rechtsanspruch auf Hilfsmittel; gegenüber der Unfallkasse besteht gemäß § 26 SGB VII der Anspruch auf medizinische Reha-Leistungen nach einem Arbeitsunfall; gegenüber dem Landkreis bzw. der kreisfreien Stadt als örtlichem Träger der Jugendhilfe besteht der Rechtsanspruch auf Hilfen zur Erziehung (§§ 27 ff. SGB VIII) oder auf einen Kita-Platz (§ 24 SGB VIII). Sind die Anspruchsvoraussetzungen gegeben, so **muss** die zuständige Stelle die Leistung bewilligen; sie ist in ihrer Entscheidung gebunden.

Die Behörden können nicht nur alternativlos zu Leistungen, sondern auch zum Erlass eines eingreifenden Verwaltungsaktes verpflichtet sein. Auch dann handelt es sich um einen gebundenen Verwaltungsakt.

Beispiel

Die Jugendämter sind gemäß § 42 Abs. 1 Nr. 3 SGB VIII zur Inobhutnahme eines unbegleiteten minderjährigen Flüchtlings oder nach § 45 Abs. 7 SGB VIII zum Widerruf der Betriebserlaubnis einer KiTa verpflichtet, wenn die entsprechenden Voraussetzungen vorliegen.

4.2.12 Ermessensverwaltungsakt

Bei einem Ermessensverwaltungsakt hat die Verwaltung im Gegensatz zum gebundenen Verwaltungsakt die Auswahl zwischen **verschiedenen, gleichwertigen Entscheidungsmöglichkeiten.** Im Gesetz kommen derartige Handlungsalternativen durch die **Signalwörter „kann", „darf" oder „ist berechtigt"** zum Ausdruck (sogenannte **„Kann-Regelung"**). Es wird somit bereits aus dem Gesetzeswortlaut deutlich, dass die Verwaltung nicht nur eine mögliche Entscheidung zur Verfügung hat, sondern **zwischen verschiedenen Alternativen auswählen** darf.

Beispiele

- Die zentralen Adoptionsstellen der Landesjugendämter sind nach § 2a Abs. 3 Nr. 1 AdVermiG zur internationalen Adoptionsvermittlung „befugt" – es steht also im Ermessen der jeweiligen Stelle, ob sie ein Verfahren übernimmt oder nicht. In der Regel wird sie dies ablehnen, wenn die Vermittlungspraxis im Herkunftsstaat des Kindes nicht den internationalen Standards des Haager Adoptionsübereinkommens entspricht; sie wird es übernehmen, wenn diese Standards eingehalten werden.
- Das Jugendamt „kann" Jugendlichen nach § 13 Abs. 3 SGB VIII während einer beruflichen Qualifizierungsmaßnahme Unterkunft in einer sozialpädagogisch begleiteten Wohnform gewähren – es hat also ein Ermessen, ob es diese bewilligt, nicht bewilligt oder nur zeitlich befristet bewilligt.

Ermessen

Die mit dem Ermessen verbundene Auswahlmöglichkeit bedeutet nicht, dass eine Behörde ihre Entscheidung willkürlich treffen dürfte: Das Ermessen ist nämlich gemäß § 39 SGB I stets **pflichtgemäß auszuüben**. Die Verwaltung ist bei der Ermessensausübung schon aufgrund Art. 1 Abs. 3 GG an die **Grundrechte** sowie über Art. 20 Abs. 3 GG an das **Rechtsstaatsprinzip** und die sich daraus ergebenden Grundsätze gebunden. Insbesondere haben die Behörden bei ihrer Entscheidung den **Gleichbehandlungsgrundsatz** (Art. 3 Abs. 1 GG) und den **Verhältnismäßigkeitsgrundsatz** (Kap. 5.1.2 und 5.1.3) zu beachten.

Der Bürger hat folglich bei Ermessensentscheidungen zwar keinen Rechtsanspruch auf ein bestimmtes Ergebnis, aber er hat einen – gemäß Art. 19 Abs. 4 GG im Streitfall auch gerichtlich überprüfbaren – **Rechtsanspruch auf eine korrekte und pflichtgemäße Ermessensausübung**, d. h. auf Berücksichtigung der rechtsstaatlichen Rahmenbedingungen durch die Behörden. Darüber hinaus darf die Ermessensausübung nicht dazu führen, dass die **sozialen Rechte** (§§ 3 bis 10 SGB I) der Betroffenen beschnitten werden (§ 2 Abs. 2 SGB I). Daher können rein finanzielle Erwägungen nur in Ausnahmefällen der alleinige Maßstab bei der Entscheidung über eine Leistung sein.

Zur Vertiefung: Die Gerichte dürfen das Ermessen der Verwaltung lediglich darauf hin überprüfen, ob sie die rechtsstaatlichen Grundsätze beachtet hat. Sie können Verwaltungsakte daher nur aufheben, wenn die erlassende Behörde gar kein Ermessen ausgeübt hat (sog. „Ermessensunterschreitung"), wenn sie sachwidrige Erwägungen („Sympathie") in das Ermessen einfließen ließ, den Verhältnismäßigkeitsgrundsatz oder den Gleichbehandlungsgrundsatz missachtet oder zu beachtende Gesichtspunkte falsch gewichtet hat (sog. „Ermessensfehlgebrauch"). Die Details sind höchst komplex und eher für Juristen als für die Praxis der Sozialen Arbeit bedeutsam.

Angesichts der Vielzahl von Sozialbehörden bundesweit ist es für die Verwaltung schwierig, in der Fläche eine Art. 3 Abs. 1 GG genügende **einheitliche Ermessensausübung** zu erreichen. Dies wird vor allem durch sogenannte **Verwaltungsvorschriften** sichergestellt. Das sind z. B. Anweisungen der Exekutivspitze an den nachgeordneten Bereich, etwa Erlasse, ministerielle Rundschreiben, Dienstanweisungen, Richtlinien, Fördergrundsätze, Handbücher, Leitfäden oder Empfehlungen, wie bestimmte Rechtsvorschriften auszulegen und in der Praxis anzuwenden sind. Diese rein verwaltungsinternen Regelungen, die mangels Außenwirkung **keinen Rechtsnormcharakter** besitzen, geben den Behörden interne Hilfen zur Rechtsanwendung und unterstützen dadurch eine flächendeckend gleichmäßige Verwaltungspraxis.

Beispiele

- Die Bundesagentur für Arbeit versendet regelmäßig Erläuterungen und Hinweise zur Anwendung des SGB II und III an die Beschäftigten der Jobcenter. Dadurch sollen die einheitliche Handhabung der Gesetze ermöglicht und Verstöße gegen den Gleichbehandlungsgrundsatz vermieden werden.
- Auch zum Ausländerrecht oder im Bereich der Steuerverwaltung gibt es unzählige Anwendungshinweise der koordinierenden Behörden (meist: den obersten Bundes- und Landesbehörden) für die nachgeordneten Dienststellen, um eine einheitliche Gesetzesanwendung sicherzustellen.
- Ein weiteres prominentes Beispiel für eine Verwaltungsvorschrift ist der „Bußgeldkatalog" der Polizei für Verstöße im Straßenverkehr.

Durch einen einheitlichen Gesetzesvollzug entsteht eine **Selbstbindung der Verwaltung**, die über den Gleichbehandlungsgrundsatz Außenwirkung auf den Bürger erlangt: In künftigen gleich gelagerten Fällen darf eine Behörde nicht ohne Grund eine gegenüber einem bereits entschiedenen Fall abweichende Regelung treffen, da sie ansonsten Art. 3 Abs. 1 GG verletzen würde.

Allerdings können Behörden ihre Verwaltungspraxis aus sachlichen (!) Gründen **jederzeit ändern oder aufgeben**. Dadurch fällt die bisherige Selbstbindung weg; ggf. entsteht eine neue Verwaltungsübung.

Beispiel

Ein Landesministerium unterstützt das Engagement für den verbesserten Spracherwerb bei Migrantenkindern mit einer Aufwandsentschädigung für ehrenamtliche Sprachtrainer. Die Entscheidung für oder gegen eine solche Förderung liegt grundsätzlich im Ermessen des Ministeriums, da sie im Gesetz nicht geregelt ist. Hat das Ministerium die Förderkriterien in einer Förderrichtlinie festgelegt, dann hat es sich hinsichtlich der Förderung selbst gebunden. Wenn sich nun in der Praxis herausstellt, dass auch Personen die Aufwandsentschädigung erhalten, die die deutsche Sprache selbst nicht ausreichend beherrschen, dann kann das Ministerium die Richtlinie ändern (z. B. könnte die Pflicht des Sprachtrainers eingeführt werden, ein bestimmtes Sprachniveau nachzuweisen). Dadurch entstünde eine neue Verwaltungspraxis. Ein Sprachtrainer, der früher die Entschädigung erhalten hat, kann nun entgegen der früheren Handhabung keinen finanziellen Zuschuss mehr erhalten, wenn er das erforderliche Sprachniveau nicht nachweist. Darin liegt kein Verstoß gegen Art. 3 Abs. 1 GG, denn die Verwaltung hat ihre Praxis aus einem triftigen Grund – und nicht willkürlich – geändert.

Zur Vertiefung: In der Regel schließen die Behörden eine Selbstbindung bei freiwilligen Förderungen von vorneherein dadurch aus, dass die Förderung stets „nur im Rahmen der verfügbaren Haushaltsmittel" und nur für einen zeitlich begrenzten Förderzeitraum erfolgt. Dies ist rechtlich nicht zu beanstanden.

In manchen Fällen ist trotz eines gesetzlichen Ermessensspielraums z. B. wegen der Selbstbindung der Verwaltung aus früheren gleichartigen Fällen oder aufgrund der Unverhältnismäßigkeit eines Eingriffs nur

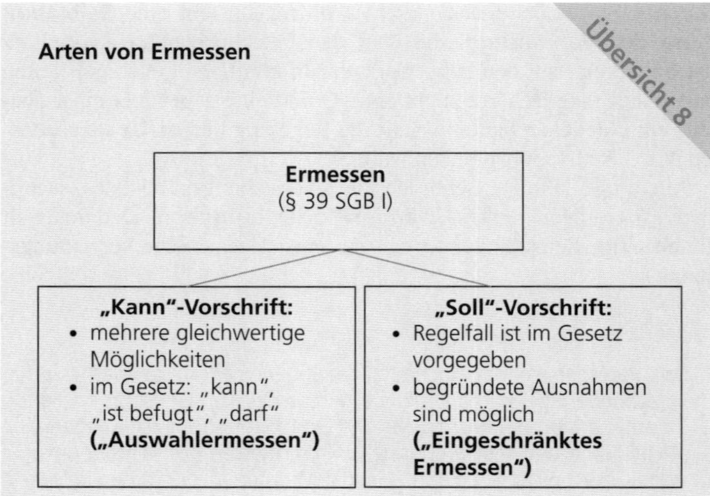

noch eine einzige Regelung denkbar. Dies nennt man **„Ermessensreduzierung auf Null"**.

Eingeschränktes Ermessen

Beim sogenannten **„eingeschränkten Ermessen"**, welches im Gesetz durch das Wort „soll“ erkennbar ist (sog. **„Soll-Regelung"**) besteht ebenfalls keine Bindung der Verwaltung. Im Unterschied zum „normalen“ Ermessen ist jedoch der **Regelfall durch das Gesetz vorgegeben**; die Verwaltung darf von diesem lediglich in begründeten Ausnahmefällen abweichen.

Beispiele

- Nach § 16 Abs. 1 SGB VIII „soll" das Jugendamt Erziehungsberechtigten Leistungen der allgemeinen Erziehungsförderung anbieten. Das bedeutet, dass das Jugendamt Müttern und Vätern in aller Regel solche Angebote zu unterbreiten hat. Haben diese aber ein bestimmtes Seminar bereits besucht und hat dies nicht zur angestrebten Verbesserung der Familienverhältnisse geführt, darf das Jugendamt von einer neuerlichen Bewilligung absehen.

- Nach § 15 SGB II „soll" eine Eingliederungsvereinbarung mit Arbeitssuchenden geschlossen werden. In aller Regel hat das Jobcenter also eine solche Vereinbarung zu treffen. Eine Ausnahme wäre etwa dann denkbar, wenn das Kompetenzprofil des Leistungsempfängers ohnehin so positiv ist, dass nach aller Erfahrung von einer sehr schnellen Vermittlung in Arbeit auszugehen ist.

Beurteilungsspielraum

Nicht mit dem Ermessen zu verwechseln ist der sogenannte **Beurteilungsspielraum**. Dieser bezieht sich nie auf alternativ mögliche Rechtsfolgen, sondern immer nur auf die Prüfung der **Voraussetzungen**, die eine Vorschrift aufstellt.

Beispiele

- Gemäß § 8a Abs. 1 SGB VIII hat das Jugendamt das Gefährdungsrisiko für ein Kind oder einen Jugendlichen im Zusammenwirken mehrerer Fachkräfte abzuschätzen. Kommt das Jugendamt bei dieser Prüfung zu dem Ergebnis, dass eine Gefährdung vorliegt, dann muss es intervenieren. Rechtstechnisch bedeutet das: In § 8a SGB VIII gibt der Gesetzgeber dem Jugendamt den Auftrag, die Gefährdungslage zu überprüfen. Die Verwaltung (das Jugendamt) hat das entsprechende Prüfungsprivileg und somit einen Beurteilungsspielraum, ob es von einer Gefährdung ausgeht oder nicht. Wenn das Jugendamt eine Gefährdung annimmt, dann **muss** (!) es aber die erforderlichen Schritte einleiten (siehe die Worte: „hat" das Gericht anzurufen; „verpflichtet", das Kind in Obhut zu nehmen – hier ist das Signalwort „kann" nicht zu finden. Es besteht also kein Ermessen).
- Gemäß § 7 Abs. 3 des AdVermiG muss sich die Adoptionsvermittlungsstelle des Jugendamts auf Antrag davon überzeugen, ob Adoptionsbewerber für die Aufnahme eines Kindes aus dem Ausland geeignet sind. Auch hier hat die Vermittlungsstelle einen Beurteilungsspielraum. Kommt sie im Zuge der Prüfung zu dem Ergebnis, dass die Bewerber geeignet sind, dann **muss** sie über diese einen Sozialbericht erstellen und an die Fachstellen im Ausland weiterleiten. Auch hier gilt: Die Behörde hat zwar einen Beurteilungsspielraum bei den Voraussetzungen („Ist die Adoptionseignung gegeben?"), aber kein Ermessen hinsichtlich der Rechtsfolge, denn der Bericht muss (!) erstellt werden, wenn die Prüfung der Adoptionseignung positiv ausfällt.

Auch wenn eine Behörde einen Beurteilungsspielraum hat, darf sie **nicht willkürlich** handeln; sie hat die rechtsstaatlichen Rahmenbedingungen einzuhalten. Daher können die Gerichte u. a. überprüfen, ob Diskriminierungen (vgl. § 33c SGB I) oder sachlich nicht gerechtfertigte Bevorzugungen (vgl. Art. 3 GG) im Ergebnis der behördlichen Prüfung zum Ausdruck kommen.

Beispiel

Wird ein lukrativer Verwaltungsposten im Sozialamt an einen fachlich völlig ungeeigneten Beamten vergeben, weil dieser ein „Parteifreund" der Amtsspitze ist, dann haben sachfremde Erwägungen die Überprüfung der erforderlichen fachlichen Eignung des Beamten beeinflusst. Die Ernennung ist rechtswidrig. Ein nicht berücksichtigter Konkurrent könnte gegen sie klagen.

Vor allem aber kann überprüft werden, ob das vorgeschriebene **Verfahren und die fachlichen Standards** bei der Beurteilung eingehalten wurden.

Beispiel

Die Hochschule führt eine Prüfung wegen der großen Zahl der Prüflinge in zwei verschiedenen Räumen durch. Versehentlich erhalten die Kandidaten in einem der Räume eine um 30 Minuten längere Arbeitszeit. Die Prüfung muss wiederholt werden, weil bei den Rahmenbedingungen gegen den Gleichbehandlungsgrundsatz (Art. 3 Abs. 1 GG) verstoßen wurde.

4.3 Nebenbestimmungen

Ein **Ermessensverwaltungsakt** (Kap. 4.2.12) kann nach § 32 Abs. 2 SGB X mit Nebenbestimmungen versehen werden. Diese Möglichkeit dient der Einhaltung des Verhältnismäßigkeitsgrundsatzes, denn für den Betroffenen wird bspw. eine Erlaubnis unter Auflagen immer der mildere Eingriff gegenüber einem völligen Verbot sein.

Für **gebundene Verwaltungsakte** besteht die Möglichkeit von Nebenbestimmungen nach § 32 Abs. 1 SGB X dagegen nur dann, wenn das Gesetz dies ausdrücklich erlaubt.

Beispiel

Ein KiTa-Träger hat gemäß § 45 SGB VIII einen Rechtsanspruch auf die Betriebserlaubnis, wenn die dort genannten Voraussetzungen erfüllt sind (gebundener Verwaltungsakt). Gemäß § 45 Abs. 4 SGB VIII kann (Ermessen!) die Erlaubnis mit Nebenbestimmungen versehen werden. Die Betriebserlaubnis darf also bspw. nur auf zwei Jahre befristet erteilt oder davon abhängig gemacht werden, dass eine gefährliche „Stolperschwelle" innerhalb von drei Wochen entfernt wird oder Lärmschutzfenster eingebaut werden.

Darüber hinaus sind Nebenbestimmungen bei gebundenen Verwaltungsakten möglich, um die **Erfüllung der gesetzlichen Anspruchsvoraussetzungen sicherzustellen**.

Beispiel

Eine Berufsunfähigkeitsrente wird unter der Auflage bewilligt, die Aufnahme einer Erwerbstätigkeit zu melden. Da in diesem Fall möglicherweise der Rentenanspruch entfällt (§ 240 Abs. 2 S. 4 SGB VI), dient die Auflage der Sicherstellung, dass die gesetzlichen Voraussetzungen für die Rente tatsächlich erfüllt sind.

Mögliche **Arten von Nebenbestimmungen** sind:

- **Befristungen**, d. h. eine Leistung beginnt oder endet mit einem bestimmten Termin oder sie erstreckt sich über einen bestimmten Zeitraum.

Beispiele

Bewilligung von Sozialhilfe vom 01.01. bis 31.03. eines Jahres; Bewilligung der Altersrente ab dem Ruhestandseintritt am 01.07.

- **Bedingungen**, d. h. die Wirksamkeit des Verwaltungsakts ist abhängig davon, dass ein zukünftiges Ereignis eintritt.

Beispiel

Eine Adoptionsvermittlungsstelle erhält die besondere Zulassung für die Vermittlung von Kindern aus Südafrika (Ermessensverwaltungsakt, vgl. § 4 Abs. 2 S. 3 AdVermiG) unter der Bedingung, dass sie eine Kooperationsbestätigung des dort zuständigen Fachministeriums vorlegt. Die Zulassung wird dann erst mit der Vorlage der Bescheinigung wirksam.

- **Auflagen**, d. h. der Adressat des Verwaltungsakts wird zu einem bestimmten Tun, Dulden oder Unterlassen verpflichtet.

Beispiel

Einem Kinderheim wird die nach § 45 SGB VIII erforderliche Betriebserlaubnis unter der Auflage erteilt, dass die dort tätigen Fachkräfte alle zwei Jahre ein aktuelles Führungszeugnis vorlegen (vgl. § 72a SGB VIII) und der Träger den TÜV im Zweijahresrhythmus die Spielgeräte auf dem Gelände des Heims auf ihre Sicherheit überprüfen lässt.

Die Abgrenzung, ob eine Nebenbestimmung eine Bedingung oder eine Auflage darstellt, ist im Einzelfall oftmals schwierig. Das entscheidende Kriterium für eine Bedingung ist, dass mit deren Eintritt das Wirksamwerden der im Verwaltungsakt getroffenen Regelung untrennbar verbunden ist. Bei einer Auflage wird die Regelung dagegen jedenfalls wirksam, aber dem Betroffenen wird eine **zusätzliche** Verpflichtung aufgegeben.

- **Vorbehalte**: Gemäß § 32 Abs. 2 Nrn. 3 und 5 SGB X kann sich die erlassende Behörde vorbehalten, den Verwaltungsakt zu widerrufen oder noch nachträglich Auflagen zu erlassen. Dies wird jedoch regelmäßig nur in sensiblen Bereichen angezeigt sein, in denen zu befürchten ist, dass die Verwaltung zu kurzfristigen Reaktionen gezwungen ist.

Beispiel

Die staatliche Anerkennung und Zulassung von Auslandsadoptionsvermittlungsstellen (§ 4 AdVermiG) wird in der Regel nur unter einem Widerrufsvorbehalt ausgesprochen. Das bedeutet, dass die Zulassung jederzeit widerrufen werden kann. Hintergrund für diese strenge Nebenbestimmung ist, dass die Aufsichtsbehörden unter Umständen schnell reagieren können müssen, wenn sie den Verdacht haben, dass die fragliche Stelle an Kinderhandelsaktivitäten beteiligt ist. Hier erfordert der Kinderschutz eine sofortige Handlungsmöglichkeit für die Aufsichtsbehörden.

4.4 Erlass des Verwaltungsakts

4.4.1 Grundsatz der Formfreiheit; Bestimmtheit

Der Verwaltungsakt ist grundsätzlich an **keine bestimmte Form** gebunden (§ 33 Abs. 2 SGB X, der den allgemeinen Grundsatz der Formfreiheit aus § 9 SGB X konkretisiert). Laut dem **Bestimmtheitsgrundsatz** (§ 33 Abs. 1 SGB X) ist für die wirksame Bekanntgabe einzig entscheidend, dass die Regelung inhaltlich ausreichend bestimmt ist: Der Adressat muss erkennen können, was von ihm verlangt wird.

Die Verwaltung entscheidet nach pflichtgemäßem Ermessen, ob sie ihre Entscheidung schriftlich, mündlich, oder auf andere Weise (z. B. durch schlüssiges Verhalten, auf elektronischem Wege oder sogar per SMS) bekannt gibt. Gemäß § 33 Abs. 2 S. 2 SGB X kann der Betroffene aber die **schriftliche oder elektronische Bestätigung** eines nur mündlich ausgesprochenen Verwaltungsakts verlangen.

Letztlich wird die Form der Bekanntgabe (Übersicht 9) immer von der Art der jeweiligen Aufgabe abhängen.

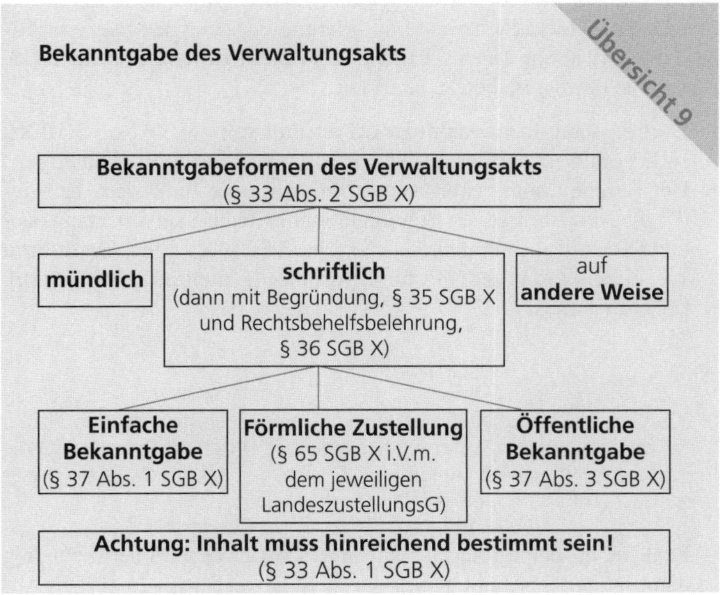

Beispiele

Ein Bescheid der Rentenkasse über die Höhe der Altersrente wird schon aus Nachvollziehbarkeits- und Beweisgründen schriftlich ergehen. Die Ablehnung als Adoptionsbewerber (auch darin liegt ein Verwaltungsakt!) wird durch die Adoptionsvermittlungsstellen der Jugendämter dagegen in aller Regel in einem mündlichen Gespräch mitgeteilt und erläutert.

Im Bereich des Ordnungsrechts werden Verwaltungsakte vielfach schon aus Gründen der Praktikabilität mündlich (z. B. Platzverweis gegenüber gewalttätigen Hooligans) oder sogar durch schlüssiges („konkludentes") Tun (z. B. Verkehrsregelung durch die Polizei auf einer Kreuzung) erlassen.

In den **besonderen Teilen** des Sozialgesetzbuchs ist teilweise ausdrücklich vorgeschrieben, dass die zuständige Behörde schriftlich entscheiden muss (z. B. beim Wohngeldbescheid gemäß § 24 Abs. 1 S. 1 WoGG, beim Kindergeldbescheid laut § 14 BKGG oder dem BAföG-Bescheid nach § 50 BAföG). Verstößt sie gegen eine solche Formvorschrift, dann wurde der Verwaltungsakt **nicht ordnungsgemäß bekannt gegeben** mit der Folge, dass er **nicht wirksam wird** (§ 39 Abs. 1 SGB X). Unabhängig von den spezialgesetzlichen Sonderregeln dürfte die schriftliche Verbescheidung in der Praxis aber schon aus Gründen der Rechtssicherheit und -klarheit der häufigste Fall sein. Erlässt die Verwaltung einen **schriftlichen Verwaltungsakt**, dann hat sie bestimmte Formvorgaben zu beachten:

- Die erlassende **Behörde muss erkennbar sein** (§ 33 Abs. 3 SGB X); anderenfalls ist der Bescheid nach § 40 Abs. 2 S. 1 SGB X nichtig.
- Der Bescheid muss **unterschrieben** sein oder zumindest die Wiedergabe des Namens der Behördenleitung, deren Stellvertretung oder eines Beauftragen enthalten (§ 33 Abs. 3 SGB X). Eine **Ausnahme** von diesem Grundsatz gilt für elektronisch erstellte Bescheide (vgl. § 33 Abs. 5 SGB X).

Beispiel

Viele Bescheide enthalten nur den Namen des sachlich verantwortlichen Beamten oder Verwaltungsangestellten ohne Unterschrift. Dies ist für die Wirksamkeit nach § 33 Abs. 3 SGB X ebenso ausreichend wie ein Unterschriftsfaksimile oder ein Namensstempel.

Fehlt es an der erforderlichen Unterschrift oder Namensnennung, dann ist der Bescheid analog § 125 BGB **nichtig**, zumal dem Adressaten dann regelmäßig nicht erkennbar ist, ob es sich tatsächlich um eine Regelung oder möglicherweise nur um einen rein internen Entwurf oder eine Vorfassung handelt. Die juristische Gegenmeinung geht dagegen von **Rechtswidrigkeit** aus, da die fehlende Unterschrift in aller Regel kein offenkundiger und besonders schwerwiegender Fehler ist.

- Der Verwaltungsakt muss eine **Begründung** enthalten: Gemäß § 35 Abs. 1 S. 2 und 3 SGB X sind dem Betroffenen die wesentlichen tatsächlichen und rechtlichen Gründe mitzuteilen, welche die Behörde zu ihrer Entscheidung bewogen haben. Zudem muss stets die **Rechtsgrundlage** für die Entscheidung angegeben sein.

Beispiel

Die Begründung der Ablehnung der Festsetzung der Pflegestufe 3 in einem Bescheid beginnt mit den Worten: „Die Entscheidung beruht auf §§ 14, 15 und 18 SGB XI i. V. m. den aufgrund § 17 SGB XI erlassenen Richtlinien."

Nur in den in § 35 Abs. 2 SGB X genannten Fällen ist eine Begründung **nicht erforderlich**.

Beispiel

Die Familienkasse bewilligt Elterngeld in der beantragten Höhe. Die Bewilligung muss nicht begründet werden, da dem Antrag vollumfänglich stattgegeben wurde (§ 35 Abs. 2 Nr. 1 SGB X).

Der konkrete **Umfang der Begründung** hängt vom Einzelfall ab: Entscheidend ist, dass der Betroffene durch die mitgeteilten Gründe in die Lage versetzt wird, dass er die Entscheidung auf ihre Richtigkeit überprüfen und sich verteidigen kann. Nur pauschale Phrasen, die bloße Angabe des Gesetzestextes oder die Empfehlung, einen Rechtsanwalt beizuziehen, genügen daher nicht den Anforderungen an eine ordnungsgemäße Begründung. **Fehlt die erforderliche Begründung**, so kann diese gemäß § 41 Abs. 1 Nr. 2 SGB X bis zum Ende der Berufungsinstanz nachgeholt werden. Bis dahin ist auch der Austausch einer bereits gegebenen, aber sachlich falschen Begründung möglich, sofern dadurch die Verteidigung des Betroffenen nicht unzumutbar erschwert wird.

- Der Verwaltungsakt muss eine **Rechtsbehelfsbelehrung** enthalten, d. h. der Adressat muss darüber informiert werden, wie er sich rechtlich gegen den Bescheid zur Wehr setzen kann (§ 36 SGB X). Fehlt die Belehrung, so hat dies auf die Wirksamkeit des Verwaltungsakts keine Auswirkung. Allerdings verlängert sich die Frist, binnen derer der Bescheid angefochten werden kann, gemäß § 58 Abs. 2 VwGO bzw. § 66 Abs. 2 SGG von einem Monat auf ein Jahr.

Aus den vorgenannten Maßgaben resultiert das in Übersicht 10 dargestellte Aufbauschema, welches bei der Abfassung eines schriftlichen Bescheids zu Grunde zu legen ist.

4.4.2 Bekanntgabe schriftlicher Verwaltungsakte

Die Bekanntgabe eines schriftlichen Verwaltungsakts erfolgt in der Regel **durch einen einfachen Brief** (§ 37 SGB X). In diesem Fall gilt der Bescheid nach § 37 Abs. 2 S. 1 SGB X als **am dritten Tag nach der Aufgabe zur Post als bekanntgegeben** mit der Folge, dass er auch dann erst wirksam wird (§ 39 Abs. 1 SGB X). Hat die Behörde in ihren Akten nicht vermerkt, wann das Schriftstück zur Post gegeben wurde, dann wird die Dreitagesfrist ab dem Datum des Verwaltungsakts berechnet.

Die Bekanntgabe ist **nur an handlungsfähige** Personen möglich (§ 11 SGB X; Kap. 5.3.3). Ggf. muss daher ein Bescheid, der sich an einen Minderjährigen richtet, dessen Personensorgeberechtigten übersandt werden. Anderenfalls wird er gegenüber dem Minderjährigen nicht wirksam.

Beispiel

Der 17-jährige A leitet eine ehrenamtlich organisierte Jugendgruppe (§ 12 Abs. 2 SGB VIII). Er beantragt mit Zustimmung seiner Eltern einen Zuschuss für eine Bildungsreise nach Berlin gemäß § 12 Abs. 1 SGB VIII. Bei diesem Zuschuss handelt es nicht sich um eine Sozialleistung, denn gemäß § 27 Abs. 1 Nr. 1 SGB I sind Sozialleistungen nur die Angebote der Jugendarbeit als solche, nicht aber Zuschüsse für die Anbieter dieser Angebote. A ist daher nicht handlungsfähig im Sinne von § 11 Abs. 1 Nr. 2 SGB X i. V. m. § 36 Abs. 1 SGB I. Er wird im Verwaltungsverfahren durch seine Eltern gesetzlich vertreten. Will das Jugendamt den Zuschuss ablehnen (Verwaltungsakt!), dann muss es die Ablehnung an die Eltern des A übersenden. Anderenfalls wird der Bescheid nicht gegenüber A wirksam.

Übersicht 10

Aufbau des schriftlichen Verwaltungsakts („Bescheid")

Briefkopf (Absender, Adressat, Datum, Aktenzeichen, Betreff)

I. Entscheidung („Tenor")

Hauptsacheregelung *(z.B. „Der Adoptionsvermittlungsstelle des Vereins „Kinderhilfe e.V." wird die besondere Zulassung zur Vermittlung von Kindern aus Chile zu in Deutschland lebenden Adoptionsbewerbern erteilt.")*
Nebenbestimmungen *(z.B. „Die besondere Zulassung ist davon abhängig, dass bis 01.10. d.J. eine Kooperationsbestätigung der zuständigen chilenischen Fachbehörde vorgelegt wird; sie ist auf zwei Jahre ab Zugang dieses Bescheids befristet.")*
Kosten *(z.B. „Für diesen Bescheid werden keine Gebühren erhoben.")*

II. Begründung

Sachverhalt (Worum geht es? – *z.B.: „Mit Schreiben vom 04.05. d.J. haben Sie die besondere Zulassung beantragt."*)
Rechtlicher Teil der Begründung
Formelles Recht (Verfahrensfragen, z.B. Zuständigkeit der Behörden, wann wurde der Antragsteller bei einer negativen Entscheidung angehört etc.)
Materielles Recht (Entscheidung in der Sache: Hier wird dargelegt, auf welcher Rechtsvorschrift die Entscheidung beruht und warum die Behörde davon ausgeht, dass deren Voraussetzungen im konkreten Fall erfüllt – oder eben nicht erfüllt sind. Auch Nebenbestimmungen sind zu begründen!)
Kosten (Auch die Kostenentscheidung muss begründet werden. Das Sozialverwaltungsverfahren ist nach § 64 SGB X zwar grds. kostenfrei; teilweise können die Behörden aber Gebühren oder Auslagen verlangen).

Rechtsbehelfsbelehrung
Unterschrift/Dienstsiegel

In den Bestimmungen des besonderen Verwaltungsrechts kann die **förmliche Zustellung** oder eine **öffentliche Bekanntgabe** vorgeschrieben sein. Zudem kann sich die erlassende Behörde statt eines Briefs für die förmliche Zustellung entscheiden (vgl. § 37 Abs. 5 SGB X), wenn sie bspw. als Nachweis, dass eine bestimmte Frist in Gang gesetzt wurde, einen Beleg dafür benötigt, dass der Verwaltungsakt dem Adressaten zu einem bestimmten Zeitpunkt tatsächlich zugegangen ist.

Förmliche Zustellung

Für den Fall einer **förmlichen Zustellung** muss nach § 65 SGB X unterschieden werden, ob es sich bei der den Verwaltungsakt erlassenden Stelle um eine **Bundes- oder eine Landesbehörde** handelt. Für die Stellen der unmittelbaren sowie der mittelbaren Bundesverwaltung (z. B. die Bundesagentur für Arbeit) richtet sich die Zustellung nach dem Verwaltungszustellungsgesetz des Bundes (VwZG). Will dagegen eine **Landes- oder Kommunalbehörde** (z. B. das Versorgungs-, das Integrations- oder das Jugendamt) förmlich zustellen, dann gilt das Verwaltungszustellungsgesetz des jeweiligen Bundeslandes. Da das Bundes- sowie die einzelnen Landeszustellungsgesetze oftmals weitgehend identische Regelungen enthielten, verweisen inzwischen die meisten Landeszustellungsgesetze (z. B. im Saarland, Sachsen-Anhalt, Brandenburg oder Hessen; nicht aber z. B. in Bayern und Baden-Württemberg) auf das VwZG des Bundes. Demnach kann die Zustellung erfolgen durch

- **Postzustellungsurkunde** (§ 3 VwZG), welche den Zeitpunkt der Übergabe an den Adressaten oder eine andere geeignete Person dokumentiert;
- **Einschreiben** (§ 4 VwZG – gemeint ist ein Übergabeeinschreiben oder ein Einschreiben mit Rückschein);
- **persönliche Übergabe** gegen Empfangsbekenntnis (§ 5 VwZG) durch einen Behördenvertreter oder eine andere beauftragte Person, etwa einen Fahrradkurier;
- **elektronische Zustellung** (§§ 5, 5a VwZG), wobei hierfür beim Empfänger ein besonderes „elektronisches Postfach“ existieren muss, welches in der Praxis aber (noch) kaum verwendet wird.

Übersicht 11

Förmliche Zustellung, § 65 SGB X
(wenn im Spezialgesetz vorgeschrieben oder im Ermessen der Behörde)

Abs. 1: Bei Zustellung durch	**Abs. 2:** Bei Zustellung durch
• **Bundesbehörde** • **Mittelbare Bundesverwaltung** → **Zustellung nach dem VwZG:** • § 3 VwZG: Zustellungsurkunde • § 4 VwZG: Einschreiben • §§ 5, 6 VwZG: Persönliche und elektronische Zustellung	• **Landesbehörde** • **Mittelbare Landesverwaltung** • **Kommune** → **Zustellung nach dem Landeszustellungsgesetz:** • Zustellungsurkunde, Einschreiben, Persönliche und elektronische Zustellung

Öffentliche Bekanntgabe

Eine öffentliche Bekanntgabe darf wegen § 37 Abs. 3 SGB X nur dann vorgenommen werden, wenn sie in einer Rechtsvorschrift (Gesetz, Verordnung oder Satzung) ausdrücklich vorgesehen ist. Sie erfolgt in aller Regel durch Aushang in den Amtsgebäuden und Veröffentlichung im Amtsblatt sowie der örtlichen Presse (§ 37 Abs. 4 SGB X).

4.4.3 Wirksamwerden und Bestandskraft des Verwaltungsakts

Gemäß § 39 SGB X wird ein Verwaltungsakt **mit seiner Bekanntgabe wirksam**, wobei bei der Übersendung per Brief die Frist in § 37 Abs. 2 SGB X zu beachten ist. Wird er anschließend nicht binnen der Anfechtungsfrist angegriffen (Kap. 8.2), wird er **bestandskräftig** und damit rechtlich verbindlich. Der Bescheid kann nun grundsätzlich nicht mehr vom Bürger angegriffen werden; eine Aufhebung durch die Verwaltung ist zwar möglich, allerdings nur unter strengen Voraussetzungen (Kap. 9).

Der Entscheidungssatz (**„Tenor"**) eines bestandskräftigen Bescheids bindet zwar laut § 77 SGG nur die Beteiligten; aus dem Rechtsstaatsprinzip (insbesondere dem Vertrauensschutz des Bürgers gegenüber Entscheidungen der Verwaltung insgesamt) leitet sich aber eine **„relative Bindungswirkung"** ab, d. h. es sind alle deutschen Behörden und Gerichte, aber z. B. auch Arbeitgeber an die Regelungen bzw. Feststellungen im Tenor eines Bescheids gebunden. Keinerlei Bindungswirkung entfaltet dagegen die Begründung eines Verwaltungsakts.

Beispiele

- Die Feststellung, dass ein sozialversicherungspflichtiges Beschäftigungsverhältnis vorliegt (§ 7a SGB IV), bindet alle Sozialversicherungsträger, aber auch den Arbeitgeber (der dann den Arbeitgeberanteil an der Sozialversicherung abführen muss).
- Die Feststellung der Behinderteneigenschaft sowie des Merkzeichens „aG" (außergewöhnliche Gehbehinderung) nach § 3 SchwbAwV bindet die zuständigen Straßenverkehrsbehörden bei der Ausweisung eines Behindertenparkplatzes gemäß § 45 Abs. 1b Nr. 2 StVO.

4.4.4 Grundsätze der Leistungserbringung

Fälligkeit und Verjährung von Sozialleistungen

Gemäß §§ 40 und 41 SGB I sind Sozialleistungen **fällig, wenn ihre Anspruchsvoraussetzungen vorliegen.** Auch insoweit können sich allerdings Ausnahmen aus den besonderen Teilen des SGB ergeben. Bspw. erfolgen Geldzahlungen nach dem SGB III nur monatlich rückwirkend (§ 337 Abs. 2 SGB III).

Geldleistungen sind dem Berechtigten in der Regel („Soll-Vorschrift"!) zu überweisen (§ 47 SGB I); nur im Ausnahmefall kann eine Barauszahlung erfolgen. Kommt der Leistungsträger seiner Leistungspflicht nicht nach, dann sind die geschuldeten Geldbeträge ab dem Ende des Monats, in dem die Leistung fällig wurde, mit 4 % jährlich zu **verzinsen** (§ 44 SGB I). Sie **verjähren** vier Jahre nach Ablauf des Jahres, in dem sie entstanden sind (§ 44 SGB I).

Hat der Leistungsempfänger eine Unterhaltspflicht verletzt, können unterhaltssichernde Geldleistungen (z. B. Arbeitslosengeld, Unfall- oder Altersrenten) auch direkt an dessen unterhaltsberechtigten Ehegatten oder Kinder ausgezahlt werden (sog. **„Abzweigung“**, § 48 SGB I). Gleiches gilt, wenn der Empfänger aufgrund richterlicher Anordnung länger als einen Monat, z. B. in einer Haftanstalt, untergebracht ist (§ 49 SGB I).

Der Berechtigte kann gegenüber dem Leistungsträger auf seine Ansprüche **verzichten** (§ 46 Abs. 1 SGB I). Voraussetzung hierfür ist, dass der Erklärende handlungsfähig i.S.v. § 11 SGB X ist (Kap. 5.3.3). Außerdem muss die Erklärung **schriftlich** erfolgen. Unzulässig ist der Verzicht, wenn er nicht gegenüber der Behörde abgegeben wird, sondern auf einer **privatrechtlichen Vereinbarung mit Dritten** beruht (§ 32 SGB I).

Beispiel

Die Verabredung zwischen Arbeitgeber und Arbeitnehmer in einem Aufhebungsvertrag, dass der Arbeitnehmer auf die Inanspruchnahme von Qualifizierungsmaßnahmen verzichtet, ist nicht zulässig.

Unzulässig sind auch **Verzichtserklärungen zu Lasten Dritter** (§ 46 Abs. 2 SGB I).

Beispiel

A verzichtet auf eine Unfallrente, um seiner unterhaltsberechtigten Ehefrau keinen Trennungsunterhalt bezahlen zu müssen. Der Verzicht wäre eine Erklärung zum Nachteil einer Dritten. Er ist nach § 46 SGB I unwirksam.

Vorschüsse und vorläufige Leistungen

Wenn **feststeht, dass ein Leistungsanspruch besteht** (also nicht, solange die Leistungsberechtigung des Hilfesuchenden noch strittig ist!), kann ein Leistungsträger nach pflichtgemäßem Ermessen einen **Vorschuss** bewilligen, falls die genaue Höhe des Leistungsanspruchs noch nicht feststeht.

Beispiel

Die schwangere X ist nicht arbeitsfähig. Ihr steht Hilfe zum Lebensunterhalt nach dem SGB XII zu. Sie beantragt nun einen Mehrbedarf nach § 30 SGB XII. Zwischen ihr und dem Sozialamt kommt es zum Streit über dessen Höhe. Da der Mehrbedarfsanspruch dem Grunde nach jedenfalls gegeben ist, kann das Sozialamt X einen Vorschuss bewilligen.

Ist zwischen mehreren denkbaren Leistungsträgern **strittig, wer für eine Leistung zuständig ist**, kann der erstangegangene Träger **vor-**

läufige Leistungen erbringen; auf Antrag des Leistungsberechtigten **muss** er dies tun. Auch hier ist Voraussetzung, dass ein Leistungsanspruch dem Grunde nach besteht.

Beispiel

Zwischen dem Jugendamt und dem Eingliederungshilfeträger kommt es zum Streit, ob der beim Jugendamt angemeldete, unstreitig gegebene Förderbedarf eines Kindes auf eine seelische (dann Zuständigkeit der Jugendhilfe, vgl. § 35a SGB VIII) oder eine geistige (dann Zuständigkeit der Sozialhilfe) Behinderung zurückzuführen ist. Hier kann das erstangegangene Jugendamt eine vorläufige Leistung erbringen.

Die Entscheidung über einen **Vorschuss** oder eine **vorläufige Leistung** stellt einen Verwaltungsakt (§ 31 SGB X) dar. Vorschüsse und vorläufige Leistungen sind auf die danach endgültig bewilligte Leistung **anzurechnen** (§§ 42 Abs. 2 und 43 Abs. 2 SGB I).

Aufrechnung, Verrechnung, Pfändbarkeit

Geldleistungsansprüche sind teilweise ähnlich wie zivilrechtliche Forderungen zu behandeln. Sie sind in den Grenzen von § 56 und 58 SGB I **vererblich**, sofern sie bereits fällig waren (§ 59 SGB I). Der zuständige Leistungsträger kann Geldleistungen gegen eigene Ansprüche (z. B. aufgrund einer Beitragsnachzahlung) gegenüber dem Leistungsempfänger **aufrechnen** (§ 51 SGB I) oder diese mit Ansprüchen anderer Sozialleistungsträger **verrechnen**, sofern ihn diese dazu ermächtigt haben (§ 52 SGB I).

In Bezug auf **Dienst- und Sachleistungen** bestehen dagegen keinerlei Verrechnungs-, Abtretungs- und Pfändungsmöglichkeiten (vgl. §§ 53 Abs. 1 und 54 Abs. 1 SGB I), da diese einen stark individualisierten, höchstpersönlichen Hilfecharakter haben.

Menschen mit Behinderung oder chronischer Erkrankung haben nach § 17 Abs. 2 bis 4 SGB IX allerdings die Möglichkeit, die erforderlichen Leitungen selbstbestimmt und in eigener Verantwortung zu „organisieren“. Zu diesem Zweck können sie auf Antrag anstelle von Sachleistungen einen Geldbetrag erhalten, der auch ihren voraussichtlichen Bedarf an Sach- und Dienstleistungen trägerübergreifend abdeckt (sog. **Persönliches Budget**).

4.4.5 Durchsetzung von Verwaltungsakten

Während der Bürger Ansprüche gegen die Verwaltung nur mithilfe der Gerichte durchsetzen kann (Kap. 8.2), ist es den Behörden möglich, Verwaltungsakte auch ohne gerichtlichen Titel im Wege der **Verwaltungsvollstreckung** gegen den Betroffenen durchzusetzen. Gemäß § 66 SGB X sind die insoweit anzuwendenden Vorschriften **davon abhängig, zugunsten welcher Behörde** die Vollstreckung erfolgen soll:

- Wollen **Bundesbehörden oder auf Bundesebene eingerichtete Körperschaften, Anstalten und Stiftungen des öffentlichen Rechts** vollstrecken, so richtet sich das Verfahren nach dem Verwaltungsvollstreckungsgesetz (VwVG) des Bundes (§ 66 Abs. 1 SGB X).
- Für die Vollstreckung durch **unmittelbare oder mittelbare Landesbehörden** sowie die **Kommunen** ist dagegen das jeweilige Landesvollstreckungsgesetz zu beachten (§ 66 Abs. 3 SGB X).

Übersicht 12

Verwaltungsvollstreckung

Vollstreckung von Verwaltungsakten (§ 66 SGB X)
- durch Bundesbehörden: **VwVG**
- durch Landesbehörden und Kommunen: **LandesvollstreckungsG**

↓

Zwangsmittel

Vollstreckung von Geldforderungen	**Erzwingen von Tun, Dulden, Unterlassen**
• **Pfändung** von Gegenständen, § 5 VwVG i.V.m. §§ 285ff. AO • **Pfändung** und **Einziehung** von Forderungen, § 5 VwVG i.V.m. §§ 309ff. AO	• bei *„vertretbaren Handlungen"*: **Ersatzvornahme,** § 10 VwVG • bei *„unvertretbaren Handlungen"*: • **Zwangsgeld,** § 11 VwVG ; ggf. **Ersatzzwangshaft,** § 16 VwVG • **Unmittelbarer Zwang,** § 12 VwVG

Eine weitere Option enthält § 66 Abs. 4 SGB X. Danach kann die **Vollstreckung auch entsprechend der Zivilprozessordnung** erfolgen. Das bedeutet, dass die Verwaltung ihre Forderungen nicht selbst vollstreckt, sondern das Vollstreckungsgericht bzw. einen Gerichtsvollstrecker einschaltet.

In der Sache finden sich kaum Unterschiede zwischen den Verwaltungsvollstreckungsgesetzen der Länder und dem des Bundes (VwVG). Daher werden in der Folge nur die einschlägigen Paragrafen des VwVG benannt. Bei der Vollstreckung ist zu unterscheiden, ob es sich um die Durchsetzung einer **Geldforderung** handelt oder ob es um das Erzwingen von **Handlungen, Duldungen oder Unterlassen** geht.

Vollstreckung von Geldforderungen

Die Vollstreckung von Geldforderungen (§§ 1 ff. VwZG) erfolgt auf der Grundlage einer sogenannten **„Vollstreckungsanordnung"**. Diese setzt gemäß § 3 VwZG voraus, dass der geschuldete Betrag durch **Verwaltungsakt** („Leistungsbescheid") geltend gemacht wurde und **seit mindestens einer Woche fällig** ist. Darüber hinaus ist eine **Mahnung** des Schuldners erforderlich, seit der wiederum mindestens eine Woche vergangen sein muss.

Die **Art der Vollstreckung** ergibt sich aus der Abgabenordnung (AO): Danach werden Geldforderungen durch die **Pfändung von Gegenständen** (§§ 285 ff. AO) oder die **Pfändung und Einziehung von Forderungen** (§§ 309 ff. AO, z. B. Lohnpfändung) vollstreckt.

Beispiel

Die gesetzliche Krankenkasse fordert den A zu einer Beitragsnachzahlung auf. Auf eine zwei Wochen nach dem entsprechenden Bescheid zugegangene Mahnung hat A seit etwa einem Monat nicht reagiert. Die Krankenkasse kann den offenen Betrag daher nunmehr vollstrecken und das Gehalt des A pfänden und einziehen (§§ 313, 314 AO). Sie könnte aber auch einen teuren, dem A gehörenden Flachbildschirm durch einen Vollziehungsbeamten in der Wohnung des A pfänden lassen (§§ 285 ff. AO).

Erzwingen von Tun, Dulden oder Unterlassen

Wird vom Adressaten des Verwaltungsakts ein Tun, Dulden, oder Unterlassen verlangt, so hängt die **Art des Zwangsmittels** davon ab, ob der Betroffene eine **„vertretbare Handlung"** (d.h. eine Handlung, die auch durch andere Personen vorgenommen werden könnte) schuldet oder eine **„unvertretbare Handlung"** (dann kann die Verpflichtung aus dem Verwaltungsakt ausschließlich durch den Adressaten selbst erfüllt werden):

- **Vertretbare Handlungen** werden durch **Ersatzvornahme** (§ 10 VwVG) vollstreckt. Das bedeutet, dass die Behörde einen anderen mit der Vornahme der Handlung auf Kosten des Adressaten beauftragt.

Beispiel

Die Verwaltung darf ein zu Unrecht auf einem Behindertenparkplatz geparktes Auto gemäß § 10 VwVG auf Kosten des Halters abschleppen lassen.

- Bei **unvertretbaren Handlungen** kann zunächst ein **Zwangsgeld** festgesetzt werden (§ 11 VwVG). Kann dieses nicht eingetrieben werden, kann der Schuldner in **Ersatzzwangshaft** genommen werden (§ 16 VwVG). Sind Zwangsgeld und Ersatzzwangshaft (z.B. aufgrund hoher Eilbedürftigkeit) nicht erfolgversprechend oder führen sie nicht dazu, dass der Adressat seine Pflichten aus dem Verwaltungsakt erfüllt, so besteht die Möglichkeit, **unmittelbaren Zwang** anzuwenden(§ 12 VwVG).

Beispiel

Der Betreiber einer KiTa hat gemäß § 46 Abs. 2 SGB VIII zu dulden, dass die zuständigen Stellen die Räumlichkeiten der KiTa betreten und (z.B. auf gefährliche Gegenstände oder Möbel) überprüfen. Verweigert der Betreiber diesen den Zugang (unvertretbare Handlung, da nur ihm das Hausrecht zusteht), so kann das Betreten durch ein Zwangsgeld bzw. anschließende Zwangshaft oder in Eilfällen im Wege des unmittelbaren Zwangs durchgesetzt werden.

Dem Betroffenen ist das jeweilige Zwangsmittel zunächst **schriftlich anzudrohen** und ihm ist eine **angemessene Frist** zu setzen, innerhalb der er das geschuldete Verhalten nachholen kann (§ 13 VwVG). Erfüllt er seine Verpflichtung gleichwohl nicht, wird das erforderliche Zwangsmittel durch **Vollstreckungsanordnung** festgesetzt (§ 14 VwZG) und anschließend **angewandt** (§ 15 VwVG).

Literatur

App, M., Wettlaufer, A. (2005): Verwaltungsvollstreckungsrecht. 5. Aufl. Heymanns, München

Fall 4: Der klagefreudige Verwaltungsbeamte

a) Finanzbeamter V muss laut Anordnung der Amtsleitung von seinem sonnigen Büro an der Südseite des Versorgungsamts in einen schattigen Raum einen Stock tiefer umziehen. Dies hält er für einen „Akt der öffentlichen Gewalt". Kann er gegen die Anordnung einen Widerspruch nach § 68 VwGO einlegen?

b) V ist alleinerziehender Vater und hat für seinen 4-jährigen Sohn Unterhaltsvorschuss nach dem UVG beantragt. Das dafür zuständige Jugendamt teilt ihm am 1. März telefonisch mit, dass sein Antrag abgelehnt wird. Da sich V gegen die Ablehnung gerichtlich wehren will, besteht er auf einen schriftlichen Bescheid. Diesen erhält er zwar am 14. März; in der Begründung wird V jedoch nur mitgeteilt, dass davon ausgegangen werde, dass er aufgrund seiner Verwaltungserfahrung selbst in der Lage sei, die Entscheidung nachzuvollziehen und ggf. den Rechtsweg zu beschreiten. Dieses Vorgehen hält V für rechtswidrig.

c) Bei V wurde vom Integrationsamt eine Behinderung mit einem GdB von 50 festgestellt (Schwerbehinderung) und ein entsprechender Ausweis ausgestellt. Das Finanzamt verweigert ihm gleichwohl die behinderungsbedingten Steuerbegünstigungen. Zu Recht?

5 Das Verwaltungsverfahren

Die Vorschriften über das Verwaltungsverfahren regeln gemäß § 8 SGB X, wie und auf welchem Wege **hoheitliche** Entscheidungen vorbereitet und getroffen werden, die nach außen, also auf den Bürger oder andere Rechtsträger (z. B. juristische Personen wie Vereine, Stiftungen, Körperschaften etc.) wirken. Zum Verwaltungsverfahren gehört daher bspw. die Frage, welche Behörde für welche Angelegenheit zuständig ist, in welcher Form behördliche Entscheidungen zu ergehen haben, ob und wie diese durch die Verwaltung oder den Bürger rückgängig gemacht werden können oder welche datenschutzrechtlichen Bestimmungen durch die Behörden zu beachten sind. D.h. es geht um die Frage, welche formalen Aspekte die Verwaltung zu beachten hat, um zu einer rechtsstaatlich nicht zu beanstandenden Entscheidung zu kommen.

Beispiel

Das Sozialamt ermittelt, ob eine Antragstellerin in einer Haushaltsgemeinschaft mit einem zahlungskräftigen nicht ehelichen Lebenspartner lebt. Diese Ermittlung dient der Prüfung der Voraussetzungen eines Verwaltungsakts, nämlich der Bewilligung (oder Verweigerung) von Sozialhilfe. Die Fragen, auf welchem Wege ermittelt werden darf, ob und wie die Betroffene dabei mitwirken muss, sind im Verwaltungsverfahrensrecht geregelt.

Im Rahmen des Verwaltungsverfahrens hat die Verwaltung eine Reihe von wichtigen Grundsätzen zu beachten, die nachfolgend näher beschrieben werden.

5.1 Verfassungsrechtliche Grundlagen

Die zentralen Rahmenbedingungen für das Verwaltungsverfahren ergeben sich aus dem **Rechtsstaatsprinzip** (Art. 20 Abs. 3 GG). Dieses wird mithilfe der nachfolgenden Grundsätze konkretisiert.

5.1.1 Grundsatz der Gesetzmäßigkeit der Verwaltung

Gemäß Art. 20 Abs. 3 GG ist die vollziehende Gewalt „an Recht und Gesetz gebunden“. Daraus leitet sich der Grundsatz der **Gesetzmäßigkeit der Verwaltung** ab, welcher die beiden nachfolgenden Aspekte umfasst.

Vorrang des Gesetzes

„Vorrang des Gesetzes“ bedeutet, dass die Verwaltung an alle geltenden gesetzlichen Bestimmungen gebunden ist (Merksatz: **„Kein Handeln gegen das Gesetz“**).

Beispiel

Die zuständige Elterngeldstelle darf einer Familie nicht ein pauschales Elterngeld von 2.500 Euro monatlich ausreichen, da das BEEG nur ein einkommensabhängiges Elterngeld von maximal 1.800 Euro (Stand: 2014) vorsieht.

Vorbehalt des Gesetzes

Laut dem Vorbehalt des Gesetzes bedarf jeder Eingriff in die Rechtssphäre von Bürgern einer gesetzlichen Grundlage (Merksatz: **„Kein Handeln ohne Gesetz“**).

Beispiel

Die Inobhutnahme eines Jugendlichen ist ein Eingriff in dessen Rechtssphäre und in das elterliche Erziehungsrecht. Der Eingriff ist daher nur zulässig, wenn ihn das Gesetz ausdrücklich erlaubt. Dies ist unter den in § 42 SGB VIII genannten Voraussetzungen der Fall.

Grundsätzlich bedürfen nur **Eingriffe** einer rechtlichen Grundlage. Für **Sozialleistungen** (also die im Sozialrecht geregelten Geld-, Sach- und Dienstleistungen, vgl. § 11 SGB I) bestimmt § 31 SGB I jedoch, dass diese ebenfalls **nur auf der Grundlage eines Gesetzes** bewilligt werden dürfen. Die Sozialleistungsträger dürfen demnach keine Leistungen gewähren, die im SGB und seinen Nebengesetzen gar nicht vorgesehen sind.

Beispiel

Das zuständige Ausbildungsförderungsamt bewilligt Gelder für den Besuch von Nachhilfe und privaten Repetitorien, obwohl diese Leistung nicht im Leistungskatalog der §§ 11 ff. BAföG vorgesehen ist. Daher ist die Bewilligung nach § 31 SGB I unzulässig.

Andere freiwillige Leistungen des Staats oder der Kommunen (insbesondere Subventionen oder finanzielle Fördermaßnahmen) sind dagegen auch **ohne ausdrückliche gesetzliche Grundlage zulässig**, wenn es sich nicht um einen Eingriff und nicht um eine Sozialleistung handelt. Für die Zulässigkeit ist ausreichend, dass der Gesetzgeber im Haushaltsgesetz einen entsprechenden Mittelansatz für den jeweiligen Zweck vorgesehen hat. In der Regel sind die Förderkriterien für die freiwilligen Leistungen des Staates in verwaltungsinternen Richtlinien oder Vergabegrundsätzen festgelegt. Dadurch entsteht eine Selbstbindung der Verwaltung (Kap. 4.2.12).

Beispiel

Ein Ministerium fördert Familienbildungsstätten in freier Trägerschaft über eine pauschale institutionelle Förderung; zudem bezuschusst es die offene Behindertenarbeit mit Personal- und Sachkostenzuschüssen i.H.v. 80 % der Gesamtkosten. Beide Fördermaßnahmen sind im Gesetz nicht vorgesehen. Gleichwohl ist die freiwillige Förderung der Maßnahmen erlaubt, sofern im Staatshaushalt ein entsprechender Geldbetrag eingeplant ist. Es handelt sich bei Fördermaßnahmen und Zuschüssen nämlich nicht um Sozialleistungen im Sinne von § 11 SGB I – daher greift der Vorbehalt des § 31 SGB I nicht.

Auch in anderen großen Förderbereichen (z. B. Landwirtschaft, Wirtschaft, Forschung) sind **Subventionen** nur im Ausnahmefall ausdrücklich im Gesetz geregelt. Dem Staat dennoch es durch den Grundsatz der Gesetzmäßigkeit der Verwaltung dennoch nicht verwehrt, solche **freiwilligen Leistungen** zur Verfügung zu stellen.

5.1.2 Verhältnismäßigkeitsgrundsatz

Auch der **Verhältnismäßigkeitsgrundsatz** wird aus dem Rechtsstaatsprinzip (Art. 20 Abs. 3 GG) abgeleitet. Er besagt, dass der Staat nicht „über das Ziel hinaus schießen darf", wenn er in die Rechtssphäre der Bürger eingreift. Vielmehr müssen alle Eingriffe **geeignet** zur Erreichung des angestrebten Ziels sein, das **mildeste denkbare Mittel** darstellen und **angemessen** sein. Im Einzelnen müssen also die folgenden Voraussetzungen erfüllt sein.

Geeignetheit der Maßnahme

Unzulässig sind Maßnahmen, die gar nicht dazu führen können, dass der angestrebte Zweck erreicht werden kann.

Beispiel

Die Aufforderung zu einer Heilbehandlung nach § 63 SGB I ist unzulässig, wenn von Anfang an feststeht, dass die betreffende Schädigung (z. B. eine Querschnittslähmung) therapeutisch nicht zu beheben sein wird.

Übermaßverbot

Unter mehreren geeigneten Maßnahmen muss immer diejenige ausgewählt werden, die den **mildesten Eingriff** in die Rechte der Betroffenen bedeutet.

Beispiel

Der Widerruf der Betriebserlaubnis für ein Kinderheim ist zwar geeignet, um Gefährdungen der Bewohner auszuschließen. Wenn die Gefahren aber durch eine Auflage (z. B. die Verpflichtung des Heimträgers, dass das Heim mit Feuerschutztüren nachgerüstet wird) ausgeschlossen werden könnten, muss die Behörde die Auflage als milderes geeignetes Mittel wählen.

Angemessenheit

Schließlich ist eine Maßnahme auch dann unverhältnismäßig, wenn sie zwar das mildeste geeignete Mittel darstellt, aber die durch den Eingriff verursachte **Rechtsverletzung außer Verhältnis zum angestrebten Erfolg steht**.

Beispiele

- Wird nach § 62 SGB I eine ärztliche Untersuchung angeordnet, um die Voraussetzungen für eine Unfallrente abschließend beurteilen zu können, aber ist diese (z. B. aufgrund einer Allergie gegen Kontrastmittel) für den Antragsteller lebensgefährlich, dann steht der Schaden beim Antragsteller außer Verhältnis zum angestrebten Zweck. Der Betroffene ist daher nicht verpflichtet, die Untersuchung zu dulden (vgl. § 65 Abs. 2 SGB I, welcher den Grundsatz der Verhältnismäßigkeit für den Bereich der Mitwirkungspflichten nach §§ 60 ff. SGB I ausdrücklich konkretisiert).
- Weiteres Beispiel aus dem Bereich des allgemeinen Verwaltungsrechts: In einer Schule wurden einem Schüler fünf Euro entwendet. Die Polizei hat vor Ort ermittelt. Nachdem sie auf andere Art und Weise (Befragungen, Durchsicht der Schultaschen) keine Täterfeststellung treffen konnte, hat sie Leibesvisitationen bei Schülerinnen und Schülern aus der Klasse des Bestohlenen durchgeführt – bis in die Unterwäsche. Der damit verbundene massive Eingriff in die Persönlichkeitsrechte der Jugendlichen steht außer Verhältnis zum Erfolg.

5.1.3 Gleichbehandlungsgrundsatz

Nach Art. 3 Abs. 1 GG sind „alle Menschen vor dem Gesetz gleich". Für die Verwaltung bedeutet dies, dass sie **gleich gelagerte Fälle und Sachverhalte auch gleich behandeln muss** (sog. **„Willkürverbot"**). Eine Ungleichbehandlung ist nur zulässig, wenn es hierfür einen **sachlichen Differenzierungsgrund** gibt.

Beispiele

- In einer Prüfung an der Hochschule müssen für alle Prüflinge gleiche Rahmenbedingungen herrschen. Bei der Benotung dürfen weibliche Prüflinge nicht bevorzugt oder benachteiligt werden. Ein sachlicher Differenzierungsgrund läge aber vor, wenn ein Studierender aufgrund einer Behinderung ein besonderes Hilfsmittel (z. B. Computer mit Braille-Zeile für blinde Prüflinge) verwenden darf oder (z. B. wegen Legasthenie) einen Zeitzuschlag erhält.

- Das Bundesverfassungsgericht hat 2013 entschieden, dass Homosexuelle die Möglichkeit der Adoption des Stiefkindes ihres gleichgeschlechtlichen Lebenspartners haben müssen: Da nach den wissenschaftlichen Erkenntnissen kein Unterschied in der Entwicklung von Kindern mit gleichgeschlechtlichen Elternteilen und Kindern mit verheirateten Eltern feststellbar sei, gäbe es keinen sachlichen Grund, um eingetragenen Lebenspartnern die Stiefkindadoption zu versagen.

Die Berufung auf den Gleichheitssatz ist allerdings nicht möglich, soweit es um rechtswidrige Verwaltungshandlungen geht (Merksatz: **„Kein Anspruch auf Gleichbehandlung im Unrecht"**).

Beispiel

Die zentrale Adoptionsstelle des Landesjugendamts erteilt einer Auslandsvermittlungsstelle die staatliche Anerkennung und Zulassung gemäß § 4 AdVermiG, obwohl diese die in § 3 AdVermiG vorgeschriebenen Personalvorgaben nicht einmal ansatzweise erfüllt. Da hier ein Rechtsverstoß vorliegt, können sich andere Vermittlungsstellen, die ebenfalls nur die gleiche, unzureichende Personalbesetzung wie die zu Unrecht anerkannte Stelle haben, nicht auf Gleichbehandlung berufen. Sie müssen den gesetzlich vorgeschriebenen Personalschlüssel trotz des „Bezugsfalles" erfüllen.

In § 33c SGB I hat der **Gleichbehandlungsgrundsatz** eine ausdrückliche Regelung für den Bereich des Sozialrechts erfahren. Allerdings verbietet er nur Benachteiligungen wegen der Rasse, der ethnischen Herkunft oder Behinderung, nicht aber z. B. wegen des Geschlechts oder der sexuellen Orientierung. Dies ist aber deshalb unerheblich, weil das allgemeine Willkürverbot des Art. 3 Abs. 1 GG als höherwertige Rechtsnorm ohnehin Diskriminierungen aus jedwedem Grund verbietet.

5.1.4 Wirtschaftlichkeitsgrundsatz

Laut dem allgemeinen Grundsatz der Wirtschaftlichkeit und Sparsamkeit muss jedes Verwaltungshandeln grundsätzlich einer **vorherigen Kosten-Nutzen-Abwägung** unterzogen werden. Bei einem unangemessenen Verhältnis muss von der angedachten Maßnahme abgesehen werden. In §§ 12 Abs. 1 SGB V und 9 Abs. 2 SGB IX wurde dieser allgemeine Grundsatz ausdrücklich gesetzlich verankert.

Beispiel

Die vollen Kosten für überteuerte Medikamente müssen von der Krankenkasse nicht übernommen werden, wenn ein gleichwertiges Präparat von einem anderen Hersteller deutlich billiger zu erhalten ist.

Dennoch spielt der Grundsatz der Wirtschaftlichkeit im Sozialrecht nur eine sehr eingeschränkte Rolle: Zum einen enthalten das SGB und seine Nebengesetze vielfach **Rechtsansprüche** der Betroffenen, die von den Leistungsträgern natürlich vollumfassend zu erfüllen sind, sofern die Anspruchsvoraussetzungen vorliegen. Zum anderen gibt § 33 SGB I den Leistungsberechtigten ein **Wunsch- und Wahlrecht**, das auch ausdrücklich in einige spezielle Sozialleistungsgesetze aufgenommen wurde (vgl. §§ 5 sowie 36 Abs. 1 S. 4 SGB VIII für die Jugendhilfe oder § 9 SGB IX für behinderungsbedingte Leistungen) und ausschließt, dass die Verwaltung stets nur die billigste Alternative als Leistung erbringt. Die **Grenze des Wunsch- und Wahlrechts** wird allerdings immer dann erreicht sein, wenn dieses mit **erheblichen Mehrkosten** für die Verwaltung verbunden ist.

Beispiele

- Der 7-jährige S wird in einem Kinderheim untergebracht, das 60 km entfernt vom Wohnort der Eltern liegt. Diese möchten, dass S in ein komfortableres Heim eines freien Trägers an ihrem Wohnort kommt, das aber um 50 % teurer ist. Hier wird die Grenze des Wunsch- und Wahlrechts aus §§ 5 sowie 36 Abs. 1 S. 4 SGB VIII erreicht sein.
- Die katholische Familie A besteht darauf, dass ihre einjährige Tochter einen Platz in einer Krippe in katholischer Trägerschaft erhält. Familie A beruft sich auf den Rechtsanspruch in § 24 Abs. 1 SGB VIII und das Wunsch- und Wahlrecht in § 5 SGB VIII. Das zuständige Jugendamt lehnt dies ab, da alle Plätze bei den katholischen Trägern im Landkreis bereits belegt sind. Familie A fordert die Schaffung weiterer Plätze bei diesen Trägern. Das Jugendamt ist hierzu nicht verpflichtet, wenn eine ausreichende Zahl wohnortnaher Plätze bei anderen Trägern zur Verfügung steht, da die Förderung des zusätzlichen „katholischen" Platzes in diesem Fall nicht wirtschaftlich wäre.

Die genaue Grenze des Wunsch- und Wahlrechts ist abhängig von den Umständen des Einzelfalls. In der Rechtsprechung wurde bereits entschieden, dass eine gegenüber der billigsten Leistungsalternative um 20 % teurere Leistung vom Wunsch- und Wahlrecht gedeckt ist, während Mehrkosten von 75 % als unverhältnismäßig angesehen werden. Umstritten ist eine Entscheidung des OVG Berlin-Brandenburg, die Mehrkosten von 30 % als unverhältnismäßig bezeichnete.

5.2 Verfahrensgrundsätze des SGB X

5.2.1 Grundsatz der behördlichen Neutralität

Die zuständige Behörde ist die **„Herrin des Verfahrens"**, d.h. sie entscheidet grundsätzlich selbst, ob und wann sie tätig wird (§ 18 SGB X). Sie bestimmt abhängig von den konkreten Umständen die Form und den Umfang der Ermittlungen im jeweiligen Einzelfall. Dabei ist sie nach § 20 Abs. 2 SGB X **zur Objektivität verpflichtet**. Die Behörde darf also nicht einseitig zulasten des Betroffenen ermitteln oder (z.B. aus Sparsamkeitserwägungen) ein bestimmtes Ermittlungsergebnis vorwegnehmen. Sie hat „gleich einem Gericht" alle Umstände des Einzelfalles zu berücksichtigen und in ihre Entscheidungsfindung einzubeziehen.

5.2.2 Grundsatz der Nichtförmlichkeit

Nach § 9 S. 1 SGB X ist das behördliche Verfahren grundsätzlich an **keine bestimmte Form** gebunden. Handlungen der Beteiligten sowie der Behörde können somit schriftlich, mündlich oder in anderer Weise (E-Mail, Telefax, SMS etc.) vorgenommen werden. Ausnahmen von diesem Grundsatz können sich jedoch aus den besonderen Teilen des SGB ergeben, da diese den allgemeinen Verfahrensvorschriften des SGB X vorgehen (§ 37 SGB I).

Beispiel

Laut § 46 Abs. 1 BAföG müssen BAföG-Leistungen schriftlich beantragt werden; über die Bewilligung von Elterngeld muss gemäß § 7 Abs. 1 BEEG durch schriftlichen Bescheid entschieden werden. Diese Bestimmungen des besonderen Sozialverwaltungsrechts gehen als Spezialgesetze der allgemeinen Regelung in § 9 SGB X vor.

Laut § 36a SGB I ist die **elektronische Kommunikation** mit den Sozialbehörden grundsätzlich zulässig. Eine im Gesetz vorgegebene Schriftform wird in diesem Fall jedoch gemäß § 126a BGB nur dann gewahrt, wenn der Absender über eine elektronische Signatur nach dem Signaturgesetz verfügt. Dies dürfte derzeit noch die Ausnahme sein.

Beispiel

Gemäß § 9 Abs. 1 UVG setzt die Bewilligung eines Unterhaltsvorschusses einen schriftlichen Antrag voraus. Beantragt die alleinerziehende A per E-Mail Unterhaltsvorschuss, wurde der Antrag nicht wirksam gestellt.

5.2.3 Grundsatz der Verfahrensbeschleunigung

Gemäß dem **Beschleunigungsgrundsatz** (§ 9 S. 2 SGB X und § 17 SGB I) haben die Sozialbehörden ein **zügiges Verfahren** sicherzustellen. Eine konkrete Aussage, was dies für den Einzelfall bedeutet, kann das Gesetz angesichts der Komplexität mancher Verwaltungsentscheidungen nicht treffen. Gerade im Rehabilitations- und Rentenbereich werden häufig umfassende medizinische oder psychologische Gutachten erforderlich sein, die mit erheblichen Verfahrensverzögerungen verbunden sind. Zum Schutz des Bürgers vor Nachteilen aus einem überlangen Verfahren besteht aber etwa die Möglichkeit, dass dieser ggf. **Vorschüsse oder vorläufige Leistungen** gemäß §§ 42 und 43 SGB I erhalten kann, wenn die zuständigen Behörden einen Vorgang nicht im gebotenen Zeitrahmen abschließend entscheiden können (Kap. 4.4.4).

Zudem können sich die Betroffenen auch gerichtlich mit der sogenannten **„Untätigkeitsklage"** gegen eine zu langwierige Bearbeitung wehren: Ergeht nicht innerhalb von drei bzw. sechs Monaten eine behördliche Entscheidung, kann der Antragsteller gemäß § 88 SGG Klage beim Sozialgericht bzw. nach § 75 VwGO beim Verwaltungsgericht erheben (zum Rechtsweg: Kap. 8.2).

Eine Konkretisierung des Beschleunigungsgrundsatzes in Bezug auf **Leistungen für Menschen mit Behinderung** enthält § 14 SGB IX. Danach muss binnen zwei Wochen über die Zuständigkeit des jeweiligen Reha-Trägers und nach weiteren zwei Wochen über die Gewährung der Leistung entschieden sein, sofern nicht umfangreichere Gutachten erforderlich sind.

5.2.4 Grundsatz der Zweckmäßigkeit

Auch der **Grundsatz der Zweckmäßigkeit** (§ 9 S. 2 SGB X) hat das Ziel, ein bürgerorientiertes Verfahren sicherzustellen. Ergänzt wird dieser Grundsatz durch § 17 SGB I, wonach der Leistungsträger darauf hinzuwirken hat, dass Sozialleistungen **umfassend und schnell** erbracht werden. Es besteht also die Verpflichtung der zuständigen Behörde zu einer entsprechend flexiblen Bearbeitung. Unnötige und nicht zielführende Schritte sind zu unterlassen; ggf. ist bei den Betroffenen durch Rückfragen oder Beratung auf eine unkomplizierte Abwicklung hinzuwirken.

5.2.5 Grundsatz der Kostenfreiheit

Nach § 64 SGB X ist das Verfahren bei den Sozialbehörden – einschließlich eines möglichen nachfolgenden Widerspruchsverfahrens (Kap. 8.2.1) – kostenfrei. Ausnahmen können sich erneut aus den besonderen Teilen des Sozialgesetzbuchs ergeben; im Vollstreckungsverfahren (Kap. 4.4.5) gilt der Grundsatz der Kostenfreiheit ebenfalls nicht (§ 19 VwVG).

Beispiele

- Die Vermittlung von Adoptivkindern aus dem Ausland ist nach § 9c AdVermiG i. V. m. § 5 AdVermiStAnKoV gebührenpflichtig.
- Da die Amtssprache grundsätzlich Deutsch ist (Kap. 5.4.2), können Behörden gemäß § 19 Abs. 2 S. 3 SGB X die Kosten für die Übersetzung von Dokumenten einfordern, wenn ein Beteiligter diese in einer fremden Sprache eingereicht hat.

5.2.6 Amtsermittlungsprinzip

Gemäß dem in § 20 Abs. 1 SGB X verankerten **Amtsermittlungsprinzip** (auch **„Untersuchungsgrundsatz"** genannt) **ermitteln die zuständigen Behörden die für ihre Entscheidung erheblichen Tatsachen von Amts wegen**, d. h. „von sich aus". Sie bestimmen die Art und den Umfang der Ermittlungen und sind dabei nicht an Beweisanträge, Vorschläge oder Beweisangebote der Beteiligten gebunden.

Freibeweis

Die Behörden dürfen die Art des erforderlichen **Beweismittels frei wählen**. Zwar sind in § 21 Abs. 1 S. 2 SGB X einzelne denkbare Beweisformen (z. B. Urkundenbeweis, Zeugenvernehmungen) benannt; § 21 SGB X erlaubt aber grundsätzlich, auch andere Erkenntnisquellen zu nutzen. Daher dürfen die Behörden auch Informationen aus Telefonaten mit den Beteiligten und anderen Personen für ihre Arbeit verwenden oder auf „amtsbekannte" Kenntnisse zurückgreifen, welche die Behördenmitarbeiter etwa aus der Presse oder aus eigener Ortskenntnis haben. Letztlich darf von den Behörden jede rechtlich zulässige Informationsquelle genutzt werden; dies wird als **„Freibeweis"** bezeichnet.

Unzulässig wäre die Informationserhebung durch die Behörden indes, wenn dadurch datenschutzrechtliche Bestimmungen (Kap. 6) oder Grundrechte verletzt würden.

Beispiele

- Ein Eindringen von Mitarbeitern des Sozialamts in die Wohnung eines Antragstellers gegen dessen Willen verletzt dessen Grundrecht auf Unverletzlichkeit der Wohnung (Art. 13 GG). Sie ist daher unzulässig, selbst wenn das Sozialamt glaubt, dadurch etwaige Vermögenswerte des Antragstellers auffinden zu können, die einem Sozialhilfebezug entgegenstünden.
- Gleiches gilt für Ermittlungen des Jugendamts, ob eine Kindeswohlgefährdung vorliegt: § 8a Abs. 1 S. 2 SGB VIII enthält zwar eine entsprechende Ermittlungspflicht – aber nicht die Befugnis zum Betreten der Wohnung gegen den Willen des Inhabers.

Gegebenenfalls steht der **Wirtschaftlichkeitsgrundsatz** (Kap. 5.1.4) einer aufwendigen und kostenintensiven Ermittlung (z. B. bei Ermittlungshandlungen im Ausland oder einer extrem teuren medizinischen Untersuchung) entgegen.

Schließlich kann auch der **Verhältnismäßigkeitsgrundsatz** einer Beweiserhebung entgegenstehen, wenn diese einen übermäßigen Eingriff in die Rechte des Betroffenen bedeuten würde (Kap. 5.1.2; ausdrückliche Regelung in § 65 SGB I).

Ist ein Sachverhalt nicht oder nicht vollständig aufzuklären, so darf die Behörde nicht zulasten des Betroffenen entscheiden; **sie trägt grundsätzlich die Beweislast**.

Mitwirkungspflichten

Relativiert werden der Untersuchungsgrundsatz und die allgemeine Beweislastregelung durch die **gesetzlichen Mitwirkungspflichten des Antragstellers**: Nach § 21 Abs. 2 S. 1 SGB X sollen die Verfahrensbeteiligten grundsätzlich an allen Ermittlungen mitwirken – selbst dann, wenn eine für sie nachteilige Entscheidung zu befürchten ist. Wer allerdings Sozialleistungen beantragt und in den Genuss öffentlicher Unterstützung kommen möchte, der soll nach dem Willen des Gesetzes auch die Arbeit der Behörden besonders unterstützen und bei der Prüfung der Leistungsvoraussetzungen im erhöhten Maße mitwirken. Daher sehen die §§ 60 ff. SGB I einige grundlegende Mitwirkungspflichten für Antragsteller auf Sozialleistungen vor:

- § 60 SGB I verpflichtet diese dazu, die für die Entscheidung über die Leistung erforderlichen **Tatsachen anzugeben** bzw. die Zustimmung dazu zu geben, dass Dritte (z. B. der Hausarzt, Arbeitgeber oder andere Behörden) über sie Auskunft geben dürfen („Schweigepflichtsentbindung"). Zudem müssen sie bereits vorliegende **Urkunden** (z. B. Geburtsurkunden; ärztliche bzw. psychologische Atteste) oder andere Beweismittel (z. B. Fotos, Röntgenbilder) vorlegen. Sofern die Verwaltung **Formblätter** zur Antragstellung vorhält, sollen diese verwendet werden (§ 60 Abs. 2 SGB I – gemäß § 17 Abs. 1 Nr. 3 SGB I hat der Leistungsträger auf deren verständliche Ausgestaltung hinzuwirken!). Soweit eine schriftliche Klärung nicht möglich erscheint, kann auch das **persönliche Erscheinen des Antragstellers** angeordnet werden (§ 61 SGB I).
- **Weitere Mitwirkungspflichten** (z. B. die Pflicht, ärztliche und psychologische Untersuchungen zu dulden, Heilbehandlungen durchzuführen oder eine berufsqualifizierende Maßnahme zu besuchen) enthalten die §§ 61 ff. SGB I. Darüber hinaus können sich auch aus den besonderen Teilen des SGB Mitwirkungspflichten ergeben.

Beispiele

Pflicht zur persönlichen Meldung bei der Agentur für Arbeit (§ 141 SGB III); Anzeige von Arbeitsunfähigkeit durch Leistungsbezieher nach § 56 Abs. 1 SGB II); Mitwirkung bei der Überprüfung als Adoptionsbewerber (§ 7 Abs. 3 S. 4 AdVermiG).

Allerdings darf die Verpflichtung zur Mitwirkung **nicht unverhältnismäßig** in die Rechte eines Antragstellers eingreifen oder für diesen unzumutbar sein. Das ergibt sich ausdrücklich aus § 65 SGB I.

Die Mitwirkung kann durch den Leistungsträger mangels Rechtsgrundlage **nicht zwangsweise durchgesetzt** werden. Allerdings muss der Antragsteller entgegen der allgemeinen Beweislastregel (Kap. 5.2.6) dann, wenn wegen einer unterbliebenen Mitwirkung Aufklärungslücken entstehen, die Nachteile aus der Unaufklärbarkeit tragen. Das ergibt sich aus § 66 SGB I: Danach kann die zuständige Behörde die beantragte **Leistung verweigern, kürzen oder streichen**, wenn der Betroffene nicht in der gesetzlich vorgeschriebenen Weise mitwirkt. Zuvor muss sie diesen jedoch schriftlich (!) über die Nachteile aus der Nichtmitwirkung belehren und ihm eine angemessene Frist zur Nachholung der Mitwirkungshandlung setzen. Die Länge der Frist ist abhängig von der Art der Mitwirkung; sie darf aber nie weniger als zwei Wochen betragen.

Beispiele

- A beantragt BAföG, macht aber nur völlig unzureichende Angaben über seine Einkommenssituation und füllt das vorgesehene Antragsformular nicht vollständig aus. Dadurch verletzt er seine Mitwirkungspflichten aus § 60 Abs. 1 und 2 SGB I. Nach schriftlicher Belehrung und Verstreichen einer gesetzten Nachfrist von drei Wochen darf die BAföG-Stelle den Antrag mangels Mitwirkung gemäß § 66 SGB I zurückweisen.
- B ist Baggerfahrer und hat wegen eines Bandscheibenvorfalls eine Erwerbsminderungsrente nach § 43 SGB VI beantragt. Die zuständige Stelle verlangt nun von B eine computertomographische Untersuchung seines Rückens. Hierfür ist erforderlich, dass B ein Kontrastmittel einnehmen muss. B ist gegen solche Mittel allergisch; die Einnahme könnte zum Atemstillstand führen und damit für ihn lebensgefährlich sein. Dem B ist die nach § 62 SGB I an sich vorgeschriebene Mitwirkung daher gemäß § 65 SGB I nicht zuzumuten. Er hat somit keine Mitwirkungspflicht verletzt; eine Versagung der Leistung nach § 66 SGB I kommt deshalb nicht in Betracht.

Nicht nur Antragsteller haben Mitwirkungspflichten: In §§ 98 ff. SGB X sowie den besonderen Teilen des SGB finden sich auch **gesetzliche Auskunftspflichten Dritter.**

Beispiele

- Die gesetzliche Rentenversicherung begehrt bei der X-AG Auskunft über den Zeitraum und die Höhe des Gehalts, welches die AG ihrem Arbeitnehmer A bezahlt hat. Die X-AG ist als Arbeitgeber auskunftspflichtig (§ 98 Abs. 1 SGB X).
- Auskunftspflicht des Kindesvaters und dessen Arbeitgeber bei einem Antrag auf Unterhaltsvorschuss für das bei der Mutter lebende Kind (§ 6 Abs. 1 und 2 UVG); Auskunftspflicht von Eltern, Ehegatten und Lebenspartnern über deren Einkommensverhältnisse bei einem BAföG-Antrag (§ 47 Abs. 4 BAföG); Auskunft durch Unterhaltspflichtige und deren Ehegatten bzw. Lebenspartner gegenüber dem Sozialhilfeträger (§ 117 SGB XII).

5.3 Verfahrensbeteiligte

5.3.1 Verfahrensbeteiligung

Die **Verfahrensbeteiligten** sind alle Personen oder Vereinigungen, die in das behördliche Verfahren einzubeziehen sind, bei der Entscheidungsfindung durch die zuständige Behörde Rechte haben oder das Verfahren mitgestalten können. Laut § 12 SGB X sind dies:

- Der **Antragsteller**: Zwar nennt § 12 Abs. 1 Nr. 1 SGB X auch einen „Antragsgegner“; im Sozialrecht existiert ein solcher aber i.d.R. nicht, denn für Ansprüche auf Sozialleistungen ist lediglich das Verhältnis zwischen Bürger und Leistungsträger bedeutsam.
- Der **Adressat** eines Verwaltungsakts bzw. öffentlich-rechtlichen Vertrags (Kap. 10): Da sich dieser ggf. gegen den entsprechenden Bescheid wehren bzw. er eine vertragliche Regelung aktiv mitgestalten können muss, ist er von Anfang an in das behördliche Verfahren einzubeziehen.
- Zum Verfahren **hinzugezogene Personen**: Das sind gemäß § 12 Abs. 2 SGB X Personen, deren rechtliche Interessen (nicht ausreichend sind wirtschaftliche oder tatsächliche Interessen!) durch den Ausgang des Verfahrens berührt sein können. Gemeint sind also diejenigen, die durch einen **Verwaltungsakt mit Drittwirkung** (Kap. 4.2.8) betroffen werden könnten.

Beispiel

Ein schwerbehinderter Arbeitnehmer ist im Verfahren des Integrationsamts zu beteiligen, wenn der Arbeitgeber dort gemäß §§ 85, 87 SGB IX die Zustimmung zur Kündigung des betreffenden Mitarbeiters beantragt hat.

5.3.2 Beteiligtenfähigkeit

Bei den Verfahrensbeteiligten muss es sich nicht notwendigerweise um Einzelpersonen handeln; auch Vereinigungen können durch behördliche Entscheidungen betroffen sein. Konkret sieht § 10 SGB X vor, dass am Verfahren beteiligt sein können:

- **natürliche und juristische Personen**

Beispiel

Ein Antragsteller (natürliche Person) begehrt eine Reha-Maßnahme; eine Aktiengesellschaft (juristische Person) wird als Arbeitgeber zur Ausgleichsabgabe herangezogen, weil sie nicht die vorgeschriebene Zahl an schwerbehinderten Mitarbeitern beschäftigt (§ 77 SGB IX).

- **Vereinigungen**, soweit ihnen ein Recht zustehen kann

Beispiel

Eine Elterninitiative (nichtrechtsfähiger Verein) beantragt als Träger gemäß § 45 SGB VIII die Betriebserlaubnis für eine Kindertagesstätte. Auch nichtrechtsfähige Vereine können Träger einer KiTa sein.

- **Behörden**

Beispiel

Das Sozialamt war nach § 91a BSHG befugt, Sozialleistungen zu beantragen und Rechtsbehelfe einzulegen. Diese Regelung ist nicht mehr in Kraft; inzwischen finden sich im SGB keine relevanten Anwendungsfälle mehr.

Nicht beteiligt am Verfahren ist die zuständige, die Entscheidung treffende Behörde selbst. Dieser obliegt nicht die Durchsetzung eigener Interessen, sondern eine neutrale Verfahrensführung (Kap. 5.2.1).

5.3.3 Handlungsfähigkeit

Um das behördliche Verfahren durch wirksame Verfahrenshandlungen in Gang setzen und mitgestalten zu können, müssen die Beteiligten über die nach § 11 SGB X erforderliche **Handlungsfähigkeit** verfügen. Dies ist immer der Fall bei **voll geschäftsfähigen** natürlichen Personen. **Juristische Personen** und Vereinigungen handeln durch ihre (gesetzlichen) Vertreter; **Behörden** handeln durch ihre Leitung, deren Vertreter oder Beauftragte.

Nicht voll Geschäftsfähige werden grundsätzlich durch ihre gesetzlichen Vertreter, d. h. Minderjährige in der Regel durch die personensorgeberechtigten Elternteile (§ 1626 BGB), einen Vormund (§ 1793 BGB) oder Pfleger (§ 1909 BGB) und nichtgeschäftsfähige Volljährige durch einen Betreuer (§ 1896 BGB) vertreten. Allerdings gelten insoweit folgende **Besonderheiten**:

- **Beschränkt Geschäftsfähige** (§ 106 BGB) können gemäß § 36 SGB I bereits **ab Vollendung ihres 15. Lebensjahres** Sozialleistungen beantragen. Hintergrund ist, dass in diesem Alter in aller Regel die Schulpflicht endet und einzelne Betroffene dann bereits auf Leistungen der Arbeitsvermittlung oder berufliche Qualifikationsmaßnahmen angewiesen sein können. Die personensorgeberechtigten Eltern des betroffenen Jugendlichen können dessen Handlungsfähigkeit aber durch schriftliche Erklärung gegenüber der Behörde einschränken (§ 36 Abs. 2 SGB I). Das Gesetz trägt damit der bis zum Eintritt der Volljährigkeit grundsätzlich den Eltern zustehenden elterlichen Sorge (Art. 6 Abs. 2 GG) Rechnung.

Auch in verwaltungsrechtlichen Bereichen außerhalb des Sozialrechts gibt es Antragsbefugnisse für Minderjährige, etwa in § 12 Abs. 1 AsylVfG (Handlungsfähigkeit im Asylverfahren) oder in § 63 Abs. 1 des Personenstandsgesetzes (Anspruch auf Abschrift eines Geburtsregistereintrags). Hier sind Minderjährige jeweils ab der Vollendung des 16. Lebensjahres handlungsfähig.

- Darüber hinaus sind Kinder und Jugendliche in einem Verwaltungsverfahren handlungsfähig, sofern dieses im Zusammenhang mit einem erlaubten Beschäftigungsverhältnis oder einer erlaubten selbstständigen Tätigkeit des Minderjährigen steht (vgl. §§ 112, 113 BGB).

Beispiel

Ein erst 16-jähriger Firmeninhaber, der sich mit Zustimmung seiner Eltern und des Familiengerichts selbstständig gemacht hat, beantragt die Zustimmung des Integrationsamts zur Kündigung eines schwerbehinderten Arbeitnehmers gemäß § 87 SGB IX. Er ist insoweit handlungsfähig.

Eine Sonderregelung zu § 11 SGB X findet sich in § 8 SGB VIII: Danach sind Kinder **unabhängig von ihrem Alter** gemäß ihrem Entwicklungsstand an jugendhilferechtlichen Verfahren zu beteiligen; darüber hinaus können sich Kinder und Jugendliche auch **ohne Kenntnis der Erziehungsberechtigten** an das Jugendamt wenden; sie haben diesem gegenüber einen eigenen Beratungsanspruch.

5.4 Beginn des Verwaltungsverfahrens

Ein Verwaltungsverfahren kann entweder **von Amts wegen** oder **auf Antrag** des Bürgers eingeleitet werden.

5.4.1 Verfahrenseinleitung von Amts wegen

§ 18 SGB X enthält den Grundsatz, dass die Sozialbehörden **von Amts wegen**, d.h. von sich aus, tätig werden (sog. **„Legalitätsprinzip"**). Dies ist im eingreifenden Bereich, insbesondere im Sicherheits- und Ordnungsbereich, unerlässlich, um die Einhaltung der Gesetze überhaupt durchsetzen zu können.

Beispiel

Das Jugendamt nimmt ein Kind in Obhut; eine zu Unrecht bezahlte Rente wegen Erwerbsminderung wird zurückgefordert; ein Kinderheim wird geschlossen; die Krankenkasse fordert Beitragsnachzahlungen. Es wäre kaum zu erwarten, dass die Betroffenen in diesen Fällen einen entsprechenden Antrag stellen.

Aber auch in manchen **Leistungsbereichen** müssen die Behörden von sich aus tätig werden.

Beispiel

Nach § 18 SGB XII hat der zuständige Träger von sich aus Leistungen der Sozialhilfe zu bewilligen, wenn er Kenntnis von der Bedürftigkeit eines Bürgers hat. Auch Jugendhilfeleistungen (§§ 11 ff. SGB VIII) sind nicht von einem ausdrücklichen Antrag abhängig. Für Leistungen der gesetzlichen Unfallversicherung bestimmt § 19 S. 2 SGB IV, dass diese grundsätzlich von Amts wegen – also auch ohne Antrag – erbracht werden.

Der Bürger kann das Tätigwerden der Verwaltung in diesen Fällen durch eine **Anzeige** anregen. „Anzeige" bedeutet, dass der Behörde ein bestimmter Sachverhalt mitgeteilt wird. Da diese dadurch Kenntnis von dem betreffenden Vorgang hat, muss sie nun die erforderlichen Ermittlungen einleiten.

Beispiele

- Die Angehörigen teilen dem Sozialamt mit, dass einer ihrer Verwandten unterhalb des Existenzminimums lebt. Das Sozialamt muss nun von sich aus ermitteln, ob tatsächlich Sozialhilfeleistungen erforderlich sind, denn es hat aufgrund der Anzeige der Angehörigen Kenntnis von einem möglichen Hilfebedarf.
- Eine Frau ruft im Jugendamt an und berichtet, dass das Kind ihrer Nachbarsfamilie regelmäßig „mit blauen Flecken übersät" sei. Außerdem bekomme sie immer wieder lautstarke Streitigkeiten und Gewalthandlungen durch die hellhörigen Wände mit. Geht eine solche Anzeige ein, muss das Jugendamt gemäß § 8a Abs. 1 SGB VIII von Amts wegen prüfen, ob eine Kindeswohlgefährdung vorliegt und ein Einschreiten des Jugendamts und ggf. weiterer Stellen (z. B. der Polizei) zum Schutz des Kindes erforderlich ist.

5.4.2 Verfahrenseinleitung auf Antrag

Abweichend vom Regelfall des Legalitätsprinzips (§ 18 SGB I) können Vorschriften in den besonderen Teilen des Sozialgesetzbuchs vorsehen, dass ein Verfahren nur **auf Antrag** eingeleitet wird. Das Sozialgesetzbuch und seine Nebengesetze gehen in fast allen Bereichen vom Grundsatz der Eigenverantwortlichkeit des Bürgers und davon aus, dass diesem keine Sozialleistungen aufgedrängt werden sollen. Daher ist die Leistungsbewilligung in den meisten Leistungsgesetzen davon abhängig, dass ein entsprechender Antrag gestellt wurde.

Beispiele

Kindergeld (§ 9 BKGG), BAföG (§ 46 BAföG) Wohngeld (§ 22 Abs. 1 WoGG), Leistungen der Kranken-, Renten- und Pflegeversicherung sowie der Arbeitsförderung (§ 19 SGB IV) werden nur auf Antrag erbracht.

Liegt ein Antrag vor, dann ist die Behörde zur Einleitung des Verwaltungsverfahrens, d. h. zur Aufnahme der erforderlichen Ermittlungen, ob die Leistungsvoraussetzungen tatsächlich gegeben sind, sowie zur Entscheidung verpflichtet.

Antragsbefugnis

Ein Antrag gegenüber einer Behörde ist eine Willenserklärung. Während die Abgabe einer solchen im Bürgerlichen Recht die Geschäftsfähigkeit (§§ 104 ff. BGB) des Erklärenden voraussetzt, ist im Sozialrecht dessen **Handlungsfähigkeit** erforderlich (§ 11 SGB X; Kap. 5.3.3).

Form des Antrags

Anträge sind nach § 9 SGB X **grundsätzlich nicht an eine bestimmte Form gebunden**. Ausnahmen von diesem Grundsatz können sich aber aus den besonderen Teilen des SGB ergeben.

Beispiele

Anträge auf Elterngeld (§ 7 Abs. 1 BEEG), auf BAföG (§ 46 Abs. 1 BAföG), auf Wohngeld (§ 22 Abs. 1 WoGG) sowie einige weitere Sozialleistungen bedürfen ausdrücklich der Schriftform.

Ist für einen Antrag die Schriftform im Gesetz vorgeschrieben, so bedeutet dies nach § 126 BGB, dass er unterschrieben sein muss. Ein Telefax oder eine E-Mail genügen dieser Anforderung grundsätzlich nicht, vgl. Kap. 5.2.2). Hat die zuständige Behörde für die Antragstellung bestimmte **Formblätter oder Formulare** vorgesehen, dann muss der Antragsteller diese in aller Regel verwenden. Das ergibt sich aus der allgemeinen Mitwirkungspflicht in § 60 Abs. 2 SGB I oder aus Regelungen im jeweils einschlägigen besonderen Leistungsgesetz (z. B. § 46 Abs. 3 BAföG).

Zu beachten ist, dass die **Amtssprache Deutsch** ist (§ 19 SGB X). Zwar kann ein Antrag gemäß § 19 Abs. 2 SGB X auch in einer anderen

Sprache eingelegt werden. Die Behörde soll aber unverzüglich die Vorlage einer Übersetzung verlangen, sofern sie nicht in der Lage ist, den Antrag zu verstehen. Die Kosten hierfür trägt der Antragsteller.

Beispiel

Für die Anrechnung von Erziehungszeiten auf die Rente wird der Rentenkasse eine Geburtsurkunde vorgelegt, die mit thailändischen Schriftzeichen in thailändischer Sprache abgefasst ist. Die Rentenversicherung darf in diesem Fall gemäß § 19 Abs. 2 S. 2 SGB X eine beglaubigte Übersetzung verlangen. Kommt die Antragstellerin diesem Anliegen nicht nach, kann die Behörde auf deren Kosten eine Übersetzung veranlassen.

Rücknahme des Antrags

Die Rücknahme von Anträgen ist **grundsätzlich immer möglich**. Ein über 15-jähriger Minderjähriger bedarf hierzu der Zustimmung durch seinen gesetzlichen Vertreter; die sorgeberechtigten Eltern können einen Antrag ihres Kindes aber jederzeit selbst zurücknehmen (§ 36 Abs. 2 SGB I).

Schutz des Antragstellers

Das Sozialgesetzbuch will ein **bürgerfreundliches Gesetz** sein. Dies zeigt sich bereits an den oben (Kap. 5.2.2–5.2.5) erwähnten Grundsätzen der Formfreiheit, Beschleunigung und Zweckmäßigkeit. Auch im Bereich der Antragstellung ist das SGB bürgerfreundlich ausgestaltet:

- Gemäß § 16 Abs. 3 SGB I sind die Leistungsträger unabhängig von den allgemeinen Beratungs- und Informationsrechten (§§ 14 ff. SGB I; Kap. 5.6.2) verpflichtet, den Bürger bei der Antragstellung zu **unterstützen**. Diese Unterstützungspflicht kann im Einzelfall bedeuten, dass die Behörde dem Antragsteller praktische Hinweise (z. B. „Ausfülltipps") für eine korrekte Antragstellung und umfassende Informationen zu den beizulegenden Unterlagen („Checkliste") geben muss.
- Der Zugang zu Leistungen darf gemäß dem Zweckmäßigkeitsgrundsatz nicht durch bürokratische Hindernisse erschwert werden. Gemäß § 17 Abs. 1 Nr. 3 SGB I sind daher einfach gestaltete Antragsformulare zu verwenden. Die **Barrierefreiheit** der Amtsgebäude ist nach § 17 Abs. 1 Nr. 4 SGB I ebenso sicherzustellen wie die **Möglichkeit**

von Gebärdensprache und Hilfsmitteln für Antragsteller mit Behinderung (§ 17 Abs. 2 SGB I).

- Die Behörde hat unklare oder mehrdeutige Anträge analog § 133 BGB im Interesse des Betroffenen **auszulegen**.
- Ein Antrag ist zwar gemäß § 16 Abs. 1 SGB I grundsätzlich beim zuständigen Leistungsträger (also den in §§ 18–29 SGB I genannten Körperschaften, Anstalten und anderen Trägern) einzureichen. Aus Gründen der Bürgerfreundlichkeit und der Ortsnähe kann er aber auch bei den **Gemeinden** oder den deutschen **Auslandsvertretungen** (z. B. Botschaften und Konsulaten) gestellt werden. Geht ein Antrag bei einem sachlich oder örtlich nicht zuständigen Sozialleistungsträger ein, dann muss (!) dieser den Vorgang **unverzüglich an die zuständige Stelle weiterleiten** (§ 16 Abs. 2 SGB I). Der Antrag darf in diesem Fall nicht als verspätet behandelt werden; vielmehr werden etwaige Fristen auch durch einen bei einer unzuständigen Stelle gestellten Antrag gewahrt (§ 16 Abs. 2 S. 2 SGB I).
- Da das System der Sozialleistungen insgesamt eher unübersichtlich ist und die Schnittstellen der einzelnen Leistungen für den Bürger nicht immer eindeutig sind, bestimmt § 28 SGB X, dass ein Antrag auf eine Sozialleistung eine **Rückwirkung** entfaltet, wenn zuvor eine andere Leistung abgelehnt wurde, die vom Bürger irrtümlich als die „richtige" angesehen wurde. Die Rückwirkung kann sich dabei **bis zu einem Jahr** zurückerstrecken; der neue Antrag muss spätestens sechs Monate nach der Ablehnung des ersten Antrags gestellt werden.

Beispiele

- A beantragt am 01.10. eine Erwerbsunfähigkeitsrente. Dieser Antrag wird abgelehnt, weil A nicht erwerbsunfähig, sondern berufsunfähig ist. Beantragt A nun am 01.02.des Folgejahres die ihm zustehende Berufsunfähigkeitsrente, dann ist diese rückwirkend ab 01.10. des Vorjahres zu gewähren.
- B beantragt am 10. Mai eine Reha-Maßnahme. Die Behörde lehnt dies ab, weil die Arbeitsfähigkeit von B nicht mehr herzustellen sein wird. Der Antrag auf Reha wirkt daher als Rentenantrag (vgl. § 116 Abs. 2 SGB VI) zurück zum 10. Mai.

Folge eines fehlenden Antrags

Wird eine Leistung erbracht, ohne dass ein erforderlicher Antrag gestellt wurde, dann stellt dies sowohl einen Verfahrens- als auch einen Sachfehler dar. Der entsprechende Bescheid ist daher rechtswidrig. Er kann nach §45 SGB X zurückgenommen und eine etwa bereits gewährte Leistung sodann nach § 50 SGB X zurückgefordert werden (Kap. 9). Allerdings kann der erforderliche Antrag nach §41 Abs. 1 Nr. 1 SGB X **nachgereicht** werden. Dadurch wird der Verfahrensfehler geheilt; der Leistungsbescheid wird rechtmäßig.

5.5 Bestimmung der zuständigen Behörden

Gegenstand der Regelungen zur Zuständigkeit ist die Frage, welche Behörde im konkreten Einzelfall die Ermittlungen zu übernehmen und die Sachentscheidung zu treffen hat. Die behördliche Zuständigkeit beurteilt sich dabei unter mehreren, nachfolgend näher dargestellten Gesichtspunkten.

5.5.1 Internationale Zuständigkeit

Die internationale Zuständigkeit beschäftigt sich mit der Frage, ob die deutschen Behörden tätig werden müssen, **wenn ein Fall einen Auslandsbezug hat**. Ein solcher liegt immer dann vor, wenn ein Beteiligter eine ausländische Staatsangehörigkeit hat, im Ausland lebt oder sich dort aufhält.

Beispiele

Ein in Deutschland lebender Ausländer beantragt eine Unfallrente; ein in Spanien lebender Deutscher beantragt die Überweisung der Altersrente nach Spanien; deutsche Adoptionsbewerber beantragen die Vermittlung eines Kindes aus dem Ausland.

Die internationale Zuständigkeit ist immer dann gegeben, wenn der **Geltungsbereich** der deutschen Gesetze im konkreten Einzelfall überhaupt eröffnet ist. Dies beurteilt sich nach den nachfolgenden Grundsätzen.

Territorialitätsgrundsatz

Die grundsätzliche Regelung zur internationalen Zuständigkeit im Sozialrecht enthält der in § 30 Abs. 1 SGB I verankerte **Territorialitätsgrundsatz**. Danach können Sozialleistungen unabhängig von der Staatsangehörigkeit nur an Personen ausgereicht werden, die ihren **gewöhnlichen Aufenthalt** oder ihren **Wohnsitz** in Deutschland haben. Unter dem gewöhnlichen Aufenthalt wird der **Lebensmittelpunkt** verstanden. Entscheidend für den Wohnsitz ist nicht dessen bloße Anmeldung: Aus Gründen der Prävention von Leistungsmissbrauch ist vielmehr erforderlich, dass der Betroffene über eine **tatsächlich genutzte Wohnung** verfügt (§ 30 Abs. 2 SGB I).

Sonderregelungen

Ausnahmen vom Territorialitätsgrundsatz können sich aus den **besonderen Teilen des Sozialrechts** ergeben.

Beispiele

- **Jugendhilfeleistungen** für Deutsche knüpfen nicht an den gewöhnlichen, sondern an den **tatsächlichen** Aufenthalt im Inland an (§ 6 Abs. 1 SGB VIII); außerdem sieht § 6 Abs. 3 SGB VIII vor, dass auch **im Ausland lebende Deutsche** Jugendhilfeleistungen erhalten können (für Sozialhilfeleistungen gilt Ähnliches, vgl. § 24 Abs. 1 S. 2 SGB XII). Ausländer können in Deutschland dagegen nur Jugendhilfeleistungen erhalten, wenn sie einen rechtmäßigen **gewöhnlichen** Aufenthalt im Inland haben (§ 6 Abs. 2 SGB VIII – im Gegensatz zu § 30 SGB X ist der Wohnsitz hier unerheblich!).
- Interventionen und Schutzmaßnahmen der Jugendhilfe (z. B. eine Inobhutnahme) sind dagegen auch dann möglich, wenn der betroffene Ausländer seinen **tatsächlichen** Aufenthalt in Deutschland hat (§ 6 Abs. 2 S. 2 i. V. m. Abs. 1 S. 2 und Abs. 1 S. 1 SGB VIII).

Im Bereich der **Sozialversicherung** enthalten die §§ 4 und 5 SGB IV Regelungen für in Deutschland Versicherte, die von ihrem inländischen Arbeitgeber vorübergehend im Ausland eingesetzt werden bzw. umgekehrt für Personen, die für ihren ausländischen Arbeitgeber temporär in Deutschland tätig sind. Wegen der fortbestehenden Bindung der betreffenden Beschäftigten an ihren

Herkunftsstaat sind dessen Regelungen auch bei einem Einsatz im Ausland anzuwenden (sog. **„Ausstrahlung"** bzw. **„Einstrahlung"**).

Darüber hinaus gibt es auch im **internationalen Recht** Zuständigkeitsbestimmungen, die gemäß Art. 25 GG sowie § 30 Abs. 2 SGB I Vorrang vor den deutschen Gesetzen und damit auch vor den Regelungen der besonderen und allgemeinen Teile des Sozialgesetzbuchs haben. Hierzu gehören zunächst die Vorschriften der EU (z. B. stehen nach Art. 34 der EU-Freizügigkeitsrichtlinie EU-Bürgern die gleichen Rechte zu wie deutschen Staatsangehörigen). Aber auch aus speziellen internationalen Übereinkommen können sich Sonderregeln zur Territorialität ergeben.

Beispiel

Das Haager Kinderschutzübereinkommen, das Haager Kindesentführungsübereinkommen, das Europäische Sorgerechtsübereinkommen oder die sogenannte „Brüssel-IIa-Verordnung" der EU enthalten besondere Vorschriften zur behördlichen Zusammenarbeit bei grenzüberschreitenden Einzelfällen, z. B. der Unterbringung von Kindern in Jugendhilfeeinrichtungen eines anderen Staats oder der Abwicklung von Kindesentführungen ins Ausland. In diesen Staatsverträgen ist geklärt, welcher der beteiligten Staaten welchen Teilaspekt im Rahmen der internationalen Zusammenarbeit zu bearbeiten hat und welche Verfahrenswege bei der Abwicklung von Einzelfällen zu beachten sind. Diese Regelungen sind vorrangig vor den Vorschriften des SGB zu beachten (Art. 25 GG).

5.5.2 Sachliche Zuständigkeit

Die sachliche Zuständigkeit betrifft die Frage, welcher konkrete Aufgabenbereich durch **welche Fachbehörde** zu erledigen ist.

Eine allgemeine Zuweisung der Zuständigkeiten für die einzelnen Sozialleistungen auf bestimmte Leistungsträger enthalten bereits die sog. „Einweisungsvorschriften" in §§ 18 ff. SGB I. Konkretisiert wird die sachliche Zuständigkeit der einzelnen Behörden in den jeweils einschlägigen Spezialgesetzen (z. B. in § 6 SGB II für die Grundsicherung, § 85 SGB VIII für die Jugendhilfe oder § 41 BAföG für die Ausbildungsförderung). Da die Verwaltungshoheit nach Art. 30 und 83 GG grundsätzlich den Ländern zusteht, verweisen die Leistungsgesetze allerdings häufig weiter auf das **Landesrecht**. Dort sind die Zuständigkeiten dann im jeweiligen Ausführungsgesetz zum Sozialgesetzbuch geregelt.

Beispiele

Die sachliche Zuständigkeit für Unterhaltsvorschussleistungen ergibt sich aus § 9 Abs. 1 UVG i. V. m. den einschlägigen landesrechtlichen Regelungen. Danach sind für den Unterhaltsvorschuss die Jugendämter zuständig. Über das Wohngeld entscheidet gemäß § 24 WoGG die nach Landesrecht zuständige Wohngeldbehörde. Laut den entsprechenden Landesgesetzen sind das in den Flächenstaaten die Landkreise und kreisfreien Städte; in Hamburg sind es die Wohngelddienststellen der Bezirksämter.

Erlässt eine **sachlich nicht zuständige** Behörde einen Verwaltungsakt, so ist dieser grundsätzlich **rechtswidrig**. Schließlich soll sich der Bürger darauf verlassen können, dass sein Anliegen von einer hierfür berufenen, fachlich kompetenten Stelle bearbeitet wird. Ist dies offensichtlich nicht der Fall (z. B. im Fall einer Adoptionsvermittlung durch das Finanzamt), so kann ein Verwaltungsakt gemäß § 40 Abs. 1 SGB X sogar nichtig sein (Kap. 7.2).

Ist zwischen mehreren möglicherweise sachlich zuständigen Stellen **strittig**, wer zur Leistung verpflichtet ist, kann der zuerst angegangene Leistungsträger die Leistung nach § 43 SGB I vorläufig erbringen. Dies hat für den betroffenen Bürger den Vorteil, dass er nicht erst einen langwierigen Zuständigkeitsstreit abwarten muss, bevor er eine dringend benötigte Sozialleistung erhält.

Beispiel

Zwischen dem Jugend- und dem Sozialhilfeträger ist häufig streitig, ob ein Kind seelisch (dann erhält es gemäß § 35a SGB VIII Jugendhilfeleistungen) oder geistig behindert ist (dann kommt Eingliederungshilfe nach dem SGB XII in Betracht). Da eine abschließende Entscheidung hierüber i.d.R. langwierige Gutachten erfordert, kann der Betroffene eine vorläufige Leistung erhalten.

Eine besondere Zuständigkeitsregelung für **Menschen mit Behinderung** findet sich in § 14 SGB IX. Diese Gruppe der Leistungsempfänger ist häufig auf eine Mehrzahl von Sozialleistungen angewiesen und daher mit einer ganzen Reihe verschiedener Leistungsträger konfrontiert (vgl. die Aufzählung in § 29 Abs. 2 SGB I). Durch die Regelung in § 14 SGB IX soll der für die Betroffenen oft unübersichtlichen Situation unterschiedlicher Maßnahmen und Träger für Reha- und Teilhabeleistungen begegnet und möglichst schnell Klarheit geschaffen werden, welcher Träger für welche Leistung zuständig ist. Zu diesem Zweck ist vorgesehen, dass der vom Betroffenen angegangene Träger innerhalb von zwei Wochen prüfen muss, ob er für die beantragte Leistung zuständig ist. Ist dies nicht der Fall, dann hat der den Antrag an die seiner Meinung nach zuständige Stelle weiterzuleiten. Diese muss nun – ungeachtet ihrer Zuständigkeit! – über den Antrag entscheiden. § 14 SGB IX enthält also den Grundsatz der sachlichen **Zuständigkeit des zweitangegangenen Trägers** im Fall von Teilhabeleistungen für Menschen mit Behinderung.

5.5.3 Örtliche Zuständigkeit

Über die örtliche Zuständigkeit wird geklärt, welche sachlich zuständige Behörde im konkreten Einzelfall **lokal bzw. regional** zuständig ist. Auch dies ist in den besonderen Teilen des Sozialgesetzbuchs sowie in den landesrechtlichen Ausführungsgesetzen zum SGB geregelt.

Beispiele

Für Grundsicherungsleistungen ist das Jobcenter am Ort des **gewöhnlichen Aufenthalts** des Leistungsberechtigten zuständig (§ 36 SGB II); für Leistungen nach dem SGB III ist es nach § 327 Abs. 1 SGB III primär die Arbeitsagentur am **Wohnsitz** des Arbeitnehmers. Die örtliche Zuständigkeit der Jugendämter ist äußerst differenziert in §§ 86 ff. SGB VIII geregelt. Sie hängt davon ab, um welche Aufgabe es sich handelt, ob die Eltern gemeinsam leben oder nicht, wer das Sorgerecht hat, wo der Sitz einer Einrichtung ist etc.

Eine ergänzende Vorschrift zur örtlichen Zuständigkeit enthält § 2 SGB X. Dieser regelt den Fall, dass in einem Einzelfall einmal **mehrere Behörden örtlich zuständig** sein könnten. In dieser Situation übernimmt diejenige Behörde das Verfahren, die zuerst mit der Sache befasst wurde. Haben zwei zuständige Stellen eine gemeinsame Aufsichtsbehörde, dann kann diese eine hiervon abweichende Regelung treffen.

Wird eine **örtlich unzuständige Behörde** tätig, ist dies in aller Regel bedeutungslos (§ 42 SGB X); der entsprechende Bescheid bleibt wirksam. Entscheidend für den Betroffenen ist nämlich lediglich, dass eine fachlich kompetente Behörde seinen Fall bearbeitet hat. Dies ist aber immer anzunehmen, wenn die sachliche Zuständigkeit gegeben war. Fehlt es nur an der regionalen Zuständigkeit, lässt dies jedoch keinerlei Rückschluss auf eine fehlende fachliche Kompetenz zu.

5.5.4 Funktionale Zuständigkeit

Die funktionale Zuständigkeit ist im Außenverhältnis zwischen Behörde und Bürger völlig bedeutungslos. Durch sie wird lediglich verwaltungsintern geregelt, welches Sachgebiet und welcher Sachbearbeiter innerhalb einer Behörde für einen konkreten Einzelfall zuständig ist.

Beispiel

Die Leitung des Sozialamts legt fest, dass jeder Sachbearbeiter nur für die Bearbeitung von Klienten mit einem bestimmten Anfangsbuchstaben zuständig ist. Wenn eine demnach unzuständige Kollegin einen Vorgang bearbeitet, ist dies gegenüber dem Bürger völlig unerheblich.

5.5.5 Amtshilfe

Kann eine zuständige Behörde ihre Aufgaben nicht mit eigenen Mitteln erfüllen, dann kann sie unter den Voraussetzungen der §§ 4 ff. SGB X andere Behörden um Amtshilfe bitten.

Beispiel

Die Eheleute A haben Hilfen zur Erziehung nach §§ 27 ff. SGB VIII beantragt, weil sie sich nicht mehr um ihren Sohn S kümmern können. Das Stadtjugendamt Regensburg ist hierfür gemäß § 86 SGB VIII zuständig. Wird der S nun in eine Pflegefamilie vermittelt und verzieht diese – ohne, dass die sorgeberechtigten Eheleute A Bedenken hätten – mit dem S nach Flensburg, dann kann sich das Stadtjugendamt Regensburg zum Zweck der weiteren Hilfeplanung (§ 36 Abs. 2 SGB VIII) von dem für Flensburg zuständigen Jugendamt im Wege der Amtshilfe nach § 3 Abs. 1 i. V. m. § 4 Abs. 1 Nr. 5 SGB X die Informationen über den weiteren Hilfebedarf bei S einholen. Das Jugendamt Flensburg darf die betreffenden Informationen gemäß § 69 Abs. 1 Nr. 1 SGB X und § 64 Abs. 1 und 2 SGB VIII weitergeben. Daher ist die Amtshilfe möglich; der Hinderungsgrund des § 4 Abs. 2 S. 2 SGB X (Datenschutz!) greift nicht. Die Kosten der Amtshilfe (z. B. für einen etwa erforderlichen Hausbesuch bei der Pflegefamilie des S) trägt das Stadtjugendamt Regensburg (§ 7 Abs. 1 SGB X).

5.6 Rechte der Verfahrensbeteiligten

5.6.1 Vertretung durch Bevollmächtigte und Hinzuziehen von Beiständen

Die Verfahrensbeteiligten haben das Recht, sich im Verfahren durch **Bevollmächtigte** vertreten zu lassen (§ 13 Abs. 1 bis 3 SGB X). Sie können aber auch einen **Beistand hinzuziehen** (§ 13 Abs. 4 SGB X). Bevollmächtigte und Beistände können z. B. Rechtsanwälte, Sozialverbands- oder Gewerkschaftsvertreter, aber auch Freunde, Nachbarn oder Verwandte sein (letztere dürfen allerdings nicht geschäftsmäßig, d. h. nicht gegen eine finanzielle Vergütung tätig werden, § 13 Abs. 5 SGB X i. V. m. § 3 RDG).

Vertretung

Der **Bevollmächtigte vertritt** einen Beteiligten; er kann also gemäß § 164 BGB Verfahrenshandlungen für diesen vornehmen und für ihn sprechen. Die erforderliche Vollmacht (§ 167 BGB) kann der Vertretene **grundsätzlich formlos** erteilen. Auf Verlangen der Behörde muss sie aber **schriftlich nachgewiesen** werden (§ 13 Abs. 1 S. 3 SGB X).

Ist eine Bevollmächtigung erfolgt, dann muss die Behörde die gesamte **Verfahrenskorrespondenz über den Bevollmächtigten abwickeln**; diesem ist auch der am Ende des Verfahrens stehende Verwaltungsakt bekanntzugeben (§ 13 Abs. 3 SGB X). Verstößt die Behörde hiergegen, so ist die jeweilige Verwaltungshandlung unwirksam.

Etwas anderes gilt, wenn es um **höchstpersönliche Mitwirkungshandlungen** geht. Bei diesen ist eine Vertretung nämlich weder möglich noch sinnvoll.

Beispiel

Um festzustellen, ob die Voraussetzungen für eine Reha-Maßnahme vorliegen, fordert die zuständige Stelle den Antragsteller auf, sich gemäß § 62 SGB I einer psychologischen Untersuchung oder gemäß § 63 SGB I einer Heilbehandlung zu unterziehen. Diese Mitwirkungshandlungen kann nur der Antragsteller selbst, nicht aber sein Bevollmächtigter erbringen. Die Behörde muss den Vertreter jedoch über die Untersuchung bzw. den Verlauf und das Ergebnis der Heilbehandlung informieren (§ 13 Abs. 3 S. 2 und 3 SGB X).

Da der Bevollmächtigte den Beteiligten vertritt, also in dessen Namen handelt, ist er **selbst nicht Beteiligter** im Sinne von § 12 SGB X am Verfahren. Dem Vertreter stehen keine eigenen Verfahrensrechte zu; er nimmt nur diejenigen des Vertretenen für diesen wahr.

Beistand

Vom Bevollmächtigten ist der Beistand zu unterscheiden. Dieser vertritt den Beteiligten nicht, sondern begleitet ihn (z. B. zu Besprechungen, Erörterungs- oder Ortsterminen), um ihn **beim mündlichen Vortrag zu unterstützen** (§ 13 Abs. 4 SGB X). In diesem Rahmen kann er auch für den Beteiligten sprechen.

Beispiel

Eine Arbeitssuchende beherrscht die deutsche Sprache nicht „trittsicher". Sie lässt sich von ihrer Freundin zu den Gesprächen im Jobcenter begleiten. Alles, was die Freundin vorträgt, darf die Behörde – auch zulasten der Arbeitssuchenden – für ihre Entscheidungsfindung verwenden, sofern dem Vorbringen nicht unverzüglich widersprochen wird (§ 13 Abs. 4 S. 2 SGB X).

Zurückweisung von Bevollmächtigten und Beiständen

Nach § 13 Abs. 5–7 SGB X kann die Behörde Beistände und Bevollmächtigte zurückweisen, **wenn sich diese als ungeeignet zum Fachvortrag erweisen**.

Beispiel

Vor einer kostenintensiven Operation, bei der die Kostenübernahme nicht eindeutig geklärt ist, soll das weitere Vorgehen bei der Krankenkasse besprochen werden. Die Patientin erscheint mit einer Freundin (Beistand!), die weder die Leistungsmöglichkeiten der Krankenkassen kennt, noch die medizinischen Notwendigkeiten beurteilen kann. Die Krankenkasse darf die Begleiterin gemäß § 13 Abs. 6 SGB X von der Besprechung ausschließen.

5.6.2 Auskunfts- und Beratungsrechte

Die Auskunfts- und Beratungsrechte nach §§ 14 und 15 SGB I stehen zwar nicht nur den Verfahrensbeteiligten, sondern „Jedermann" zu. Dennoch dienen sie insbesondere auch der Unterstützung der Verfahrensbeteiligten.

Auskunft

Der Auskunft (§ 15 SGB I) kommt eine Art **„Wegweiserfunktion"** zu: Nach § 15 Abs. 2 SGB I erstreckt sie sich vor allem auf die Benennung der zuständigen Sozialleistungsträger sowie auf allgemeine Sach- und Rechtsfragen. Auskunftspflichtig sind die Kranken- und Pflegekassen sowie die nach Landesrecht zuständigen Stellen, z. B. die Gemeinden, Städte, Landkreise und landesunmittelbaren Sozialbehörden.

Von der Auskunft ist die **Aufklärung** zu unterscheiden: Diese dient lediglich der allgemeinen Information der Bevölkerung über die diversen Angebote und Leistungskataloge (§ 13 SGB I). Die Leistungsträger kommen ihrer Aufklärungspflicht z. B. über Broschüren, Merkblätter, Internetangebote oder Informationskampagnen nach.

Beratung

§ 14 SGB I gibt jedem Bürger einen **Rechtsanspruch** gegenüber den Leistungsträgern auf eine **umfassende, verständliche und eindeutige Beratung** über seine Rechte und Pflichten nach dem SGB. Die zuständigen Sozialbehörden müssen Anfragende daher über die Rechtslage einschließlich etwaiger Mitwirkungs- und Auskunftspflichten, möglicher Vermögensanrechnungen oder anderer bedeutsamer Aspekte informieren. Dazu gehören z. B. Hinweise zur Verwaltungspraxis, den einschlägigen Verwaltungsvorschriften und rechtlich möglicherweise noch ungeklärten Fragen. In der Beratung liegt ausdrücklich **kein Verstoß gegen das Rechtsdienstleistungsgesetz** (§ 8 RDG).

§ 14 SGB I verpflichtet die Leistungsträger in Verbindung mit § 17 Abs. 1 SGB I darüber hinaus zu Hinweisen auf ein zweckmäßiges Vorgehen, um die in der konkreten Situation erforderliche Hilfe auf möglichst einfachem und schnellem Weg zu erhalten. Zudem ist eine praktische Hilfestellung beim Ausfüllen von Anträgen und Formularen oder dem Zusammenstellen von Unterlagen zu geben, sofern dies im Einzelfall erforderlich ist.

Die **Form der Beratung liegt im Ermessen des Sozialleistungsträgers**. Daher kann die Beratung bei einfachen und allgemeineren Rechtsfragen auch in Form von **Merkblättern oder Internetinformationen** erfolgen. Genügt dies im Einzelfall nicht, so muss eine individuelle, mündliche Beratung übernommen werden. Der Rechtsanspruch des § 14 SGB I schließt dabei aus, dass nur unverbindlich oder „unter Vorbehalt" beraten wird. Ebenfalls unzulässig ist es, den Betroffenen lediglich an einen Rechtsanwalt oder auf den reinen Gesetzestext zu verweisen. Geschuldet wird nämlich eine eindeutige und auf den Einzelfall bezogene Beratung.

Weil der Beratung nach § 14 SGB I – im Gegensatz zur nur sehr allgemein ausgestalteten Aufklärung nach § 13 SGB I – eine hohe Verbindlichkeit zukommen soll und der Ratsuchende in seinem Vertrauen auf eine verlässliche und richtige Beratung zu schützen ist, sind die Leistungsträger dem Anfragenden bei einer **Falschberatung** nach den Grundsätzen der **Amtshaftung** (§ 839 BGB i. V. m. Art. 34 GG) zum **Schadensersatz** verpflichtet. Darüber hinaus besteht laut dem Bundessozialgericht in dieser Situation ggf. ein sogenannter **„sozialrechtlicher Herstellungsanspruch"**, wonach der Bürger die Wiederherstellung des Zustandes verlangen kann, der bei ordnungsgemäßer Erfüllung der Amtspflichten (d. h. bei korrekter Beratung) eingetreten wäre. Dieser Anspruch entsteht unabhängig davon, ob dem zuständigen Sachbearbeiter oder der Sachbearbeiterin ein Verschulden vorzuwerfen ist oder nicht (zu den Details s. Muckel / Ogorek 2011, § 17, Rn. 27 ff.; Sommer 2009, 160 ff.).

Beispiel

A fragt bei ihrer Krankenkasse an, ob eine teure Kieferoperation von dieser bezahlt werden wird. Der zuständige Sachbearbeiter verneint dies und verweist die A auf eine andere, von der Krankenkasse bezahlte Behandlungsalternative. Da diese mit der Gefahr unschöner Narbenbildungen verbunden ist, entscheidet sich A für die ursprünglich angedachte Methode und wendet für diese 12.000 Euro auf, für die sie einen Kredit aufnimmt. Später stellt sich heraus, dass die teure Methode doch von der Krankenkasse bezahlt werden hätte müssen. A kann nun wegen der Falschberatung nachträglich die Kostenübernahme sowie Ersatz für die Kreditzinsen verlangen (Hinweis: Hätte die Krankenkasse die Übernahme der Kosten nicht in der Beratungssituation, sondern durch Verwaltungsakt abgelehnt, würde sich der Kostenübernahmeanspruch der A aus § 13 Abs. 3 SGB V ergeben!).

5.6.3 Ausschluss und Ablehnung von Amtspersonen

Um die durch § 20 Abs. 2 SGB X vorgeschriebene behördliche Objektivität sicherzustellen und Interessenkollisionen bei Behördenvertretern auszuschließen, dürfen bestimmte Personen im Einzelfall nicht für eine Behörde tätig werden.

Ausschluss kraft Gesetzes

§ 16 Abs. 1 SGB X nennt die auf Behördenseite kraft Gesetzes vom Verfahren ausgeschlossenen Funktionsträger. Der Ausschluss betrifft v.a. Personen, bei denen aufgrund eigener Betroffenheit oder naher Verwandtschaft mit Beteiligten eine **Interessenkollision** zu befürchten ist.

Beispiel

Der Vater des Antragstellers darf nach § 16 Abs. 1 Nr. 2 i.V.m. Abs. 5 Nr. 3 SGB X nicht über dessen Antrag auf eine Opferentschädigungsrente entscheiden. Auch der geschiedene Ehegatte wäre ausgeschlossen (§ 16 Abs. 5 S. 2 Nr. 1 SGB X).

Die **Mitwirkung einer ausgeschlossenen Person** am Erlass des Verwaltungsakts führt gemäß § 40 Abs. 3 Nr. 2 SGB X zwar nicht zu dessen Nichtigkeit, aber zur **Rechtswidrigkeit**. Der Verwaltungsakt kann daher nach §§ 44 oder 45 SGB X von der Behörde zurückgenommen werden. Ist die Entscheidung für den Adressaten negativ, kann er den entsprechenden Bescheid erfolgreich anfechten (Kap. 8.2).

Beispiel

Das Jugendamt lehnt ab, der Elterninitiative „Kindernest e.V." die Betriebserlaubnis für einen Kinderhort zu erteilen. Die Elterninitiative klagt gegen den Ablehnungsbescheid, weil der zuständige Sachbearbeiter der Sohn einer zum Verfahren hinzugezogenen Nachbarin ist, die sich schon seit Monaten gegen den Kinderhort engagiert. Die Klage wird erfolgreich sein, da der Bescheid rechtswidrig ist: Der Sohn der Hinzugezogenen ist nämlich nach § 16 Abs. 1 Nr. 2 SGB X kraft Gesetzes von der Tätigkeit im vorliegenden Verfahren ausgeschlossen.

Befangenheit

Gemäß § 17 SGB X kann darüber hinaus die **Befürchtung einer Befangenheit**, d.h. schon der Anschein einer möglichen Parteilichkeit, zum Ausschluss der für die Behörde tätigen Person führen. In diesem Fall können sich Betroffene an die **Leitung der jeweiligen Behörde** wenden und dort erreichen, dass die zuständige Bearbeiterin oder der zuständige Bearbeiter nicht weiter im Verfahren tätig sein darf.

Beispiel

Der zuständige Sachbearbeiter der BAföG-Stelle ist der vorsprechenden Antragstellerin gegenüber sehr unfreundlich. Er äußert ihr gegenüber, dass Frauen seiner Meinung nach „hinter den Herd" gehören und er deshalb findet, „dass Studentinnen kein BAföG brauchen, bei mir bekommt das fast keine". Hier bestehen erhebliche Zweifel an einer objektiven Bearbeitung des Falles; ein Befangenheitsantrag wäre erfolgversprechend.

Die Behördenleitung hat nun über den Befangenheitsantrag zu entscheiden – dies geschieht in aller Regel nach einer Anhörung der angeblich befangenen Person.

In **besonders sensiblen Verwaltungsbereichen** (z. B. bei einigen Jugendhilfeleistungen oder in der Adoptionsvermittlung) erhält der Betroffene oftmals allein schon deshalb eine andere Ansprechperson, um die **erforderliche Niedrigschwelligkeit** und das für eine effektive Leistung erforderliche Vertrauen in die behördliche Arbeit nicht zu gefährden. In Standardverfahren (z. B. bei der Bewilligung von Elterngeld oder BAföG) dürften Befangenheitsanträge dagegen eher streng geprüft werden.

5.6.4 Anhörungsrecht

Gemäß § 24 Abs. 1 SGB X muss eine Behörde einen Beteiligten anhören, bevor sie **zu seinen Lasten entscheiden** darf. Dieses Anhörungsrecht der Beteiligten geht letztlich auf das **Rechtsstaatsprinzip** und das Recht des Bürgers auf ein **faires Verfahren** zurück, wie es auch in dem in Art. 103 Abs. 1 GG enthaltenen Justizgrundrecht auf rechtliches Gehör vor den Gerichten zum Ausdruck kommt. Die Betroffenen sollen vor „Überraschungsentscheidungen“ geschützt werden sowie die Gelegenheit bekommen, sich zu verteidigen und die vorgesehene, für sie negative Entscheidung noch in ihrem Sinne zu beeinflussen.

Gemäß § 24 Abs. 1 SGB X ist die Anhörung bei **belastenden Verwaltungsakten** vorgesehen, aber auch dann, wenn **ein Antrag des Beteiligten abgelehnt** werden soll.

Beispiel

Eine versehentlich zu hoch ausbezahlte Rente soll zurückgefordert werden. Vor dem Erlass des Rückforderungsbescheids ist dessen Adressat nach § 24 Abs. 1 SGB X anzuhören.

Dagegen muss der Antragsteller vor der antragsgemäßen **Bewilligung** einer Leistung nicht angehört werden. In diesem Fall handelt es sich nämlich nicht um einen eingreifenden, sondern um einen begünstigenden Verwaltungsakt.

Darüber hinaus ist die Anhörung in den in § 24 Abs. 2 SGB X genannten Fallkonstellationen entbehrlich.

Beispiele

- Vor der Inobhutnahme einer schwangeren Jugendlichen ist eine Anhörung nicht erforderlich, wenn die sofortige Inobhutnahme aufgrund einer akuten Gefahr für die Jugendliche (z. B. weil ihr ein „Ehrenmord" angedroht wurde) angezeigt ist (§ 24 Abs. 2 Nr. 3 SGB X; vgl. i.Ü. § 42 Abs. 2 SGB VIII).
- Teilt ein Rentenempfänger mit, dass er einen Arbeitsplatz gefunden habe und entzieht ihm der zuständige Leistungsträger daraufhin die Rente, bedarf es keiner Anhörung. Der Leistungsträger ist nämlich nicht zu Ungunsten des Berechtigten von dessen tatsächlichen Angaben abgewichen (§ 24 Abs. 2 Nr. 3 SGB X).

Für eine ordnungsgemäße Anhörung ist nach § 24 Abs. 1 SGB X erforderlich, dass die Behörde dem Betroffenen die **entscheidungserheblichen Tatsachen mitteilt** und ihm die **Gelegenheit zur Stellungnahme** gibt. Hierfür ist dem Betroffenen eine **angemessene Frist** zu setzen, die in der Regel nicht unter zwei Wochen betragen darf. Bei schwierigen Sachverhalten wird nur eine längere Frist als angemessen bezeichnet werden können. Entscheidend für die Fristbemessung ist, dass sich der Betroffene mit den Argumenten der Verwaltung auseinandersetzen und ggf. Rat bei Ärzten, Anwälten etc. einholen kann, bevor er sich abschließend äußert. Eine unangemessen kurze Frist steht daher einer fehlenden Anhörung gleich.

Eine besondere **Form ist für die Anhörung nicht vorgeschrieben**. Diese kann also schriftlich, mündlich und ggf. sogar telefonisch erfolgen. Für die Wirksamkeit der Anhörung ist nicht erforderlich, dass sich der Betroffene innerhalb der Anhörungsfrist auch tatsächlich äußert. Ihm muss **lediglich die Gelegenheit** zur Äußerung gegeben werden. Macht er von diesem Recht keinen Gebrauch, liegt auch keine Verletzung von § 24 SGB X vor.

Eine **fehlende Anhörung** kann gemäß § 41 Abs. 2 Nr. 3 SGB X noch bis zur letzten Tatsacheninstanz (d. h. bis zur letzten mündlichen Verhandlung vor dem Berufungsgericht) **nachgeholt werden**. Geschieht dies nicht, so ist der Verwaltungsakt rechtswidrig.

5.6.5 Akteneinsicht

Das Recht der Beteiligten auf Akteneinsicht dient der **Transparenz des Verwaltungshandelns** und gibt den Betroffenen die Möglichkeit, sich auf der Grundlage der in den Akten dokumentierten Vorgänge und Beweismittel sachgerecht zu verteidigen.

Die Akteneinsicht hat **grundsätzlich in der** für den Fall zuständigen **Behörde** zu erfolgen; erforderlichenfalls kann ein **Arzt** oder ein besonders geschulter Mitarbeiter dem Betroffenen den Akteninhalt vermitteln (§ 25 Abs. 2 SGB X).

Beispiel

Die Akte enthält das Ergebnis einer nach § 62 SGB I durchgeführten ärztlichen Untersuchung. Der Untersuchungsbericht enthält schwer zu verstehende medizinische Informationen über den Gesundheitszustand oder die Prognose einer nur noch kurzen Lebenserwartung, weshalb bei dem äußerst labilen Antragsteller das Risiko eines Nervenzusammenbruchs besteht. In dieser Situation **soll** der Inhalt des Berichts von einem Arzt erläutert werden.

Die Behörde kann die Akten ausnahmsweise (!) an einen bevollmächtigten Rechtsanwalt übersenden (§ 25 Abs. 4 SGB X), etwa wenn die Einsichtnahme für den Betroffenen eine teure Anreise bedeuten würde. Nach § 25 Abs. 5 SGB X darf die Behörde den Einsichtnehmenden **Kopien** der einzusehenden Unterlagen zur Verfügung stellen. Diese haben die Kosten hierfür zu übernehmen.

Eingeschränkt ist das Recht auf Akteneinsicht nach § 25 Abs. 3 SGB X, soweit ein anderer Beteiligter oder ein Dritter ein **berechtigtes Interesse an der Geheimhaltung** hat. Dies wird immer dann der Fall sein, wenn die Akte auch Informationen über eine dritte Person enthält, da diese gemäß § 35 SGB I ein Recht auf Schutz ihrer personenbezogenen Daten hat (Kap. 6).

Beispiel

Nachbar N zeigt den A bei der Sozialbehörde an: Der A habe über Jahre zu Unrecht Sozialhilfe bezogen. Das Sozialamt wird tätig und hört den A gemäß § 24 SGB X zu den Vorwürfen an. Dieser beantragt nun Akteneinsicht, um den Namen des Informanten der Behörde zu erfahren. N hat aber ein Recht auf Geheimhaltung der entsprechenden Information (§ 35 SGB I). Die Akteneinsicht erstreckt sich daher nicht auf die Identität des N.

Gegebenenfalls darf der Betroffene daher nur einen Teil der gesamten Akte einsehen, nämlich den, der ausschließlich Informationen zu seiner eigenen Person enthält.

Beispiel

Enthält eine Jugendamtsakte Informationen über den neuen Partner einer geschiedenen Ehefrau, so muss die Behörde diese vom Datenschutz erfassten Informationen von der Akteneinsicht ausnehmen, wenn der frühere Ehemann Akteneinsicht nimmt. Die entsprechenden Blätter werden daher vor der Einsichtnahme aus der Akte entfernt oder sie werden durch Kopien mit geschwärzten und damit anonymisierten Angaben ersetzt.

Über den Wortlaut von § 25 SGB X hinaus kann die Behörde nach pflichtgemäßem Ermessen **auch außerhalb eines konkreten Verwaltungsverfahrens** Akteneinsicht gewähren, wenn der die Einsicht Begehrende ein berechtigtes Interesse am Zugang zu den betreffenden Informationen geltend macht.

Beispiel

Der leibliche Bruder eines zur Adoption gegebenen Kindes will dieses ausfindig machen, da er dringend auf eine Knochenmarkspende angewiesen ist.

Fall 5: Jede Menge Anträge

a) Die 13-jährige A hat ein Kind bekommen. Sie beantragt telefonisch Elterngeld bei der zuständigen Behörde. Ist der Antrag wirksam?
b) Der 17-jährige französische Staatsangehörige A lebt bei seinen Eltern in Günzburg und beginnt sein Studium an der Hochschule in Augsburg. Er wendet sich wegen einer Ausbildungsförderung telefonisch an das Amt für Ausbildungsförderung (Studentenwerk) in Augsburg. Dieses besteht auf einen schriftlichen Antrag, was A unter Verweis auf die Nichtförmlichkeit des Verwaltungsverfahrens ablehnt. Darauf verweigert das Studentenwerk die Leistung. Zu Recht?
c) Das Stadtjugendamt München bewilligt dem in München lebenden sorgeberechtigten V (marokkanischer Staatsangehöriger) auf dessen mündlichen Antrag eine sozialpädagogische Familienhilfe (§ 31 SGB VIII), weil er Schwierigkeiten bei der Erziehung seines Sohnes hat. Der S lebt jedoch fast ausschließlich bei seiner ebenfalls sorgeberechtigten Mutter in Augsburg. War das Stadtjugendamt München zuständig?

d) Personalsachbearbeiter P der O-GmbH beantragt beim zuständigen Integrationsamt nach § 85 SGB IX schriftlich die Zustimmung zur Kündigung der schwerbehinderten Mitarbeiterin A. Ist dieser Antrag wirksam?

e) Der 15-jährige A beantragt beim Jugendamt einen Rollstuhl (Krankenkassenleistung!). Was hat das Jugendamt zu tun?

f) Der 16-jährige A hat sich während seiner Lehre in Nürnberg eine Wohnung genommen. Da er sich diese von seinem Verdienst nicht leisten kann, hat er Wohngeld beantragt. Seine Eltern nehmen den Antrag zurück, weil sie nicht als „Sozialschnorrer" gelten wollen. Ist das zulässig?

g) X ruft beim Jugendamt an und teilt mit, dass seine Nachbarn am Vortag einen lautstarken Streit hatten; nun habe er das Nachbarskind mit mehreren Hämatomen am Arm und einem „blauen Auge" am Postkasten getroffen. Darf das Jugendamt tätig werden?

h) Rechtsanwalt R beantragt für seinen Mandanten M Sozialhilfe. Das Sozialamt besteht auf eine eigenhändige Unterschrift des M. Zu Recht?

i) Der in Deutschland lebende Schwede S beantragt BAföG; er füllt den Antrag in schwedischer Sprache aus. Was wird die Behörde tun?

Fall 6: Streit über die Adoptionsbewerbung

Die Eheleute A beabsichtigen, ein Kind aus dem Ausland zu adoptieren. Sie beantragen daher bei der Adoptionsvermittlungsstelle des für sie zuständigen Stadtjugendamts nach § 7 Abs. 3 AdVermiG die Überprüfung als Adoptionsbewerber. Zum ersten Vorbereitungsgespräch erscheinen sie mit ihrer Freundin T. Diese ist extrem esoterisch veranlagt, reißt das Gespräch sofort an sich, deutet nach einer Analyse der kosmischen Schwingungen im Raum ein energetisches Defizit in den Charakter der Jugendamtsfachkraft J und stellt fest, dass alle Kinder letztlich Sternenstaub sind. Nachdem jegliches Gespräch in der Sache unmöglich ist, verweist J die T des Raumes. Darauf verlassen auch die Eheleute diesen. Tags darauf stellt der Rechtsanwalt der Eheleute einen Befangenheitsantrag (begründet mit dem „Rauswurf" der T) und beantragt Akteneinsicht in die Bewerberakte und die Liste der adoptierbaren Kinder. Er bittet, die fraglichen Dokumente an seine Kanzlei zu schicken. Wie ist über das Vorbringen des Rechtsanwalts zu entscheiden?

6 Datenschutz

Die Sozialbehörden erhalten im Rahmen ihrer Tätigkeit Zugang zu einer ganzen Fülle höchst persönlicher, sensibler und sogar intimer Daten der Bürger.

Beispiele

Antragsteller müssen gegenüber den für die Grundsicherung zuständigen Stellen ihre finanzielle Situation darlegen (vgl. § 60 SGB I). Die Kranken- und Pflegekassen haben Informationen über den Gesundheitszustand, mögliche (auch psychische!) Krankheiten und Behinderungen. Im Rahmen von Jugendhilfeleistungen wird teilweise die gesamte innerfamiliäre Situation analysiert und bewertet; im Fall einer Adoptionsvermittlung bis hin zu den höchst intimen Fragen des unerfüllten Kinderwunschs, der partnerschaftlichen Stabilität und der gesamten sozialen und wirtschaftlichen Situation der Beteiligten.

Die „Klienten" der Sozialbehörden haben natürlich ein berechtigtes Interesse daran, dass die den Behörden bekannten Informationen nicht nach außen dringen und keinen anderen Personen oder Stellen bekannt werden. Umgekehrt können den Betroffenen nur dann passgenaue und effektive Leistungen und Hilfen angeboten werden, wenn diese die dafür erforderlichen Angaben machen. Dazu werden die Klienten aber nur bereit sein, wenn sie sich auf Geheimhaltung verlassen können. Der Schutz der Bürgerdaten unterstützt damit das **niedrigschwellige** Arbeiten der Sozialbehörden, was v.a. in der Kinder- und Jugendhilfe, der Eingliederungshilfe für Menschen mit Behinderung oder der Opferentschädigung von enormer Bedeutung ist.

Vor diesem Hintergrund ist in § 35 SGB I das sogenannte **„Sozialgeheimnis"** verankert, d. h. der grundsätzliche Anspruch der Betroffenen, dass alle sie betreffenden Informationen nicht unbefugt erhoben, verarbeitet oder genutzt werden.

6.1 Verfassungsrechtliche Grundlagen des Datenschutzes

Die Pflicht der Behörden zur Geheimhaltung von Daten geht letztlich zurück auf das Grundgesetz. Das Bundesverfassungsgericht hat in seinem sogenannten **„Volkszählungsurteil"** vom 15.12.1983 aus dem allgemeinen Persönlichkeitsrecht (Art. 1, 2 Abs. 1 GG) ein **Recht auf informationelle Selbstbestimmung** abgeleitet. Es ist demnach ein Grundrecht der Betroffenen, selbst zu entscheiden, wer welche Informationen über sie haben darf und wer nicht. Erhebt der Staat für seine Aufgaben Daten, dann hat er zum Schutz der Grundrechte sicherzustellen, dass die entsprechenden Angaben ausschließlich den dazu befugten Stellen oder Personen zugänglich sind. Im Übrigen haben die Daten geheim zu bleiben.

Auch die zentralen verfassungsrechtlichen Rahmenbedingungen für den behördlichen Datenschutz gehen auf das Volkszählungsurteil zurück: Gemäß dem **Grundsatz der Gesetzmäßigkeit** der Verwaltung (Kap. 5.1.1) bedarf jeder Grundrechtseingriff einer gesetzlichen Grundlage. Daher dürfen Behörden nur dann Daten erheben, nutzen oder verarbeiten, wenn sie dafür eine ausdrückliche Befugnis haben. Oder anders formuliert: **Jeder Umgang von Behörden mit Daten entgegen dem Willen des Betroffenen ist verboten**, sofern er nicht ausdrücklich durch ein Gesetz erlaubt ist.

Der bei Grundrechtseingriffen ebenfalls zu beachtende **Grundsatz der Verhältnismäßigkeit** (Kap. 5.1.2) erfordert laut dem Bundesverfassungsgericht, dass

- der Umfang der erhobenen Daten auf das für die Erfüllung der jeweiligen konkreten Aufgabe notwendige absolute Mindestmaß reduziert wird (**Grundsatz der Erforderlichkeit und Datensparsamkeit**),
- alle Daten grundsätzlich unmittelbar beim Betroffenen zu erheben sind, damit dieser selbst entscheiden kann, ob er die betreffende Information herausgibt oder nicht (**Grundsatz der Unmittelbarkeit**),
- der Betroffene vor der Erhebung darüber informiert wird, zu welchem Zweck die erbetenen Angaben benötigt und verwendet werden (sog. **„Transparenzgebot"**), und
- die vom Betroffenen erlangten Daten ausschließlich für den Zweck verwendet werden, für den sie erhoben wurden (sog. **„Zweckbindungsprinzip"**).

6.2 Datenschutzrecht im Überblick

In Umsetzung der Vorgaben aus dem Volkszählungsurteil hat der Gesetzgeber inzwischen eine schier unüberschaubare Fülle von Datenschutzbestimmungen in den verschiedensten Bereichen des Rechts geschaffen. Angesichts der Vielfalt von Verwaltungsaufgaben mussten für die einzelnen Behördenbereiche passgenaue Datenschutzbestimmungen geschaffen werden, welche den jeweiligen fachspezifischen Anforderungen gerecht werden sollen.

Beispiele

Es liegt auf der Hand, dass die Polizei für ihre Aufgaben völlig andere und umfassendere Zugriffsmöglichkeiten auf Daten benötigt als etwa eine Krankenkasse, ein Jugendamt oder eine Schule. Gleichzeitig ist zu sehen, dass manche Verwaltungsbereiche über weniger schützenswerte Informationen verfügen als andere. Daher kann bspw. das Melderegister unter wesentlich einfacheren Voraussetzungen eingesehen werden als eine Jugendamtsakte, in der höchst persönliche oder sogar intime Details festgehalten sind.

6.2.1 Allgemeiner und bereichsspezifischer Datenschutz

Die Rechtsvorschriften, welche den Datenschutz für die einzelnen Verwaltungsbereiche festlegen, sind in den **bereichsspezifischen Regelungen des besonderen Verwaltungsrechts** niedergelegt, also z. B. in den Vorschriften über die Kranken- und Pflegeversicherung (SGB V und XI), dem Kinder- und Jugendhilferecht (SGB VIII), den Polizei- und Schulgesetzen der Länder für die Polizei und den Schuldienst etc.

Für alle Verwaltungsbereiche gelten aber gleichermaßen die in Kapitel 6.1 genannten verfassungsrechtlichen Grundsätze und Rahmenbedingungen. Diese sind in den **datenschutzrechtlichen Vorschriften des allgemeinen Verwaltungsrechts** niedergelegt. Das in den Kapiteln 1.2.1 und 1.2.2 zum allgemeinen Verwaltungsrecht Gesagte gilt entsprechend für den Datenschutz: Der allgemeine Datenschutz für **Behörden der Länder** und **Kommunen** ist in den Landesdatenschutzgesetzen geregelt; der allgemeine Datenschutz für die **Behörden**

des Bundes ergibt sich aus dem Bundesdatenschutzgesetz. Für die **Sozialleistungsträger** sind die allgemeinen Datenschutzbestimmungen im Ersten und Zehnten Buch SGB niedergelegt; die **Vorschriften des bereichsspezifischen Datenschutzes haben Vorrang vor den allgemeinen Datenschutzbestimmungen** (§ 37 SGB I).

6.2.2 Datenschutz freier Träger

Die Regelungen des Datenschutzes sind zwar dem öffentlichen Recht zugeordnet; das **Bundesdatenschutzgesetz** (BDSG) enthält aber auch Vorschriften für den **Datenschutz bei nichtstaatlichen Organisationen**. Diesen haben neben Wirtschaftsunternehmen auch die freien Träger (z. B. Vereine und Verbände im Rahmen der Jugendarbeit oder der offenen Behindertenarbeit), private Pflegedienste und alle anderen nichtstaatlichen Erbringer von Sozialleistungen zu beachten.

> Die **kirchlichen** Träger haben wegen des kirchlichen Selbstverwaltungsrechts (Art. 140 GG i. V. m. Art. 137 Abs. 3 der Weimarer Reichsverfassung) vorrangig vor dem BDSG das Datenschutzgesetz der Evangelischen Kirche in Deutschland (DSG-EKD) sowie die Anordnung über den kirchlichen Datenschutz in der römisch-katholischen Kirche (KDO) zu beachten. Das BDSG schreibt insofern aber Mindeststandards fest.

Über die allgemeinen Vorgaben des Bundesdatenschutzgesetzes hinaus können private Personen oder Einrichtungen in freier und kirchlicher Trägerschaft aber auch zur Einhaltung des gegenüber dem BDSG strengeren Sozialdatenschutzes nach dem SGB verpflichtet sein:

- § 35 Abs. 1 S. 4 SGB I und § 69 Abs. 2 SGB X listen ausdrücklich Fachstellen auf, die den Sozialbehörden datenschutzrechtlich gleichgestellt sind.

Beispiel

Die speziellen Datenschutzbestimmungen in der Adoptionsvermittlung (§§ 9b und 9d AdVermiG) gelten für Adoptionsvermittlungsstellen in freier und öffentlicher Trägerschaft gleichermaßen (§ 35 Abs. 1 S. 4 SGB I).

- Darüber hinaus können Leistungsträger mit einem Leistungserbringer **vereinbaren**, dass dieser den Sozialdatenschutz zu beachten hat. Im Bereich der Jugendhilfeangebote ist das Jugendamt nach § 61 Abs. 3 SGB VIII sogar verpflichtet, solche Vereinbarungen abzuschließen.

Beispiel

Das Jugendamt vereinbart mit der KiTa eines freien Trägers, dass das dortige Personal den Datenschutz nach dem SGB VIII und X zu beachten hat und die sich aus § 8a Abs. 4 SGB VIII ergebenden Standards zur Umsetzung des Schutzauftrags bei Kindeswohlgefährdung einhält.

- Schließlich besteht auch die Möglichkeit, freie Träger in einer **Nebenbestimmung** zu einem Verwaltungsakt (§ 32 SGB X) hoheitlich dazu zu verpflichten, den Datenschutz nach dem SGB zu beachten.

Beispiel

Ein freier Träger übernimmt in der kreisfreien Stadt S zahlreiche Angebote der Jugendarbeit. Er erhält hierfür Fördermittel des Jugendamts. Dieses kann die Gewährung der Förderung (Ermessensverwaltungsakt, vgl. § 74 Abs. 3 SGB VIII) mit einer Nebenbestimmung versehen, dass der freie Träger die Vorgaben des Sozialdatenschutzes nach dem SGB VIII und X einzuhalten hat (§ 32 Abs. 2 SGB X).

6.3 Datenschutz im Sozialrecht

Die allgemeine Pflicht der Behörden zur Geheimhaltung von Daten im Sozialrecht ergibt sich aus § 35 SGB I; darauf aufbauend enthält das SGB X in §§ 67 ff. grundsätzliche Regelungen für den Umgang mit Sozialdaten. Diese werden durch etwaige Sonderregelungen aus den besonderen Teilen des Sozialgesetzbuchs überlagert (§ 37 SGB I).

Beispiel

Nach § 67c Abs. 2 Nr. 3 SGB X dürfen Sozialdaten für Forschungszwecke genutzt werden. Sie sind gemäß § 67c Abs. 5 S. 2 SGB X zu anonymisieren, sobald dies der wissenschaftliche Zweck zulässt. Für Daten aus der Adoptionsvermittlung gilt aber der vorrangige § 9d Abs. 1 AdVermiG. Danach dürfen personenbezogene Daten nicht für Forschungszwecke verwendet werden. In der Adoptionsforschung müssen also sämtliche Daten von der Vermittlungsstelle anonymisiert werden, bevor sie zum

Zweck der Forschung an eine wissenschaftliche Person oder Einrichtung weitergegeben werden (Kap. 6.3.1).

Ein Leistungsträger kann sich den strengen **sozialdatenschutzrechtlichen Vorgaben nicht** dadurch **entziehen**, dass er Dritte (z. B. eine selbstständige Sozialarbeiterin, einen freien Träger oder eine Firma) mit der Erhebung oder Verarbeitung von Daten beauftragt. Auch in diesem Fall haben die Behörden nämlich gemäß § 80 SGB X den Sozialdatenschutz bei den eingeschalteten Stellen (z. B. durch vertragliche Vereinbarungen mit diesen) sicherzustellen.

Übersicht 13

Besonderer und allgemeiner Sozialdatenschutz

Besondere Datenschutzbestimmungen:
Fachspezifische Regelungen für bestimmte Verwaltungszweige, z.B. Kinder- und Jugendhilfe (§§ 61ff. SGB VIII), Krankenkassen (§§ 284ff. SGB V), Adoptionsvermittlung (§§ 9b und 9d AdVermiG)

↓ GEHT VOR (§ 37 SGB I)

Allgemeiner Datenschutz:
- SGB I und SGB X für **Sozialleistungsträger** (z.B. Kranken-, Pflegekassen)
- Bundesdatenschutzgesetz (BDSG) für **Behörden des Bundes** (z.B. Bundesgesundheitsministerium) und **nichtstaatliche Institutionen** (z.B. Offene Behindertenhilfe, private Pflegedienste)
- Landesdatenschutzgesetz (LDSG) für **Behörden der Länder** (z.B. Integrations-, Versorgungsamt) und **Kommunen** (z.B. Kommunale Ehrenamtsbörse)

6.3.1 Begriffe im Datenschutzrecht

Die im Datenschutzrecht bedeutsamen Begriffe werden in § 67 SGB X definiert und nachfolgend dargestellt.

Daten, personenbezogene Daten und Sozialdaten

Der Begriff **„Daten"** kann mit „Informationen" gleich gesetzt werden. Daten können Angaben über das Wetter, die Aufnahme strafrechtlicher Ermittlungen gegen eine Person, die Funktionsweise einer Maschine, Patientenblätter, Schulzeugnisse oder sonst jedwede **Einzelinformation** sein. Daten sind als solche noch nicht unbedingt schützenswert. Der Datenschutz wird erst dann relevant, wenn Informationen im konkreten Zusammenhang mit einer bestimmten oder bestimmbaren Person stehen. In diesem Fall spricht man von **personenbezogenen Daten** (§ 67 Abs. 1 SGB X).

Beispiele

Angaben über den Wohnort, die Sozialversicherungsnummer, das Geburtsdatum, das Autokennzeichen oder die Tatsache, ob man verheiratet ist, Kinder hat, vorbestraft oder behindert ist, sind personenbezogene Daten. Auch Videoaufnahmen, Fotos und Tonaufnahmen unterliegen dem Datenschutz.

Alle personenbezogenen Daten unterliegen dem Grundrecht auf informationelle Selbstbestimmung, d.h. der Einzelne kann sich auf den Schutz aller Informationen berufen, die im konkreten Zusammenhang mit seiner Person stehen.

Beispiele

- Sozialamtsmitarbeiterin A erzählt ihrer Freundin, dass der von beiden nicht gemochte Bekannte B schon wieder im Sozialamt war, weil er kein Geld hat. Außerdem wisse sie aus den Akten, dass er einen nicht ehelichen Sohn hat.
- Jugendamtsmitarbeiter X berichtet seinem Kollegen aus der Bauabteilung beim Mittagessen in der Kantine, dass der bekannte Schlagersänger S schon seit Jahren ungewollt kinderlos ist und nun ein Kind aus Thailand adoptieren wolle. A und X haben hier personenbezogene Daten weitergegeben.

Bei **Sozialdaten** handelt es sich gemäß §§35 Abs. 1 SGB I und 67 Abs. 1 SGB X um **personenbezogene Daten**, die von einem **Sozialleistungsträger** (oder einer ihm gemäß §35 Abs. 1 S. 4 SGB I gleichgestellten Institution) im Rahmen seiner bzw. ihrer gesetzlichen Aufgaben verwendet werden.

An manchen Stellen ist im Gesetz von **„anvertrauten"** (§65 SGB VIII) oder **besonders zu schützenden Daten** (darunter sind nach §67 Abs. 12 SGB X z. B. Herkunft, Religion, Sexualleben, politische Meinungen oder die Gewerkschaftszugehörigkeit zu verstehen) die Rede. Dies ändert aber nichts daran, dass laut den verfassungsrechtlichen und gesetzlichen Vorgaben grundsätzlich **alle** personenbezogenen Daten dem gesetzlichen Datenschutz unterliegen. Gleiches gilt für **Betriebs- und Geschäftsgeheimnisse** (§35 Abs. 4 SGB I).

Die Verpflichtung zum Schutz der personenbezogenen Daten besteht grundsätzlich **nach dem Tode** des Betroffenen fort (§35 Abs. 5 SGB I), wenn ansonsten schutzwürdige Belange des Verstorbenen oder seiner Erben beeinträchtigt würden.

Beispiel

Der nicht ehelich geborene N möchte vom Jugendamt Auskunft darüber erhalten, wer in der Jugendamtsakte als sein leiblicher Vater genannt ist. In der Akte ist ein verstorbener stadtprominenter Mann als ein möglicher Vater angegeben, dieser hat die Vaterschaft aber stets bestritten; die Mutter des N hat eine Vaterschaftsfeststellung trotz Anratens des Jugendamts nie ernsthaft erwogen. Hier steht das Interesse des Verstorbenen an der eigenen Rufwahrung einer Informationsweitergabe durch das Jugendamt entgegen, zumal es sich nur um einen relativ „schwachen" Verdacht handelt – anders wäre es, wenn der Mann bereits eine gewisse Zeit Unterhalt für N gezahlt hätte, denn dies wäre ein konkreterer Anhaltspunkt für dessen mögliche Vaterschaft.

Anonymisieren und Pseudonymisieren

Durch **Anonymisierung** wird verhindert, dass Informationen mit einer bestimmten Person in Verbindung gebracht werden können. In der Praxis kann durch die Wahl eines häufigen Namens („Maier, Müller,

Schmidt") anonymisiert werden, aber auch durch den gänzlichen Verzicht auf die Namensnennung. Entscheidend ist, dass der Rückschluss auf die Identität ausgeschlossen oder nur unter enormem Aufwand möglich ist (§ 67 Abs. 8 SGB X).

Werden Informationen durch Anonymisierung von der betroffenen Person „abgekoppelt", dann handelt es sich bei den entsprechenden Daten nicht mehr um personenbezogene Informationen. Diese dürfen deshalb problemlos weitergegeben werden, z. B. im Rahmen von Teambesprechungen, der externen Supervision oder in einem Facharbeitskreis.

Beispiel

Berichtet Sozialarbeiterin S in einer Besprechung mit der Polizei über das Vorgehen bei innerfamiliärer Gewalt darüber, dass es in der von ihr betreuten Familie Gomez-Oberhuber immer wieder zu Gewalttätigkeiten gekommen sei, hat sie personenbezogene Daten weitergegeben. Dies kann rechtlich problematisch sein und ggf. Haftungsrisiken nach sich ziehen. Wenn es lediglich um die eine allgemeine Koordinierung von Aufgaben oder die Reflexion eines Falles geht, kann die Sozialarbeiterin den Beispielsfall ebenso gut schildern, indem Sie über „Familie X" berichtet oder indem sie beginnend mit den Worten „ich habe da einen Fall" ganz allgemein auf das hinter diesem liegende Problem eingeht. Wenn die Fachkraft dies berücksichtigt, gibt sie keine personenbezogenen Informationen preis – der Datenschutz ist dann nicht verletzt.

Bei der **Pseudonymisierung** werden die Namen oder bestimmte Merkmale durch Kennzeichen ersetzt. Auch dadurch wird erreicht, dass die fraglichen Informationen keiner bestimmten Person mehr zuordenbar sind; die entsprechenden Daten werden dann nicht mehr durch den Datenschutz erfasst.

Beispiel

Bei einer Adoption können die abgebenden Eltern nur in die Adoption ihres Kindes durch bestimmte Bewerber einwilligen. Möchten die Annehmenden nicht, dass ihre Identität den leiblichen Eltern des anzunehmenden Kindes bekannt wird („Inkognito"-Adoption, vgl. § 1758 BGB), kann die Geheimhaltung erreicht werden, indem die abgebenden Eltern in die Adoption durch die Bewerber mit einer bestimmten Kennziffer auf der Bewerberliste einwilligen (vgl. § 1747 Abs. 2 S. 2 BGB). Die abgebenden Eltern erfahren dann nur bestimmte persönliche und familiäre Eigenschaften der Annehmenden und deren Kennziffer; der Name der Bewerber bleibt nur der Vermittlungsstelle bekannt.

Datenerhebung, -verarbeitung und -nutzung

Unter dem **Erheben** von Daten ist entsprechend dem allgemeinen Sprachgebrauch das **Beschaffen von Informationen** zu verstehen (§ 67 Abs. 5 SGB X). Der Begriff der **Datenverarbeitung** meint dagegen das **Speichern, Verändern, Übermitteln, Sperren und Löschen** von Daten (§ 67 Abs. 6 SGB X). Die **Nutzung** von Daten betrifft jede andere Verwendung von Informationen (§ 67 Abs. 7 SGB X).

6.3.2 Erheben von Daten

Gemäß dem Grundsatz, dass im Umgang mit personenbezogenen Informationen alles verboten ist, was nicht ausdrücklich erlaubt ist, dürfen Daten nur erhoben werden, wenn die zuständige Sozialbehörde hierfür eine **gesetzliche Erlaubnis** hat. Dabei ist gemäß dem Vorrang des spezielleren Gesetzes (§ 37 SGB I) zunächst in den jeweils einschlägigen Vorschriften des besonderen Sozialverwaltungsrechts zu überprüfen, ob die Erhebung erlaubt ist.

Beispiel

In § 62 SGB VIII existiert eine spezialgesetzliche Befugnis zur Datenerhebung für Jugendhilfeaufgaben; für die Krankenversicherung besteht eine solche in § 284 Abs. 1 SGB V.

Für alle Bereiche des SGB und seiner Nebengesetze, in denen es keine spezialgesetzliche Grundlage für die Erhebung von Daten gibt, greift die allgemeine datenschutzrechtliche Vorschrift in § 67a Abs. 1 S. 1 SGB X.

Alle Erlaubnisnormen haben zurückgehend auf die Vorgaben des Bundesverfassungsgerichts gemeinsam, dass die Datenerhebung für die Erfüllung der jeweiligen Aufgabe tatsächlich **erforderlich** (d. h. entscheidungserheblich) sein muss. Eine unbegrenzte und anlassunabhängige **Datenerhebung „auf Vorrat" ist somit grundsätzlich unzulässig**. Auch ist zu beachten, dass alle Daten **grundsätzlich beim Betroffenen zu erheben** sind („Unmittelbarkeitsgrundsatz", § 67a Abs. 2 SGB X). Bei anderen Personen oder Stellen dürfen Daten nur erhoben werden, wenn der Betroffene hierzu vorher (!) sein **Einver-**

ständnis gegeben hat. Ist dies nicht der Fall, dann dürfen die Sozialbehörden nur dann personenbezogene Informationen bei anderen Stellen oder Personen einholen, wenn dies ausdrücklich im **Gesetz** erlaubt ist.

Beispiele

- Gemäß § 62 Abs. 2 S. 1 SGB VIII müssen die Daten für Aufgaben der Jugendhilfe grundsätzlich beim Betroffenen erhoben werden. Befürchtet das Jugendamt eine Kindeswohlgefährdung (vgl. § 8a SGB VIII), dann erlaubt § 62 Abs. 3 Nr. 2d SGB VIII aber, dass das Jugendamt ohne Mitwirkung der Personensorgeberechtigten und auch gegen diese ermitteln darf.
- Die zuständige BAföG-Stelle fordert die Eltern der Studierenden A, die einen BAföG-Antrag gestellt hat, dazu auf, Angaben zu ihren Einkünften und ihrer Verdienstsituation zu machen. Gemäß § 67a Abs. 2 SGB X sind Daten grundsätzlich beim Betroffenen zu erheben, vorliegend also bei A. Laut § 67a Abs. 2 S. 2 Nr. 2a SGB X dürfen Daten aber auch bei Dritten erhoben werden, wenn diese eine Übermittlungspflicht haben. Dies ist bei der Gewährung von BAföG der Fall: Gemäß § 47 Abs. 4 BAföG i. V. m. § 60 SGB I obliegt auch den Eltern der A eine entsprechende Mitwirkungspflicht.

6.3.3 Speichern von Daten

Unter dem Speichern von Daten wird das **Erfassen, Aufnehmen oder Aufbewahren von Informationen** verstanden (§ 67 Abs. 6 Nr. 1 SGB X). Speichern bedeutet dabei nicht nur die elektronische Ablage von Informationen, sondern auch deren Aufnahme in Papierakten oder auf anderen Trägermedien. Auch für die Datenspeicherung gilt, dass diese nur erlaubt ist, wenn es hierfür eine gesetzliche Befugnis im besonderen (z. B. § 63 SGB VIII für den Bereich der Kinder- und Jugendhilfe, §§ 284 Abs. 1 S. 2 SGB V und 94 Abs. 1 S. 3 SGB XI für die Kranken- und Pflegekassen) oder im allgemeinen Sozialverwaltungsrecht (§ 67c SGB X) gibt.

Grundsätzlich ist die Speicherung von Daten aufgrund des Zweckbindungsprinzips **nur für die Aufgabe erlaubt, für die diese erhoben wurden**. Von diesem Grundsatz gibt es jedoch sowohl in den bereichsspezifischen Sonderbestimmungen als auch in § 67c Abs. 2 SGB X Ausnahmen.

Beispiel

Nach § 63 Abs. 2 S. 2 SGB VIII dürfen Erkenntnisse des Jugendamts über eine Familie, die dieses aus der Erziehungsberatung (§ 28 SGB VIII) und einer Inobhutnahme (§ 42 SGB VIII) – also aufgrund zweier verschiedener Aufgaben – hat, zum Zweck der weiteren Hilfeplanung (§ 36 Abs. 2 SGB VIII) gemeinsam gespeichert werden. Beide Maßnahmen stehen nämlich im unmittelbaren Zusammenhang mit dem Hilfebedarf der Familie.

Werden Daten gespeichert, dann ist die zuständige Behörde verpflichtet, die erforderlichen technischen und organisatorischen **Sicherungsmaßnahmen** zu ergreifen, um auszuschließen, dass Unbefugte Zugang zu den entsprechenden Informationen erhalten (§ 78a SGB X).

Beispiel

Sicherung der behördlichen Datenserver gegen unbefugten Zugriff von außen; Bereitstellung verschließbarer Aktenschränke; Erlass von Dienstanweisungen über das Absperren von Amtsräumen; Klärung der Zugriffsrechte auf die Behördenpost und den E-Mailverkehr etc.

Wurden Daten **fehlerhaft** abgespeichert, so sind sie gemäß § 84 Abs. 1 SGB X zu **berichtigen**. War die Speicherung von Daten **unzulässig** oder werden diese für die konkrete Aufgabe, für die sie erhoben wurden, **nicht mehr benötigt**, so sind sie zu **löschen** (§ 84 Abs. 2 SGB X). Auch insoweit gibt es jedoch spezialgesetzliche Sonderregelungen.

Beispiel

Die Löschungsfristen bei den Krankenkassen können gemäß § 287 Abs. 1 SGB V verlängert werden, wenn Patientendaten für Forschungszwecke gespeichert wurden; Adoptionsakten sind gemäß § 9b Abs. 1 AdVermiG stets bis zum 60. Geburtstag des Adoptierten aufzubewahren.

6.3.4 Übermitteln von Daten

Werden Informationen **an Dritte** (d. h. an außenstehende, nicht der Behörde angehörende Personen oder Stellen) **weitergegeben**, spricht man von einer Übermittlung (§ 67 Abs. 6 Nr. 3 SGB X). Werden Daten an freie Träger oder Personen außerhalb der Verwaltung übermittelt (z. B. an private Pflegedienste, externe Gutachter, Übersetzer oder ein

Kinderheim), so **„verlängert" sich der Sozialdatenschutz** gemäß § 78 SGB X auf diese, d. h. die betreffenden Personen und Institutionen haben die Daten im gleichen Maße geheim zu halten wie der Leistungsträger selbst.

Beispiel

Familie B hat ein Pflegekind aufgenommen. Sie darf die ihr bekannten Informationen über dessen Eltern nicht unter Namensnennung weitererzählen.

Auch für die Übermittlung gilt, dass sie **grundsätzlich verboten** ist, sofern nicht eine ausdrückliche Erlaubnis besteht. Eine solche kann sich unter den nachfolgend ausgeführten Aspekten ergeben.

Übermittlungspflichten

Einzelne Gesetzesbestimmungen enthalten eine ausdrückliche **Verpflichtung zur Übermittlung** bestimmter Daten. Wenn eine solche Pflicht besteht, dann ist die Datenweitergabe immer auch erlaubt und damit nicht rechtswidrig.

Beispiele

- Geht das Jugendamt von einer Kindeswohlgefährdung aus und sind die Eltern nicht kooperationsbereit, dann muss es (Rechtspflicht!) nach § 8a Abs. 3 S. 2 SGB VIII das Familiengericht, die Polizei oder weitere Stellen darüber informieren. § 8a Abs. 4 SGB VIII verpflichtet in derselben Situation die freien Träger zur Information des Jugendamts.
- § 138 StGB enthält die Pflicht zur Anzeige der darin genannten Straftaten (die indes in der Sozialen Arbeit nur eine völlig untergeordnete Rolle spielen); nach § 8 des Infektionsschutzgesetzes haben medizinische und pflegerische Fachkräfte sowie weitere Personen bestimmte hochansteckende Krankheiten dem Gesundheitsamt zu melden. Die Standesämter müssen dem Jugendamt die Geburt eines nicht ehelich geborenen Kindes melden (§ 52a Abs. 4 SGB VIII)

Übermittlungsbefugnisse

Teilweise ist im Gesetz nicht die Pflicht, aber eine **Erlaubnis** zur Weitergabe von Informationen vorgesehen. Auch in diesem Fall ist die Datenübermittlung zulässig. Im Unterschied zur Übermittlungspflicht darf die jeweilige Stelle aber nach **pflichtgemäßem Ermessen** entscheiden, ob sie die betreffenden Informationen weitergibt oder nicht.

Beispiel

Laut dem Gesetz zur Kooperation und Information im Kinderschutz (KKG, gelegentlich fälschlich als „Kinderschutzgesetz" bezeichnet) **dürfen** die in § 4 Abs. 1 KKG genannten Berufsgruppen (z. B. Kinderärzte, Lehrkräfte oder selbstständige Sozialarbeiterinnen) das Jugendamt über den Verdacht einer Kindeswohlgefährdung informieren. Teilt eine Kinderärztin dem Jugendamt mit, dass sie bei einem namentlich bezeichneten Kind Verletzungsmuster beobachtet hat, die auf eine schwere körperliche Misshandlung hindeuten, dann verstößt sie nicht gegen ihre ärztliche Schweigepflicht (§ 203 StGB), denn das KKG erlaubt die Weitergabe dieser Information ausdrücklich.

Die §§ 67d ff. SGB X (lesen Sie die Überschriften!) enthalten Übermittlungsbefugnisse, welche den Sozialbehörden die Weitergabe von Informationen zu unterschiedlichen Zwecken an verschiedenste Einrichtungen ermöglichen. Diese Übermittlungsbefugnisse werden jedoch durch die Bestimmungen des vorrangig zu beachtenden besonderen Datenschutzes überlagert, der die Weitergabe ggf. ausschließt.

Beispiel

Das Jugendamt geht davon aus, dass ein Kind durch seinen Vater schwerste Misshandlungen erlitten hat. § 69 Abs. 1 Nr. 2 SGB X würde grundsätzlich erlauben, dass das Jugendamt die Polizei über den Vorgang informiert und dadurch strafrechtliche Ermittlungen gegen den Täter anstößt. Diese Übermittlungsbefugnis wird jedoch eingeschränkt durch die spezialgesetzliche Regelung in § 64 SGB VIII: Danach ist die Übermittlung nur zulässig, wenn sie der Erfolg von Jugendhilfemaßnahmen nicht gefährdet (Grundsatz von „Hilfe vor Strafe" im Kinder- und Jugendhilferecht). Hält es das Jugendamt also für denkbar, dass die Familie durch erzieherische Maßnahmen erhalten bleibt und das Kind vor weiteren Misshandlungen ausreichend geschützt ist, dann darf es die Wirksamkeit seiner Maßnahmen nicht dadurch gefährden, dass es die Polizei einschaltet und daran möglicherweise die Familie zerbricht.

Einwilligung und mutmaßliche Einwilligung

Die Übermittlung von Daten an Dritte ist unproblematisch, wenn der Betroffene in diese **eingewilligt** hat (§ 67b Abs. 2 SGB X). Allerdings sind an eine solche **„Schweigepflichtsentbindung"** strenge Voraussetzungen geknüpft: Insbesondere muss sie **in der Regel schriftlich** erfolgen. Zudem muss der Betroffene zuvor schriftlich (!) auf den Zweck der Übermittlung und die Folgen hingewiesen worden sein, die mit einer Verweigerung der Einwilligung verbunden wären (§ 67b Abs. 2 SGB X, welcher der Umsetzung des Transparenzgebots dient). Darüber hinaus kann sich die Einwilligung immer **nur auf konkret bestimmte Daten** beziehen; eine sogenannte „Generaleinwilligung" ist rechtlich unwirksam.

Beispiel

Die Formulierung: „Ich willige ein, dass das Jugendamt alle über mich bekannten Daten an das Sozialamt weiterleitet" ist völlig unbestimmt – auch hinsichtlich des Zwecks der Weiterleitung. Die Einwilligung ist unwirksam. Hinreichend bestimmt wäre die Erklärung: „Ich willige ein, dass der ärztliche Dienst des Gesundheitsamts der Stadt X die Ergebnisse der Untersuchung vom 05.02. d.J. hinsichtlich bei mir etwa festgestellter Behinderungen sowie lebensverkürzender oder chronischer Krankheiten und anderer Einschränkungen, die aus medizinischer Sicht der Aufnahme und Versorgung eines adoptierten Kindes entgegen stehen, der Adoptionsvermittlungsstelle des Stadtjugendamts X zum Zweck der Beurteilung meiner Adoptionseignung übermittelt."

Kann beim Betroffenen keine Einwilligung eingeholt werden, weil dieser **nicht artikulationsfähig** oder **nicht erreichbar** ist, dann kann die Weitergabe von Daten durch eine **mutmaßliche Einwilligung gedeckt sein.**

Beispiel

Sozialhilfeempfänger A erleidet im Sozialamt einen Kreislaufzusammenbruch. Er ist nicht ansprechbar. Die Mitarbeiterin darf den gerufenen Ersthelfern den Namen des A mitteilen und ihnen alle personenbezogenen Informationen geben, die im Zusammenhang mit dem Kreislaufzusammenbruch stehen (z. B. das Verhalten des A, Symptome, Hergang des Geschehens). A selbst ist nicht ansprechbar, hätte aber vermutlich in seinem eigenen Interesse in die Weitergabe dieser Informationen eingewilligt. Die Übermittlung der Daten ist daher von einer mutmaßlichen Einwilligung gedeckt und war nicht rechtswidrig.

Notstand

Wenn eine Gefahr für Leib und Leben oder ein anderes Rechtsgut besteht (sogenannte „Notstandslage“), dann kann die Weitergabe von personenbezogenen Informationen auch ein angemessenes und damit erlaubtes Mittel im Sinne von § 34 S. 2 StGB) sein, um die Gefahr abzuwenden.

Beispiel

Die Mitarbeiterin M des Sozialamts hat aufgrund der Aussagen einer Klientin bei einem Beratungsgespräch über Grundsicherungsleistungen den Verdacht, dass deren volljährige Tochter mit geistiger Behinderung in der Einrichtung, in der sie lebt, regelmäßig massiv sexuell missbraucht wird. Die Weitergabe dieser Information an die Einrichtungsleitung ohne Einwilligung der Betroffenen oder deren gesetzlichen Vertreters wäre nicht durch den besonderen Datenschutz in § 50 SGB II und nicht durch § 69 SGB X gedeckt, da die Einrichtung kein Leistungsträger im Sinne von § 69 Abs. 1 Nr. 1 SGB X i. V. m. § 35 SGB I ist. Gleichwohl darf M die Information an die Einrichtungsleitung weitergeben, wenn dadurch ein Schutz der Patientin vor weiteren Übergriffen (z. B. durch Überwachung oder Entlassung des Täters) sichergestellt werden kann. Es liegt nämlich die Dauergefahr weiterer Übergriffe und damit eine Notstandslage vor.

6.3.5 Nutzen von Daten

Unter der Nutzung von Daten versteht das Gesetz jede Verwendung, die nicht Speichern, Verändern, Übermitteln, Sperren oder Löschen ist (§ 67 Abs. 7 SGB X). Hauptanwendungsfall der Nutzung ist die Weitergabe von Informationen zwischen zwei unterschiedlichen Fachbereichen **innerhalb ein und derselben Behörde**.

Beispiel

Der Allgemeine Sozialdienst des Jugendamts verfügt über umfangreiche Informationen über Familie A, die in der Vergangenheit Probleme mit ihren leiblichen Kindern hatte. Die Eheleute A wollen nun ein Kind adoptieren. Die zuständige Adoptionsvermittlungsstelle des Jugendamts möchte auf die Informationen des ASD zugreifen, um sich dadurch eigene Ermittlungen hinsichtlich der Situation in der Familie zu ersparen. Umgekehrt würde die wirtschaftliche Jugendhilfeabteilung gerne die Erkenntnisse der Adoptionsvermittlungsstelle aus den Bewerbergesprächen über die Einkommenssituation einsehen, um festzustellen, ob bei der Familie noch ausstehende Kostenbeiträge eingetrieben werden könnten. Hier ist jeweils die Nutzung von Daten beabsichtigt.

Auch in Bezug auf die Datennutzung gilt, dass personenbezogene Informationen laut dem **Zweckbindungsprinzip** nur für diejenige Aufgabe genutzt werden dürfen, für die sie erhoben wurden. Dies hat zur Folge, dass eine Informationsweitergabe oder -nutzung sogar innerhalb ein und desselben Leistungsträgers grundsätzlich ausgeschlossen ist. Willigt der Betroffene in die Nutzung durch eine andere Organisationseinheit der Behörde nicht ausdrücklich ein, muss deshalb geprüft werden, ob eine Bestimmung im speziellen Leistungsgesetz oder – wenn dies nicht der Fall ist – das SGB X die Nutzung erlaubt.

Beispiele

- Im vorigen Beispielsfall darf die Adoptionsvermittlungsstelle des Jugendamts die Informationen des ASD nicht nutzen, da die Adoptionsvermittlung eine völlig andere Aufgabe darstellt als die Hilfen zur Erziehung (§ 64 Abs. 1 SGB VIII). Die wirtschaftliche Jugendhilfe darf umgekehrt auch nicht die Erkenntnisse der Adoptionsvermittlungsstelle nutzen, da § 9d Abs. 1 AdVermiG eine strenge Zweckbindung vorschreibt – die fraglichen Informationen dürfen nur für Vermittlungsaufgaben und die Aufsicht über die Adoptionsvermittlungsstellen der freien Träger genutzt werden.
- Die gesetzliche Pflegekasse möchte Informationen über den Gesundheitszustand des Versicherten V nutzen, welche der gesetzlichen Krankenkasse (gleicher Träger, vgl. § 21a Abs. 2 SGB I) vorliegen. Dies ist nach § 96 i. V. m. § 94 SGB XI zulässig.

In einer ganzen Reihe von Gesetzen ist vorgesehen, dass die von einer Behörde erhobenen Daten für Forschungs- (z. B. §§ 67c Abs. 5 SGB X und 98 SGB XI), Planungs- (z. B. § 64 Abs. 3 SGB VIII) sowie für Qualitätssicherungszwecke (z. B. § 299 SGB V) genutzt werden dürfen; meist jedoch nur **nach vorheriger Anonymisierung.**

6.3.6 Verstöße gegen den Datenschutz

Da jede Verletzung des Datenschutzes immer zugleich eine Grundrechtsverletzung bedeutet (Merksatz: **„Datenschutz ist Grundrechtsschutz!"**), sind bei Verstößen gegen die datenschutzrechtlichen Vorgaben verschiedenste Sanktionen vorgesehen:

- Verletzungen des Sozialdatenschutzes können als **Straftat** (§§ 203 ff. StGB und § 85a SGB X) oder **Ordnungswidrigkeit** (§ 85 SGB X) geahndet werden.
- Gleichzeitig können sie **Arbeits- oder dienstrechtliche Sanktionen** (z. B. Abmahnung, Kündigung, Disziplinarverfahren) nach sich ziehen.
- Der Betroffene kann gemäß § 82 SGB X i. V. m. §§ 7 und 8 BDSG **Schadensersatz** in Höhe von bis zu 130.000 Euro einfordern.
- Darüber hinaus hat er umfassende **Berichtigungs-, Löschungs-, und Sperrungsansprüche** (§ 84 SGB X).
- Gemäß § 81 SGB X kann er sich mit Beschwerden zudem an den zuständigen **Datenschutzbeauftragten** wenden.

6.3.7 Prüfschema zum Datenschutz

Bei der Prüfung datenschutzrechtlicher Fragen ist nach dem oben Gesagten immer zu fragen,

- ob die betreffende Stelle im konkreten Fall Daten **erheben, speichern, übermitteln oder nutzen** will;
- in welchem Gesetz sich die entsprechenden **bereichsspezifische Datenschutzregelungen** finden lassen (Merksatz: **„Spezialgesetz vor allgemeinem Datenschutz!"**);
- (wenn es um einen **freien Träger** geht), ob dieser dem bereichsspezifischen Datenschutz oder dem allgemeinen Datenschutz für freie Träger aus §§ 27 ff. BDSG unterliegt;
- ob der Betroffene mit der angestrebten Erhebung bzw. Verarbeitung **einverstanden** ist oder (falls nein) ob diese durch das **Gesetz erlaubt** wird.

Übersicht 14

Prüfschema zum Datenschutz

1. Was ist beabsichtigt?

- **Erheben** von Daten?
- **Verarbeiten** von Daten?
  - Speichern?
  - Übermitteln?
  - Nutzen?

↓

2. Wo finden sich die einschlägigen Datenschutzbestimmungen?

- Gibt es Sonderregeln im **bereichsspezifischen** Sozialdatenschutz (SGB V, VIII, XI, WoGG, BAföG etc.)?
- Falls nein: Es gilt der **allgemeine** Sozialdatenschutz (SGB X, I).

↓

3. (ggf): Gelten diese auch für freie Träger?

- Aufgrund **§ 35 Abs. 1** S. 4 SGB I?
- Aufgrund einer **Vereinbarung** oder **Nebenbestimmung**?
- Falls nein: Es gilt der Datenschutz im Kirchenrecht bzw. §§ 27ff. BDSG

↓

4. Ist die Maßnahme zulässig?

- Liegt eine **ausdrückliche schriftliche Einwilligung** des Betroffenen vor?
- Falls nein: Liegt eine **gesetzliche Befugnis oder Verpflichtung** vor?

Literatur

Krahmer, U. (2011): Sozialdatenschutz nach SGB I und X (Kommentar). 3. Aufl. Luchterhand, Köln

Fall 7: Ermittlungen ohne Ende

a) A beantragt Wohngeld. Die zuständige Wohngeldstelle bezweifelt, dass A in seinem Wohngeldantrag korrekte Angaben gemacht hat. Sie würde gerne bei seinem Arbeitgeber ermitteln, wie hoch der Verdienst des A tatsächlich ist. Ist das zulässig?

b) Eine Mitarbeiterin der „Frühen Hilfen" des Jugendamts möchte die auf dem Server des ASD des Jugendamts über eine von ihr betreute Familie gespeicherten Daten einsehen. Der ASD hat den Eltern in der Vergangenheit eine erzieherische Hilfe nach §§ 27 ff. SGB VIII für den älteren Bruder des jetzt geborenen Kindes bewilligt. Dürfen die „Frühen Hilfen" die damaligen Erkenntnisse des ASD für ihr jetziges, eigenes Beratungsangebot nutzen?

c) Das Jugendamt hat vor einigen Monaten einen alleinerziehenden Vater beraten. Dieser hat der zuständigen Sachbearbeiterin anvertraut, dass er von Schwarzarbeit lebt. Den Verdacht der Schwarzarbeit hat auch das Jobcenter. Es fragt daher beim Jugendamt an, ob dieses die entsprechenden Informationen bestätigen könne; diese Erkenntnisse würden für die Berechnung der Grundsicherung benötigt. Wie ist die Anfrage zu beurteilen?

d) Die gesetzliche Unfallkasse hat den Verdacht, dass A eine Rentenleistung wegen eines Rückenleidens erschleichen will, das nicht auf einen von diesem geschilderten Arbeitsunfall zurückgeht, sondern schon seit Jahren besteht. Sie fragt daher bei der gesetzlichen Krankenkasse des A an, welche Diagnosen dieser hinsichtlich möglicher Rückenleiden des A vorliegen. Ist die Anfrage zulässig? Müsste die Krankenkasse der Unfallversicherung die betreffenden Daten übermitteln?

7 Der fehlerhafte Verwaltungsakt

Ein Verwaltungsakt kann aus verschiedensten Gründen fehlerhaft sein: Es kann sein, dass die erlassende Behörde **Verfahrensfehler**, also Fehler „auf dem Weg zum Bescheid" gemacht hat. Ebenso ist aber möglich, dass ein Verwaltungsakt einen **inhaltlichen („materiellen") Fehler**, d. h. einen Fehler „in der Sache" hat.

Beispiele

- Beispiele für **Verfahrensfehler**: Die erlassende Behörde ist gar nicht zuständig für den Erlass des Bescheids; sie hat Beteiligte vor einer negativen Entscheidung nicht angehört; sie hat übersehen, dass ein Beteiligter schwerst geistig behindert und deshalb gar nicht handlungsfähig ist; ein schriftlicher Verwaltungsakt hat keine Begründung oder keine Rechtsbehelfsbelehrung enthalten.
- Beispiele für **inhaltliche Fehler**: Die jeweils zuständige Behörde verrechnet sich bei der Höhe einer Rentenleistung, von BAföG oder Kindergeld; das Jugendamt nimmt ein Kind in Obhut, obwohl die Voraussetzungen dafür gar nicht vorliegen; die Krankenkasse verweigert ein Hilfsmittel, obwohl dieses dringend angezeigt und auch vom Leistungskatalog des SGB V umfasst ist.

Manche Fehler haben sowohl eine verfahrensrechtliche als auch eine materiellrechtliche (= inhaltlich-rechtliche) Dimension:

- Ist die **internationale Zuständigkeit** der Behörde nicht gegeben, dann ist diese verfahrensrechtlich nicht zu einer Prüfung in der Sache berufen. Gleichzeitig fehlt es an der sachlich-inhaltlichen Grundlage für jedwede Maßnahme, wenn der Geltungsbereich der deutschen Sozialgesetze gar nicht eröffnet ist.
- Fehlt es an einem erforderlichen **Antrag** und wird die Behörde trotzdem tätig, dann stellt dies einen (heilbaren) Verfahrensfehler dar. Gleichzeitig fehlt es aber an einer sachlich-inhaltlichen Bewil-

ligungsvoraussetzung, wenn die betreffende Leistung nur auf Antrag erfolgen darf.

7.1 Grundsatz der Rechtswidrigkeit

Grundsätzlich bedeutet jeder Fehler, den die Verwaltung macht, dass sie gegen das Gesetz verstoßen hat. Daher ist **jeder fehlerhafte Verwaltungsakt grundsätzlich rechtswidrig**.

Rechtswidrigkeit bedeutet aber nicht, dass ein Bescheid automatisch unwirksam ist. Aus § 39 SGB X ergibt sich nämlich, dass jeder Verwaltungsakt mit der Bekanntgabe zunächst einmal wirksam wird. Das gilt auch, wenn er fehlerhaft ist. Legt der Betroffene kein Rechtsmittel ein, dann bleibt der Verwaltungsakt wirksam. Er wird mit Ablauf der Rechtsmittelfrist bestandskräftig und bindend (vgl. § 39 Abs. 2 SGB X und Kap. 4.4.3). Wehrt sich der Bürger aber gegen einen fehlerhaften Verwaltungsakt, dann kann dieser durch die Widerspruchsbehörde oder die Gerichte aufgehoben werden. **Die Fehlerhaftigkeit und damit die Rechtswidrigkeit eines Bescheids führt also nicht automatisch zur Unwirksamkeit eines Verwaltungsakts, sondern nur zu dessen Aufhebbarkeit.** Konkret kann die Aufhebung eines fehlerhaften Verwaltungsakts erreicht werden,

- indem der Bürger **Rechtsbehelfe** gegen diesen einlegt (Kap. 8), oder
- indem die Verwaltung den Verwaltungsakt (selbst wenn die Rechtsmittelfrist bereits abgelaufen und er daher bereits bestandskräftig ist!) **von sich aus aufhebt** (Kap. 9).

Trotz des Grundsatzes der Rechtswidrigkeit und Aufhebbarkeit von fehlerhaften Verwaltungsakten ist zu sehen, dass es sich bei manchen Fehlern nur um „Kleinigkeiten" handelt. Vermutlich könnte die Verwaltung nicht mehr effektiv arbeiten, wenn jeder noch so unbedeutende Fehler zur Unwirksamkeit der gesamten Regelung führen würde. Außerdem würden dann die zuständigen Gerichte mit Verfahren überflutet. Vor diesem Hintergrund hat sich der Gesetzgeber für ein **abgestuftes System** entschieden, **das an verschiedene Fehlerarten jeweils unterschiedliche Rechtsfolgen knüpft**. Vom Grundsatz der Rechtswidrigkeit fehlerhafter Verwaltungsakte gibt es daher die in Übersicht 15 aufgeführten **Ausnahmen**.

Übersicht 15

Folgen von Verfahrensfehlern:
Der fehlerhafte Verwaltungsakt

Grundsatz:
Ein rechtswidriger Verwaltungsakt ist wirksam, aber anfechtbar. Zudem ist die Rücknahme durch die Behörde möglich (§§ 44, 45 SGB X).

Ausnahmen:
Offensichtlicher, grober Fehler:
- *Nichtigkeit* (Unwirksamkeit) des VA, § 40 SGB X

Verfahrensfehler:
- Möglichkeit der *Heilung*, § 41 SGB X
- ggf. *Unbeachtlichkeit* , § 42 SGB X

Inhaltlicher („materieller") Fehler:
- *Berichtigung* offensichtlicher Unrichtigkeiten, § 38 SGB X
- ggf. *Umdeutung*, § 43 SGB X

7.2 Nichtigkeit des Verwaltungsakts

Nach §40 SGB X führen **gravierende Fehler** dazu, dass ein Verwaltungsakt **nichtig** ist. Das bedeutet, dass er – im Unterschied zu einem „nur" rechtswidrigen Verwaltungsakt – gar nicht erst wirksam wird (§39 Abs. 3 SGB X). Schon der Wortlaut von §40 SGB X besagt, dass ein Fehler, der zur Nichtigkeit führt, **„besonders schwerwiegend"** sein muss. Zusätzlich muss er **„offensichtlich"**, also aus der Sicht eines objektiven Betrachters eindeutig massiv fehlerhaft sein. Der Fehler muss „ins Auge springen".

Beispiele für derart erhebliche Fehler enthält die – nicht abschließende – Auflistung in §40 Abs. 2 SGB X. Danach ist ein Verwaltungsakt etwa nichtig, wenn gar nicht erkennbar ist, von welcher Behörde er stammt (Nr. 1). Nichtig ist auch eine Regelung, die vom Bürger ein rechtswidriges oder sittenwidriges Handeln verlangt (Nrn. 4 und 5). In der Praxis kommen derart schwerwiegende, offensichtliche Fehler allerdings **nur sehr selten** vor.

Beispiel

Es wird eine sachlich noch nicht einmal ansatzweise zuständige Behörde tätig („Finanzamt erteilt Baugenehmigung") oder der Verwaltungsakt ist aufgrund eines technischen Fehlers völlig unverständlich und zusammenhangslos formuliert.

Umgekehrt enthält § 40 Abs. 3 SGB X eine Auflistung von Fehlern, welche für sich noch nicht die Nichtigkeit des Verwaltungsakts zur Folge haben. Da diese Fehler gleichwohl Rechtsverstöße darstellen, heißt das, dass ein Bescheid in den fraglichen Fällen **zwar nicht nichtig, aber rechtswidrig** ist – der Verstoß gegen die **örtliche** Zuständigkeit ist jedoch in aller Regel unbeachtlich (§ 42 SGB X).

7.3 Berichtigung von Sachfehlern

Gemäß § 38 SGB X kann die Behörde, die den Verwaltungsakt erlassen hat, **offenbare Unrichtigkeiten** jederzeit berichtigen. Darunter zu verstehen sind Schreibfehler, Zahlendreher und ähnliche inhaltliche Fehler.

Beispiel

Bei der letzten Überarbeitung eines Bescheids wird versehentlich eine Zeile herausgelöscht, wodurch die behördliche Regelung unverständlich wird.

Dies gilt allerdings nur, soweit der Fehler **offensichtlich** ist. Das ist wiederum dann der Fall, wenn es für einen objektiven Betrachter auf der Hand liegt und es „ins Auge springt", dass es sich um einen Fehler handeln muss.

Beispiel

Einem Sozialhilfeempfänger wird im Juni 2014 Hilfe „mit Wirkung ab 31.07.2041" bewilligt. Hier ist natürlich 2014 gemeint. Das Sozialamt darf den Fehler nach § 38 SGB X berichtigen.

7.4 Umdeutung des Verwaltungsakts

Ein inhaltlich fehlerhafter Verwaltungsakt kann in eine andere, zulässige Regelung umgedeutet werden (§ 43 SGB X). Da die Voraussetzungen hierfür sehr streng sind, spielt diese Option kaum einmal eine praktische Rolle.

Beispiel

Ein Berichtigungsbescheid, der einen nicht offensichtlichen Fehler berichtigt, kann in einen Bescheid über die Änderung der Beitragshöhe zur gesetzlichen Krankenversicherung umgedeutet werden.

7.5 Heilung von Fehlern

Für bestimmte Verfahrensfehler sieht § 41 SGB X vor, dass die Verwaltung diese „heilen", d. h. noch **nachträglich beheben** kann. Dadurch wird der ursprünglich rechtswidrige Verwaltungsakt rechtmäßig und kann nicht mehr erfolgreich angegriffen werden. Besonders wichtig sind die Fallgruppen in § 41 Nrn. 1 bis 3 und 6 SGB X. Danach kann ein erforderlicher **Antrag** nachgeholt oder ein mündlicher Antrag noch nachträglich schriftlich eingereicht werden, falls das einschlägige Spezialgesetz für eine Leistung einen schriftlichen Antrag voraussetzt. Ist die **Anhörung** nach § 24 SGB X unterblieben, können die Beteiligten nachträglich gehört werden. Falls ein schriftlicher Verwaltungsakt nicht, nur unzureichend oder falsch begründet war, kann die richtige **Begründung** nachgereicht werden.

Für die Heilung sieht § 41 Abs. 2 SGB X eine relativ weit gefasste zeitliche Grenze vor. Demnach kann die Heilung **bis zur letzten Tatsacheninstanz** erfolgen. Gemeint ist damit die letzte mündliche Verhandlung in der Berufungs(!)instanz.

7.6 Unbeachtliche Fehler

Manche Verstöße, die nicht nach § 40 SGB X zur Nichtigkeit des Verwaltungsakts führen und nicht nach § 41 SGB X heilbar sind, sind aus der Sicht des Gesetzgebers so geringfügig, dass sie nach § 42 SGB X unbeachtlich sind, also ohne Folge bleiben. Gemeint sind **unwesentliche Verfahrens- und Formfehler** (z. B. Fehler bei einer förmlichen

Zustellung; Hinzuziehung einer tatsächlich nicht betroffenen Person) oder Verstöße gegen die **örtliche** (!) Zuständigkeit. Dies gilt allerdings **nur, wenn die Entscheidung inhaltlich offensichtlich (!) fehlerfrei war** und nach Behebung des formellen Fehlers mit dem gleichen Inhalt erneut erlassen werden müsste, weil eine andere sachliche Entscheidung gar nicht zulässig wäre.

Beispiel

Ein örtlich nicht zuständiges Jugendamt nimmt einen unbegleiteten minderjährigen Flüchtling (UMF) in Obhut. Da in diesem Fall gemäß § 42 Abs. 1 Nr. 3 SGB VIII eine Pflicht zur Inobhutnahme besteht (keine „Kann"-Bestimmung!), ist die fehlende örtliche Zuständigkeit unerheblich.

Im Umkehrschluss aus § 42 SGB X ergibt sich, dass Verstöße gegen die **internationale oder die sachliche Zuständigkeit eben nicht unerheblich** sind. Diese führen somit zur Rechtswidrigkeit des Bescheids.

Wegen der Bedeutung des Grundrechts auf rechtliches Gehör ist § 42 SGB X **nicht anwendbar**, wenn eine erforderliche **Anhörung** des Betroffenen vor dem Erlass eines belastenden Verwaltungsakts unterblieben ist.

Fehlt einem Verwaltungsakt die erforderliche **Rechtsbehelfsbelehrung**, so ist dies in der Regel unbeachtlich. Allerdings verlängert sich die Frist für die Anfechtung des Bescheids auf ein Jahr (Kap. 8.2.1).

Fall 8: Viele Fehler

a) Das Stadtjugendamt Stuttgart bewilligt dem in Stuttgart lebenden Vater eines 8-jährigen Kindes für dieses korrekt berechneten Unterhaltsvorschuss. Nach einiger Zeit stellt sich heraus, dass das Kind bei seinem Vater nur Urlaub gemacht hat; tatsächlich lebt es bei seiner allein sorgeberechtigten Mutter in Mailand. Alle Beteiligten haben die deutsche Staatsangehörigkeit. Ist der Bewilligungsbescheid wirksam?

b) Das Jugendamt erlässt einen schriftlichen Bescheid, in dem es einer Familie Kindergeld nach dem Bundeskindergeldgesetz (BKGG) in der gesetzlichen Höhe bewilligt. Ist der Bescheid rechtmäßig ergangen?

c) Der 22jährige A hat seinen Wohnsitz bei seinen Eltern in München gemeldet. Allerdings lebt er schon seit geraumer Zeit in einer festen Beziehung mit seiner Freundin in Augsburg, wo er länger einen Job hatte und auch einen großen Freundeskreis pflegt. Als nach dem Verlust seiner Arbeitsstelle das Arbeitslosengeld I ausläuft, beantragt er beim Jobcenter München Grundsicherung, die ihm antragsgemäß und sachlich richtig bewilligt wird. Hat der Bewilligungsbescheid einen Fehler?
d) Das zuständige Jobcenter bewilligt dem 50-jährigen A Grundsicherung. Den Antrag hat der 25-jährige Sohn des A hinter dessen Rücken gestellt; die erforderlichen Einkommensnachweise hat er bei einem Besuch bei A aus dessen Unterlagen mitgenommen. Ist die Bewilligung rechtens?
Variante: A hat per Telefax einen eigenen Antrag gestellt, nachdem der Bescheid des Jobcenters bereits versandt worden war.
e) Das zuständige Jugendamt bewilligt einem sorgeberechtigten Vater (V) auf dessen Antrag eine sozialpädagogische Familienhilfe (Jugendhilfeleistung, §§ 27, 31 SGB VIII); die mit diesem verheiratet zusammenlebende, ebenfalls sorgeberechtigte Mutter war am Verfahren nicht beteiligt worden. Sie hält die Hilfe daher zwar für wünschenswert, aber für unzulässig.
f) Der geistig schwerst behinderte A beantragt eine Qualifizierungsmaßnahme bei der zuständigen Arbeitsagentur. Die Leistung wird bewilligt. Der Betreuer von A (Aufgabenkreis: Umfassende Personen- und Vermögenssorge) hält dies für rechtswidrig, zumal ein Einwilligungsvorbehalt nach § 1903 Abs. 1 BGB angeordnet worden sei. Außerdem ist er der Meinung, dass A in einem Integrationsprojekt derzeit bestens versorgt sei. Hat der Betreuer Recht?
g) Das Sozialamt bewilligt dem A Sozialhilfe in Höhe von 18.700 Euro monatlich. Gemeint waren 187,00 Euro monatlich. Ist der Bescheid wirksam?
h) Das zuständige Jobcenter kürzt dem legal in Deutschland lebenden Kenianer K gemäß §§ 31, 31a SGB II die Grundsicherung wegen Nichtmitwirkung an einem Integrationskurs. K wird von der Kürzung überrascht und fragt, ob dies zulässig sei.
i) Die Stadt A fördert die Migrationsberatungsstelle des X e.V. seit 3 Jahren. Sie hat in den jährlichen Förderbescheiden stets darauf hingewiesen, dass die Förderung „im Rahmen der verfügbaren Haushaltsmittel" und „ohne jeglichen Rechtsanspruch auf Förderung in den Folgejahren" erfolgt. Für das aktuelle Jahr streicht sie die Förderung und gibt in der Begründung des schriftlichen Ablehnungsbescheids an, dass es an den erforderlichen Fördermitteln fehle. Die entsprechenden Haushaltsmittel im Sozialetat wurden aber tatsächlich leicht erhöht. Ist der Ablehnungsbescheid rechtens?
j) Das Jugendamt zieht die Eltern des B unter Berufung auf § 90 Abs. 1 SGB VIII zu den Kosten für eine sozialpädagogische Familienhilfe (§ 31 SGB VIII) heran. Ist der Bescheid wirksam?

8 Rechtsbehelfe

In einem Rechtsstaat müssen Betroffene die Möglichkeit haben, sich gegen behördliche Entscheidungen zur Wehr zu setzen. Hierfür steht ihnen im Kontext des Sozialrechts eine ganze Reihe von Rechtsbehelfen zur Verfügung. Mit diesen können sie z. B. Verwaltungsakte angreifen oder die Bewilligung einer versagten Leistung erreichen.

Innerhalb des Systems der Rechtsbehelfe unterscheidet man formlose und solche, die an eine bestimmte Form gebunden sind.

8.1 Formlose Rechtsbehelfe

Die formlosen Rechtsbehelfe gehen letztlich zurück auf das in Art. 17 GG (Grundrecht!) enthaltene **Petitionsrecht**. Danach kann sich jeder „mit Bitten oder Beschwerden" **an die zuständigen Stellen** oder die **Volksvertretung** wenden. Dem **steht grundsätzlich nicht entgegen, dass der Betroffene zugleich den förmlichen Rechtsweg beschreitet** und sich z. B. gerichtlich gegen eine Entscheidung zur Wehr setzt. Zudem können **mehrere formlose Rechtsbehelfe gleichzeitig oder nacheinander** eingelegt werden.

Nach Art. 17 GG müssen Eingaben von Bürgern zwar grundsätzlich schriftlich sein. In der Praxis sind sie aber an keine bestimmte Form und an keine Frist gebunden. Beschwerden per Telefax oder per E-Mail werden von den Behörden ebenso akzeptiert wie schriftliche Anregungen. Deshalb spricht man von „formlosen Rechtsbehelfen". Dem Bürger stehen einige formlose Beschwerdemöglichkeiten zur Verfügung (Übersicht 16).

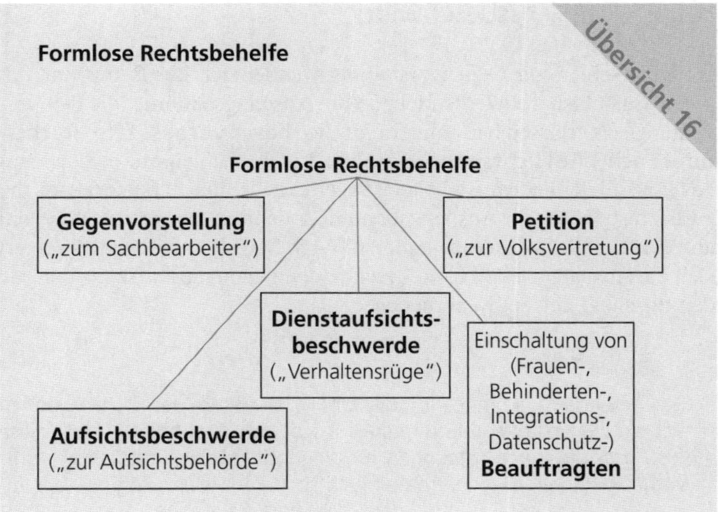

8.1.1 Gegenvorstellung

Mit der Gegenvorstellung wendet sich der Bürger **an die den Verwaltungsakt erlassende Behörde**, meist an den zuständigen Sachbearbeiter oder dessen Vorgesetzten. Der Beschwerdeführer trägt dort seine Argumente vor und fordert die Ausgangsbehörde auf, ihre Entscheidung nochmals zu überdenken. Sollte diese tatsächlich einen Fehler entdecken oder sich inhaltlich der Meinung des Betroffenen anschließen, dann kann sie den von ihr bereits erlassenen Verwaltungsakt nach § 38 SGB VIII **berichtigen** oder ihn **aufheben**, wenn die Voraussetzungen der §§ 44 ff. SGB X (oder einer etwa vorhandenen spezialgesetzlichen Sonderregelung dazu) gegeben sind (Kap. 9).

Beispiel

X bezieht Grundsicherung nach dem SGB II. Er entdeckt im Bewilligungsbescheid einen nicht ohne weiteres nachzuvollziehenden Berechnungsfehler. Er wendet sich deshalb an die zuständige Bearbeiterin des Sozialamts. Diese kann den Bescheid mangels Offensichtlichkeit des Rechenfehlers zwar nicht nach § 38 SGB X berichtigen; sie darf ihn aber ggf. gemäß § 45 SGB X zurücknehmen.

8.1.2 Aufsichtsbeschwerde

Im Unterschied zur Gegenvorstellung wendet sich der Betroffene mit einer Aufsichtsbeschwerde nicht an die Ausgangsbehörde, die den Verwaltungsakt erlassen hat, sondern **an die dieser vorgesetzte (Rechts- oder Fach-) Aufsichtsbehörde** (Kap. 2.3). Im Fall eines Rechtsverstoßes (im Fall der Fachaufsicht auch bei einem fachlichen Fehler) kann die Aufsichtsbehörde die Ausgangsbehörde sodann anweisen, den Bescheid abzuändern oder wiederum gemäß §§ 44 ff. SGB X aufzuheben. Weigert sich die Ausgangsbehörde, dies zu tun, dann kann die Aufsichtsbehörde den Bescheid ggf. selbst aufheben.

Beispiel

Das Jugendamt nimmt ein Kind in Obhut. Die Eltern des Kindes wenden sich an die zuständige Kommunalaufsicht (Rechtsaufsicht!). Stellt diese fest, dass die Voraussetzungen für die Inobhutnahme tatsächlich nicht vorgelegen haben und sie daher rechtswidrig ist, dann kann sie das Jugendamt anweisen, das Kind den Eltern herauszugeben.

8.1.3 Dienstaufsichtsbeschwerde

Mit der Dienstaufsichtsbeschwerde kann der Betroffene **das dienstliche Verhalten** des Sachbearbeiters oder der Sachbearbeiterin beanstanden und dadurch arbeits- oder disziplinarrechtliche Maßnahmen gegen diese auslösen.

Beispiele

In einer Besprechung mit dem nicht deutschen Hilfeempfänger A äußert sich der zuständige Sozialamtsmitarbeiter negativ über Ausländer; Jugendamtsmitarbeiter dringen ohne Einwilligung der Eltern und ohne dass eine Notlage vorliegt unter extremer Gewaltanwendung in eine Wohnung ein, um dort ein Kind in Obhut zu nehmen. Hier kann das dienstliche Verhalten mit der Dienstaufsichtsbeschwerde gerügt werden.

Die Dienstaufsichtsbeschwerde wird an die Vorgesetzten der betreffenden Amtsperson oder an die zuständige Dienstaufsichtsbehörde gerichtet. Auch wenn Gegenstand der Dienstaufsichtsbeschwerde nur das Verhalten ist, wird in aller Regel gleichzeitig auch die angegriffene Verwaltungsentscheidung überprüft.

8.1.4 Beauftragte für spezielle Belange

Seit einigen Jahren werden wichtige (fach-)politische Zielsetzungen unterstützt, indem „Beauftragte" für die jeweiligen Bereiche eingesetzt werden. Sowohl bei staatlichen als auch bei kommunalen und anderen mittelbaren Verwaltungsträgern gibt es fast durchgängig Frauen- und Gleichstellungsbeauftragte, Behinderten- und Datenschutzbeauftragte. Zunehmend werden kommunale Integrations- oder Migrationsbeauftragte oder Familienbeauftragte installiert. Diese fungieren als besondere Anlaufstellen für die jeweilige Zielgruppe und haben eine Art **Ombuds- oder Mittlerfunktion** für deren Anliegen. Auch wenn die „Beauftragten" mangels funktionaler Zuständigkeit selbst keine Bescheide abändern oder aufheben können, können sie doch die Anliegen der Betroffenen prüfen und bei den zuständigen Fachbereichen innerhalb ihrer eigenen Behörde auf die nochmalige Prüfung und ggf. Abänderung von Entscheidungen hinwirken.

Beispiel

Ein Mensch mit Behinderung wendet sich an den Behindertenbeauftragten der Kommune mit dem Anliegen, die Umkleiden im kommunalen Hallenbad mit so breiten Türen zu versehen, dass diese auch für Rollstuhlfahrer benutzbar sind. Der Behindertenbeauftragte prüft dieses Anliegen und fordert die zuständige Stelle in der Bäderverwaltung auf, für die Umsetzung der Anregung zu sorgen. Die Letztentscheidung bleibt bei der Bäderverwaltung, aber der Beauftragte hat als Teil der Verwaltung natürlich eine gewichtigere Position als ein Außenstehender und kann daher stärkeren Einfluss nehmen als dieser.

8.1.5 Petition

Gemäß Art. 17 GG kann sich der Bürger auch mit einer Petition **an die „Volksvertretung"** wenden. Es ist also möglich, ein Anliegen nicht nur der Verwaltung, sondern (ggf. sogar gleichzeitig!) gegenüber dem Bundestag, dem Landtag oder den kommunalen Parlamenten (Gemeinderat, Stadtrat, Kreistag, ggf. Bezirkstag) vorzutragen. In diesem Fall fordert das angegangene politische Gremium die zuständigen Behörden zur Stellungnahme auf und fasst auf deren Grundlage einen Beschluss über das Anliegen des Betroffenen. Mangels sachlicher Zuständigkeit (Gewaltenteilung!) können die Bundes- und Länderparlamente Verwaltungsakte nicht selbst aufheben. Sie können aber in begründeten Fällen (ähnlich wie die o.g. „Beauftragten“) die zuständigen Behörden mit Nachdruck zur Abhilfe auffordern.

Beispiel

Die im Kindergarten beliebte Erzieherin E ist Ausländerin. Sie hat eine schwer kranke Tochter, die dringend ärztliche Hilfe benötigt, die in ihrem Heimatstaat aber nur eingeschränkt zur Verfügung steht. Die Aufenthaltserlaubnis von E wird nicht verlängert; es droht die Abschiebung. Ungeachtet der Möglichkeit, gegen die ausländerbehördlichen Maßnahmen den Rechtsweg zu beschreiten, kann sich die E – aber ebenso der Elternbeirat, jede ihrer Kolleginnen oder jedwede andere Person – an den Bundestag (Ausländerrecht fällt in die Bundeszuständigkeit), den Landtag (Ausländerbehörden sind Landesbehörden) oder den Stadtrat bzw. Kreistag (die Ausländerbehörde ist als untere Staatsbehörde in der Stadt- bzw. Kreisverwaltung angesiedelt – „Doppelnatur des Landratsamts!“) wenden und sich dort gegen die Abschiebung aussprechen. Die angegangenen Gremien werden das Anliegen jeweils überprüfen und ggf. gegenüber der an sich zuständigen Behörde unterstützen.

8.2 Förmliche Rechtsbehelfe („Rechtsmittel“)

Die förmlichen Rechtsbehelfe heißen **Rechtsmittel**. Sie dienen der Verwirklichung des Grundrechts aus Art. 19 Abs. 4 GG. Danach müssen Betroffene die Möglichkeit haben, sich gerichtlich gegen Maßnahmen der Verwaltung wehren zu können. Rechtsmittel sind im Unterschied zu den formlosen Rechtsbehelfen an die **Schriftform** gebunden und müssen innerhalb bestimmter **Fristen** eingelegt werden.

Zum Schutz der Rechte des Betroffenen haben die Rechtsmittel im Verwaltungsrecht grundsätzlich einen **„Suspensiveffekt“**, d. h. ein Verwaltungsakt kann von der Verwaltung nicht vollzogen oder vollstreckt werden, solange nicht abschließend über ein gegen diesen eingelegtes Rechtsmittel entschieden ist (§§ 86a SGG, 80 VwGO).

Beispiel

Solange ein Rechtsstreit gegen eine Rückforderung angeblich zu viel geleisteter Rentenzahlungen bei Gericht anhängig ist, kann die Rentenkasse den Rückforderungsbescheid nicht vollstrecken.

Natürlich muss es von diesem Grundsatz **Ausnahmen** geben – insbesondere im **Bereich der Gefahrenabwehr.** Anderenfalls könnten die Betroffenen die Arbeit der Verwaltung durch das Einlegen von Rechtsmitteln auch dann blockieren, wenn ein behördliches Einschreiten aufgrund einer Gefahrenlage dringend angezeigt wäre. Dies wäre nicht im Interesse der Allgemeinheit und der öffentlichen Sicherheit.

Beispiel

Wird eine KiTa geschlossen, weil dort das Kindeswohl offensichtlich nicht sichergestellt ist, hat der Widerspruch des KiTa-Trägers keine aufschiebende Wirkung (§ 45 Abs. 7 SGB VIII). Der Träger darf die KiTa also während des Widerspruchs- und Klageverfahrens nicht weiterbetreiben – der Kinderschutz geht vor!

Achtung: Bei der Inobhutnahme eines Kindes ist in § 42 Abs. 3 S. 2 SGB VIII ein eigenes Verfahren für den Fall eines Widerspruchs der Sorgeberechtigten vorgesehen.

Im Sozialrecht sind die möglichen Rechtsstreitigkeiten zwischen dem Bürger und der Verwaltung **zwei verschiedenen Gerichtsbarkeiten** zugewiesen, nämlich der **Sozialgerichtsbarkeit und der Verwaltungsgerichtsbarkeit**. Der Unterschied ist deshalb bedeutsam, weil für jeden dieser Gerichtszweige eigene Verfahrensregeln gelten: **Für das sozialgerichtliche Verfahren gilt das Sozialgerichtsgesetz** (SGG), während die **Verwaltungsgerichte** auf der Grundlage der **Verwaltungsgerichtsordnung** (VwGO) arbeiten. Im Detail können sich daraus Unterschiede für das Gerichtsverfahren ergeben.

Entscheidend dafür, ob ein Vorgang vom Verwaltungs- oder vom Sozialgericht entschieden wird, ist die in § 51 SGG vorgesehene **„Rechtswegweiche":**

- **Sozialgerichtsbarkeit**: Gemäß § 51 SGG entscheiden die Sozialgerichte über die meisten **öffentlich-rechtlichen** (abgesehen von den Ausnahmen in § 51 Abs. 2 SGG also nicht über zivilrechtliche!) Streitigkeiten mit den **Leistungsträgern** (vgl. dazu den „Katalog" in § 51 Abs. 1 Nrn. 1 bis 8 SGG). Darüber hinaus können gemäß § 51 Abs. 1 Nr. 10 SGG auch einzelne weitere Gesetze **Rechtswegverweisungen** an das Sozialgericht enthalten. Solche Verweisungen finden sich z. B. für **Kindergeldstreitigkeiten** in § 15 BKGG, für **elterngeldrechtliche** Streitigkeiten in § 13 BEEG oder für **Opferentschädigungssachen** in § 7 OEG.

- **Verwaltungsgerichtsbarkeit: Alle anderen öffentlich-rechtlichen** (nicht: zivilrechtlichen!) Streitigkeiten sind nach § 40 VwGO den Verwaltungsgerichten zugewiesen. Dazu gehören aus dem Sozialrecht die Streitigkeiten in **Jugendhilfesachen** sowie Gerichtsverfahren über **BAföG, Unterhaltsvorschuss, Wohngeld, Adoptionsvermittlung** und **Kriegsopferfürsorge**.

8.2.1 Widerspruch

§§ 78 SGG und 68 VwGO sehen vor, dass Betroffene nicht sofort gerichtlich gegen einen Verwaltungsakt oder die Ablehnung eines Antrags klagen können. Bevor die Gerichte mit einem Vorgang befasst werden, muss grundsätzlich ein verwaltungsinternes Vorverfahren durchgeführt werden.

Dieses sogenannte **Widerspruchsverfahren** läuft ab wie folgt: Will ein Betroffener einen Verwaltungsakt angreifen, muss er gegen diesen **Widerspruch** einlegen. In dieser Situation hat die Behörde, die den Bescheid erlassen hat, zunächst die **Möglichkeit, ihre Entscheidung nochmals zu überprüfen** und ggf. **Abhilfe zu schaffen** (§§ 85 Abs. 1 SGG, 73 VwGO).

Bleibt sie auch nach der Überprüfung bei ihrer ursprünglichen Entscheidung, dann muss sie den Vorgang der **„nächsthöheren"**, d. h. der **vorgesetzten Behörde** oder (bei Sozialversicherungsträgern, die als mittelbare Verwaltungsträger keine vorgesetzte Behörde haben) der **Widerspruchsstelle** (vgl. § 85 Abs. 2 Nrn. 2 bis 4 SGG) vorlegen. In diesem Fall wird die nächsthöhere Behörde bzw. die Widerspruchsstelle für den Vorgang sachlich zuständig (§ 85 Abs. 2 SGG). Diesen Übergang der Zuständigkeit von der Ausgangsbehörde auf die Widerspruchsstelle nennt man **„Devolotiveffekt"**. Die nun zuständige Stelle muss über die Sache abschließend entscheiden und einen **Widerspruchsbescheid** erlassen. Dieser kann für den Bürger günstig sein und den angegriffenen Verwaltungsakt aufheben. Es kann aber auch sein, dass der Widerspruchsbescheid den ursprünglichen Verwaltungsakt bestätigt oder ihn sogar noch „verbösert", d. h. in seinen Wirkungen zum Nachteil des Widerspruchsführers abändert. In diesem Fall kann

Übersicht 17

Rechtsweg gegen einen Verwaltungsakt

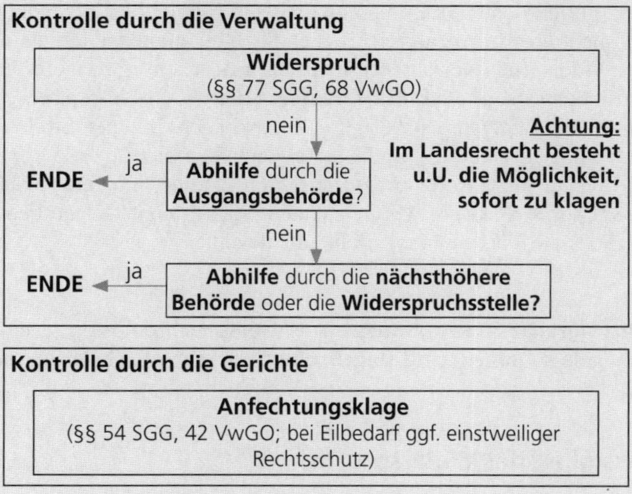

der Betroffene gegen den Ausgangsbescheid – in der Gestalt des Widerspruchsbescheids – **Klage** erheben (Kap. 8.2.2).

Da auch das Widerspruchsverfahren ein Verwaltungsverfahren ist, gelten für dieses ebenfalls die **verwaltungsrechtlichen Rahmenbedingungen**, etwa die Regelungen zur Beteiligung und Handlungsfähigkeit, zur Form des Verfahrens, der Anhörung etc. Das Widerspruchsverfahren ist nach § 64 SGB X **kostenfrei**.

Aus Gründen der Verwaltungsvereinfachung haben die Länder die Möglichkeit, das Widerspruchsverfahren durch Gesetz abweichend vom dargestellten Ablauf zu gestalten oder es ganz aufzugeben (vgl. §§ 78 Abs. 1 S. 2 Nr. 1 SGG und 68 Abs. 1 S. 2 VwGO). In verwaltungsrechtlichen Streitigkeiten der **allgemeinen Verwaltung** (z. B. dem Polizei-, Ordnungs-, Bau- oder Gewerberecht) wurde der Widerspruch fast flächendeckend abge-

schafft. Im Bereich des **Sozialverwaltungsrechts** stellt er jedoch weiterhin das zentrale Rechtsmittel gegen Verwaltungsakte dar. Dennoch gibt es auch im Sozialrecht länderspezifische Besonderheiten: In Bayern kann der Betroffene bspw. in manchen verwaltungsgerichtlichen Streitigkeiten (z. B. im Bereich der Jugendhilfe), nicht aber in sozialgerichtlichen Streitigkeiten, wählen, ob er ein Widerspruchsverfahren durchführen oder sofort Klage erheben möchte (sog. **„Fakultativwiderspruch"**). In Niedersachsen wurde das Widerspruchsverfahren in sozialgerichtlichen Streitigkeiten über Erziehungs- und Blindengeld abgeschafft.
Ist danach kein Widerspruchsverfahren erforderlich, ist gemäß §§ 87 Abs. 1 SGG, 74 VwGO binnen eines Monats Klage beim Sozial- bzw. Verwaltungsgericht einzulegen.

Um erfolgreich zu sein, muss ein Widerspruch zulässig (d. h. korrekt eingelegt worden) **und begründet** (d. h. in der Sache erfolgreich) **sein.**

Zulässigkeit des Widerspruchs

Der **Widerspruch ist zulässig**, wenn er bestimmte formale Voraussetzungen erfüllt:

- **Statthaftigkeit des Widerspruchs:** Der Widerspruch muss statthaft sein. Das bedeutet mit anderen Worten, er muss das „richtige", d. h. das gesetzlich vorgesehene Rechtsmittel gegen die angegriffene Maßnahme sein. Gemäß § 78 Abs. 1 SGG (gleichlautend § 68 Abs. 1 VwGO) ist der Widerspruch immer dann das statthafte Rechtsmittel, wenn ein **Verwaltungsakt angefochten** werden soll oder wenn ein **Antrag auf Erlass eines Verwaltungsakts abgelehnt** wurde (§§ 78 Abs. 3 SGG, 68 Abs. 2 VwGO). Dagegen kann der Widerspruch **nicht** gegen ein schlichtes Verwaltungshandeln (d. h. behördliche Maßnahmen, die keine Regelung beinhalten), verwaltungsinterne Akte oder gerichtliche Entscheidungen (gegen Urteile ist die Berufung das statthafte Rechtsmittel, gegen Gerichtsbeschlüsse ist es die Beschwerde!) eingelegt werden.

Beispiele

- Die gesetzliche Krankenkasse fordert die Nachzahlung von Beiträgen. Diese Nachforderung ist ein Verwaltungsakt (§ 31 SGB X). Gegen einen solchen ist der Widerspruch nach § 78 Abs. 1 SGG (da der **Sozialrechtsweg** eröffnet ist, vgl. § 51 Abs. 1 Nr. 2 SGG) das statthafte Rechtsmittel.
- Ein Antrag auf Feststellung der Behinderteneigenschaft wird abgelehnt (Verwaltungsakt). Der Widerspruch ist nach § 78 Abs. 3 SGG (da der **Sozialrechtsweg** eröffnet ist, vgl. § 51 Abs. 1 Nr. 7 SGG) statthaft.
- Gegen den Widerruf der Betriebserlaubnis einer KiTa (Verwaltungsakt) ist der Widerspruch nach § 68 Abs. 1 VwGO statthaft, da jugendhilferechtliche Streitigkeiten nicht dem SGG unterliegen, sondern dem „normalen" **Verwaltungsgerichtsverfahren** nach § 40 VwGO.
- Schließt das Jugendamt mit einer Computerfirma einen Leasingvertrag über 25 Computer ab, stellt dies keinen Verwaltungsakt dar, denn es handelt sich nicht um eine hoheitliche Regelung. Daher ist der Widerspruch **nicht statthaft**, wenn die Behörde ihre vertraglichen Pflichten verletzt. Im Übrigen wäre ein Rechtsstreit in diesem Fall nach §§ 40 VwGO, 51 SGG ohnehin nicht den Sozial- oder Verwaltungsgerichten zugewiesen.

- **Widerspruchsbefugnis:** Der Widerspruchsführer muss widerspruchsbefugt sein. Mit diesem Kriterium soll ausgeschlossen werden, dass eine behördliche Entscheidung durch jemanden angegriffen wird, der von dieser gar nicht betroffen ist. Den Schutz eines Rechtsbehelfs benötigen nämlich nur diejenigen Personen, die sich durch den Verwaltungsakt in ihren Rechten verletzt fühlen. Der **Adressat** eines Verwaltungsakts ist daher immer widerspruchsbefugt; Dritte müssen dagegen plausibel vortragen, dass sie der Verwaltungsakt in ihren eigenen Rechten verletzt (das wird lediglich bei **Verwaltungsakten mit Drittwirkung** der Fall sein, vgl. §§ 54 Abs. 1 S. 2 SGG, 42 Abs. 2 VwGO). Nur dann sind sie widerspruchsbefugt.

Beispiel

Einem eingetragenen Verein wird die Betriebserlaubnis für ein Kinderheim entzogen. Der Verein (vertreten durch den Vorstand) sowie einige Elternteile der im Heim lebenden Kinder legen dagegen Widerspruch ein. Der Widerspruch ist statthaft, weil die Aufhebung der Betriebserlaubnis ein Verwaltungsakt ist. Der Verein ist als **Adressat** widerspruchsbefugt. Die Eltern sind nicht zwar nicht Adressaten; sie werden durch die

Schließung des Heims aber in ihren eigenen Rechten betroffen, denn sie müssen nun für ihre Kinder eine neue geeignete Einrichtung suchen und sie werden auch in ihrem Wunsch- und Wahlrecht (§ 5 SGB VIII) eingeschränkt. Die Eltern sind daher ebenfalls widerspruchsbefugt.

- **Form des Widerspruchs:** Der Widerspruch muss **schriftlich** eingelegt werden (§§ 84 SGG, 70 VwGO). Entgegen dem Wortlaut von § 126 BGB wird ein handschriftlich unterzeichneter und danach per Telefax übersandter Widerspruch in der Praxis inzwischen als ausreichend angesehen; eine E-Mail genügt der Schriftform dagegen nur, wenn diese mit einer qualifizierten Signatur nach dem Signaturgesetz versehen ist (§ 126a BGB). Es ist auch möglich, den Widerspruch **in der Behörde persönlich zur Niederschrift** zu erklären. Davon ist immer auszugehen, wenn ein Betroffener dort erscheint (Telefonat genügt nicht!) und deutlich macht, dass er sich rechtlich gegen einen Verwaltungsakt wehren will. In diesem Fall ist der Widerspruch von der zuständigen Bearbeiterin oder dem zuständigen Bearbeiter schriftlich zu dokumentieren und vom Widerspruchsführer zu genehmigen oder zu unterschreiben. Ein bloßer Aktenvermerk der Sachbearbeiterin über einen mündlich erklärten Widerspruch genügt nicht. Wird aus dem Verhalten des Betroffenen dagegen nicht deutlich, dass es ihm tatsächlich „ernst“ ist und er den Rechtsweg beschreiten will, so wird die Behörde eher von einer Gegenvorstellung (Kap. 8.1.1) ausgehen, also von einer bloßen Anregung, den Sachverhalt nochmals zu prüfen.

  Der Widerspruch ist grundsätzlich **bei der Ausgangsbehörde** einzulegen (§ 84 Abs. 1 SGG). In **verwaltungsrechtlichen** Streitigkeiten (z. B. BAföG, Jugendhilfe) kann er wahlweise auch direkt bei der Widerspruchsbehörde eingereicht werden (§ 70 Abs. 1 S. 2 VwGO). Handelt es sich um ein **sozialgerichtliches** Verfahren, besteht sogar die Möglichkeit, den Widerspruch bei **irgendeiner Behörde** einzulegen, selbst wenn diese für die Angelegenheit gar nicht zuständig ist (§ 84 Abs. 2 SGG).

- **Widerspruchsfrist:** Der Widerspruch muss innerhalb einer Frist von **einem Monat** eingelegt werden (§§ 84 SGG, 70 VwGO). Die **Widerspruchsfrist beginnt** mit dem Zugang des Bescheids zu laufen. Gemäß § 37 Abs. 2 SGB X ist dies im Fall der Bekanntgabe durch Brief erst am dritten Tag (!) nach dessen Aufgabe bei der Post der Fall. Das **Ende der Widerspruchsfrist** verschiebt sich auf das Ende (24 Uhr!) des nächstfolgenden Werktags, wenn die Frist an einem Samstag, Sonntag oder gesetzlichen Feiertag geendet hätte (§ 64 Abs. 3 SGG im sozialgerichtlichen Verfahren; für verwaltungsgerichtliche Verfahren gilt § 57 Abs. 2 VwGO i. V. m. § 222 Abs. 3 ZPO).

Beispiel

Mit Schreiben vom 22.11. lehnt die Wohngeldstelle einen Wohngeldantrag ab. Dieser Bescheid (unzweifelhaft ein Verwaltungsakt) gilt gemäß § 37 Abs. 2 SGB X als am 25.11. zugegangen. Die einmonatige Widerspruchsfrist (§ 70 VwGO, da Wohngeldstreitigkeiten nicht den Sozialgerichten zugewiesen sind!) endete also am 25.12. – dies ist ein gesetzlicher Feiertag. Ist der 27.12. wieder ein Werktag, so kann der Widerspruch noch bis zum Ablauf dieses Tages eingelegt werden (§ 57 Abs. 2 VwGO i. V. m. § 222 Abs. 3 ZPO).

Wenn der Verwaltungsakt entgegen § 36 SGB X **keine Rechtsmittelbelehrung** enthielt, läuft die Widerspruchs- bzw. die Klagefrist erst **nach einem Jahr** ab (§§ 66 Abs. 2 SGG, 58 Abs. 2 VwGO).

Bei einer **unverschuldeten Fristversäumnis** (z. B. aufgrund längerfristigen Urlaubs oder krankheitsbedingter Abwesenheit) besteht gemäß §§ 67 SGG bzw. 60 VwGO die Möglichkeit, dass eine **Wiedereinsetzung** in den vorigen Stand gewährt wird. In diesem Fall kann die unverschuldet versäumte Handlung nachgeholt werden; der Widerspruch wird dann als rechtzeitig eingegangen behandelt.

Beispiel

X kann nachweisen, dass er infolge eines Unfalls vom 20.02. bis 01.05. auf der Intensivstation lag und keine Kommunikationsmöglichkeit hatte.

Gegenbeispiel: Eine Wiedereinsetzung wird **nicht** gewährt, wenn der Adressat eine Viertelstunde vor Ende der Frist wegen eines Motorschadens gehindert ist, den Widerspruch noch in den Behördenbriefkasten einzuwerfen – dieses Risiko hätte er einkalkulieren müssen. Die Verspätung war also nicht unverschuldet.

Auch außerhalb der Rechtsmittel ist bei **gesetzlichen** Fristen die Wiedersetzung in den vorigen Stand möglich (§ 27 SGB X); für **von einer Behörde gesetzte** Fristen besteht die Möglichkeit, Fristverlängerung zu gewähren (§ 26 Abs. 7 SGB X). Fällt das Fristende auf einen Samstag, einen Sonn- oder einen Feiertag, verlängert sich die Frist gemäß § 26 Abs. 3 SGB X ebenfalls bis zum Ende des nächsten Werktages.

Sind alle o.g. Voraussetzungen erfüllt, dann ist der Widerspruch zulässig.

Begründetheit des Widerspruchs

Ein zulässiger Widerspruch ist **begründet, d. h. in der Sache erfolgreich**, wenn der damit angegriffene Verwaltungsakt einen formellen und / oder materiellen (= sachlich-inhaltlichen) Fehler aufweist und deswegen rechtswidrig ist. **Im Rahmen der Begründetheit wird also geprüft:**

- Die **formelle Rechtmäßigkeit:** Hier geht es um die Frage, ob der Verwaltungsakt an einem **Verfahrensfehler** leidet, der ihn rechtswidrig macht. Dies wäre etwa dann der Fall, wenn eine sachlich nicht zuständige Behörde gehandelt hätte, der Betroffene nicht angehört worden wäre oder andere **das Verfahren betreffende** Fehler vorliegen, die nicht nach § 41 SGB X geheilt wurden und nicht nach § 42 SGB X unbeachtlich sind (wegen der einzelnen Fehler und ihren Folgen: Kap. 7 und Übersicht 15).
- Die **materielle Rechtmäßigkeit:** An dieser Stelle wird geprüft, ob der Verwaltungsakt **inhaltliche Fehler** (z. B. Rechen-, Ermessens- oder Rechtsanwendungsfehler) hat, die Verwaltung die Voraussetzungen für einen Verwaltungsakt irrig angenommen oder falsch geprüft hat etc. Es wird also die Entscheidung **„in der Sache"** überprüft, d. h. es geht an dieser Stelle um die Frage, ob die getroffene Regelung zu Unrecht ergangen ist oder nicht.

Ist der Widerspruch erfolgreich, ist der Ausgangsbescheid aufzuheben. Zusammengefasst ergibt sich für die Prüfung, ob ein Widerspruch erfolgreich ist, das in Übersicht 18 abgebildete Schema.

Übersicht 18

Prüfschema zum Widerspruch

GRUNDSATZ:
Ein Widerspruch ist **erfolgreich**, wenn er **zulässig (A) und begründet (B)** ist.

PRÜFUNG:

VORAB – Nach welchen Vorschriften richtet sich der Widerspruch?
Die Rechtswegzuweisung enthält § 51 SGG:
Der Widerspruch in *sozialgerichtlichen* Streitigkeiten beurteilt sich nach §§ 78ff. SGG; der Widerspruch in *verwaltungsrechtlichen* Streitigkeiten nach §§ 68ff. VwGO.

⬇

A – Ist der Widerspruch ZULÄSSIG?
Der Widerspruch ist zulässig, wenn er **wirksam eingelegt** wurde:

1. Ist der Widerspruch statthaft?
Ja, wenn ein Verwaltungsakt angegriffen wird oder ein Antrag auf einen solchen abgelehnt wurde (§§ 78 Abs. 1 und 3 SGG; 68 Abs. 1 und 2 VwGO).

2. Ist der Widerspruchsführer widerspruchsbefugt?
Der Adressat ist es immer; Dritte müssen schlüssig darlegen, dass sie in eigenen Rechten betroffen sind (§§ 54 Abs. 1 S. 2 SGG; 42 Abs. 2 VwGO).

3. Hat der Widerspruch die richtige Form?
Schriftlich oder zur Niederschrift (§§ 84 SGG, 70 VwGO)
„Klausurfallen": E-Mail und Telefax

4. Wurde der Widerspruch fristgerecht eingelegt?
1 Monat (§§ 84 SGG, 70 VwGO)
„Klausurfallen": § 37 SGB X; Jahresfrist bei fehlender Rechtsbehelfsbelehrung

⬇

B – Ist der Widerspruch BEGRÜNDET?
Der Widerspruch ist begründet, wenn der **Verwaltungsakt rechtswidrig** ist:

1. Ist der Verwaltungsakt formell rechtmäßig?
(Hat er einen **Verfahrensfehler**?)

2. Ist Verwaltungsakt materiell rechtmäßig?
(Hat er einen **sachlichen Fehler**? Ist er **inhaltlich richtig**? Hat der Betroffene einen Rechtsanspruch? Wurde ggf. das Ermessen korrekt ausgeübt?)

8.2.2 Klage zum Sozial- oder zum Verwaltungsgericht

Die Frage, ob eine Klage beim Sozial- oder dem Verwaltungsgericht einzulegen ist, bestimmt sich nach § 51 SGG (Kap. 8.2). Abhängig vom Ziel der Klage gibt es **unterschiedliche Klagearten**, die an verschiedene Voraussetzungen gebunden sind:

- **Anfechtungsklage:** Mit der Anfechtungsklage (§§ 42 VwGO, 54 SGG) wird ein **Verwaltungsakt angegriffen**. Wird (z. B. im Fall einer Antragsablehnung) gleichzeitig mit der Anfechtung des Verwaltungsakts eine Leistung begehrt, auf die ein Rechtsanspruch besteht, kann die Anfechtungsklage mit einer Leistungsklage kombiniert werden (§ 54 Abs. 4 SGG). Diese kombinierte Klage spielt im Bereich der Sozialleistungen eine besonders große Rolle.

  In der Regel ist vor der Erhebung der Anfechtungsklage ein **Widerspruchsverfahren** durchzuführen; erst nach einem negativen Widerspruchsbescheid kann der Betroffene gegen den angegriffenen Verwaltungsakt Klage erheben. Ausnahmen von diesem Erfordernis können sich aus dem Landesrecht ergeben (Kap. 8.2.1).

- **Verpflichtungsklage:** Über die Verpflichtungsklage (§§ 42 VwGO, 54 SGG) kann der Betroffene den **Erlass eines ihn begünstigenden Verwaltungsakts erreichen. Ein Widerspruchsverfahren** ist für die Verpflichtungsklage nur dann Voraussetzung, wenn zuvor ein entsprechender **Antrag abgelehnt** worden ist (§§ 68 Abs. 2 VwGO, 78 Abs. 3 SGG).

Beispiel

Ein Wohngeldantrag wurde abgelehnt. Der Antragsteller muss gegen die Ablehnung Widerspruch einlegen. Erst danach kann er Verpflichtungsklage erheben – ggf. kombiniert mit der Anfechtung des Ablehnungsbescheids.

- **Feststellungsklage:** Der verwaltungsgerichtlichen Feststellungsklage (§ 43 VwGO) kommt nur eine nachrangige und untergeordnete Bedeutung zu. Vor dem Sozialgericht gibt es dagegen einige Anwendungsfälle, die ausdrücklich in § 55 Abs. 1 Nrn. 2 und 3 sowie Abs. 2 SGG aufgeführt sind. Ein Widerspruchsverfahren ist vor der Klageerhebung **nicht** erforderlich; allerdings muss der Kläger ein besonderes Interesse an der Feststellung darlegen.

Beispiel

Der schwerstbehinderte A benötigt dringend eine Reha-Maßnahme. Da die Behinderung auf einen Unfall zurückzuführen ist, kommt es zu einem Zuständigkeitsstreit zwischen der Kranken- und der Unfallkasse. A kann die Zuständigkeit durch eine Feststellungsklage gerichtlich klären lassen (§ 55 Abs. 1 Nr. 2 SGG). Das besondere Interesse ergibt sich aus der Eilbedürftigkeit der Maßnahme.

Über die genannten Klagearten hinaus sind verschiedene weitere Möglichkeiten vorgesehen. Einen Überblick gibt Übersicht 19.

Das Verfahren vor den Sozial- und (teilweise) den Verwaltungsgerichten ist **kostenfrei** (§§ 183 SGG, 188 VwGO), und zwar selbst dann, wenn der Kläger den Prozess verliert. Die etwaigen Kosten eines Anwalts erhält er allerdings nur erstattet, wenn seine Klage erfolgreich war (§ 193 Abs. 2 SGG). Geringverdiener können ggf. **Prozesskostenhilfe** oder die **Beiordnung eines Rechtsanwalts** erreichen, wenn ihre Klage Erfolgsaussicht hat (§§ 73a SGG, 166 VwGO).

8.2.3 Einstweiliger Rechtsschutz

Sowohl vor den Verwaltungs- als auch vor den Sozialgerichten besteht die Möglichkeit eines einstweiligen Rechtsschutzes. In **eilbedürftigen Angelegenheiten, die ein Abwarten bis zu einer** „regulären" **Gerichtsentscheidung nicht zulassen**, weil dadurch vollendete Tatsachen geschaffen würden, gebietet es das Grundrecht des Bürgers auf einen effektiven Schutz durch die Gerichte (Art. 19 Abs. 4 GG), dass auch Eilentscheidungen möglich sein müssen. Allerdings können diese das eigentliche Gerichtsverfahren („Hauptsacheverfahren") nicht ersetzen; sie bieten nur eine dieses ergänzende, vorläufige Regelungsmöglichkeit.

Beispiel

Nach einem schweren Herzanfall benötigt A dringend Krankenpflege rund um die Uhr. Die Krankenkasse hält dies nicht für erforderlich, da die Ehefrau des A wesentliche Teile der Pflege übernehmen könne (vgl. § 37 Abs. 3 SGB V). Tatsächlich ist die Ehefrau des A weder entsprechend ge-

Übersicht 19

Klagearten

Klageziel	**Klageart**
Ein VA **wird angegriffen**	**Anfechtungsklage** (§§ 42 VwGO; 54 SGG) Ggf. **Verbindung** von Anfechtungs- und Leistungsklage (nur bei gebundenem VA, § 54 Abs. 4 SGG)
Ein begehrter VA **soll erlassen werden**	**Verpflichtungsklage** (§§ 42 VwGO; 54 SGG)
Die Verwaltung soll **zu einer Entscheidung gezwungen** werden	**Untätigkeitsklage** (§§ 75 VwGO; 88 SGG)
Ein **strittiges Rechtsverhältnis** oder die Nichtigkeit eines VA soll festgestellt werden	**Feststellungsklage** (§§ 43 VwGO; 55 SGG)
Es soll festgestellt werden, dass ein **bereits erledigter VA** rechtswidrig war	**Fortsetzungsfeststellungsklage** (§§ 113 Abs. 1 S. 4 VwGO; 131 Abs. 1 S. 3 SGG)
Schlichtes Verwaltungshandeln (keine Regelung!) wird angegriffen	**Allg. Leistungsklage** (analog §§ 42 VwGO; 54 SGG)
Eine **untergesetzliche Norm** (z.B. eine Rechtsverordnung oder Satzung) wird angegriffen	**Normenkontrollklage** (§§ 47 VwGO; 55a SGG)

schult, noch körperlich in der Lage, den A sachgerecht zu versorgen. Hier wäre es dem A nicht nur unzumutbar, den Ausgang eines Rechtsstreits abzuwarten; es könnte sogar lebensgefährlich werden. Daher kann A durch eine einstweilige Anordnung des Sozialgerichts (§ 51 Abs. 1 Nr. 2 SGG) die Verpflichtung der Krankenkasse zur Übernahme der Kosten für eine Vollzeitkrankenpflege bis zum Ergehen einer abschließenden Entscheidung in der Hauptsache erreichen.

Je nachdem, ob der Betroffene einen Verwaltungsakt anfechten oder den Erlass eines Bescheids erreichen möchte, sind **unterschiedliche Möglichkeiten** des einstweiligen Rechtsschutzes vorgesehen:

- **Situation der Anfechtungsklage:** Wendet sich der Bürger gegen einen belastenden Verwaltungsakt, benötigt er in der Regel keinen einstweiligen Rechtsschutz, denn der grundsätzlich mit jedem Rechtsmittel verbundene **Suspensiveffekt** (Kap. 8.2) schützt ihn vor der Vollstreckung. Tritt jedoch die Situation ein, dass ein Rechtsmittel keine aufschiebende Wirkung hat (z. B. bei der Rücknahme einer Betriebserlaubnis für ein Kinderheim, § 45 Abs. 7 S. 2 SGB VIII, oder der Anerkennung einer Adoptionsvermittlungsstelle, § 4 Abs. 5 AdVermiG), so kann der Betroffene die **Anordnung der aufschiebenden Wirkung** beantragen, bis über die Hauptsache entschieden ist (§§ 86b Abs. 1 Nr. 2 SGG, 80 Abs. 5 VwGO).
- **Situation der Verpflichtungsklage:** Will der Betroffene dagegen den Erlass eines Bescheids erreichen, kommt der Erlass einer **einstweiligen Anordnung** (§§ 123 VwGO, 86b Abs. 2 SGG) in Betracht.

Das zuständige Gericht wird im einstweiligen Rechtsschutz immer dann eine Regelung erlassen, wenn eine **besondere Dringlichkeit** besteht (d. h. ein Abwarten bis zur Hauptsacheentscheidung darf für den Betroffenen nicht zumutbar sein) und zweitens bei summarischer Prüfung eine **hinreichende Erfolgsaussicht** für die Klage in der Hauptsache gegeben ist. D.h. der Antragsteller muss nach derzeitigem Stand voraussichtlich **in seinen Rechten verletzt** worden sein (Situation der Anfechtungsklage) oder einen **Anspruch auf die begehrte Regelung** haben (Situation der Verpflichtungsklage).

Beispiel

Im vorigen Beispielsfall der abgelehnten Krankenpflegeleistung kann A unzweifelhaft die Dringlichkeit darlegen. Einen Rechtsanspruch auf die Pflegeleistung hat er aus § 37 Abs. 2 S. 1 SGB V bei summarischer Prüfung, sofern er darlegen und (z. B. durch eidesstattliche Versicherung seiner Frau oder ein entsprechendes Attest) glaubhaft machen kann, dass ihn seine Ehefrau nicht ausreichend pflegen kann. In diesem Fall hätte er eine hinreichende Aussicht auf ein Obsiegen im Hauptsacheprozess. Das Sozialgericht wird die einstweilige Anordnung erlassen. Deren Gültigkeit wird aber nur bis zum Erlass einer Entscheidung in der Hauptsache begrenzt sein, denn anderenfalls würde das Ergebnis des noch offenen Klageverfahrens vorweggenommen.

8.2.4 Berufung und Revision

Gegen erstinstanzliche Urteile des Sozial- oder Verwaltungsgerichts kann der Betroffene weitere Rechtsmittel einlegen: Er hat die Möglichkeit der **Berufung zum Oberverwaltungsgericht** (in Bayern und Baden-Württemberg: Verwaltungsgerichtshof) bzw. (sofern der Sozialrechtsweg eröffnet ist) zum **Landessozialgericht**. Gegen negative Entscheidungen der Berufungsgerichte besteht schließlich die Möglichkeit der **Revision** zum **Bundesverwaltungsgericht** bzw. zum **Bundessozialgericht**. Im Unterschied zur Berufung werden im Revisionsverfahren keine Beweise mehr erhoben; es wird lediglich überprüft, ob das Berufungsgericht die einschlägigen Rechtsvorschriften korrekt auf den ermittelten Sachverhalt angewendet hat. Die Revision ist daher keine Tatsachen-, sondern eine reine Rechtsinstanz.

Übersicht 20

Rechtszug in der Verwaltungs- und Sozialgerichtsbarkeit

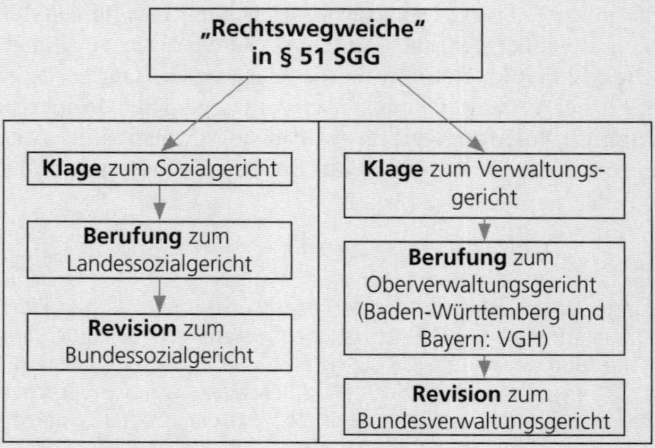

Literatur

Finkelnburg, K., Domberg, M., Külpmann, C. (2011): Vorläufiger Rechtsschutz im Verwaltungsstreitverfahren. 6. Aufl. C. H.Beck, München
Schenke, W.-R. (2012): Verwaltungsprozessrecht. 13. Aufl. C. F. Müller, Heidelberg
Schmidt, R. (2013): Verwaltungsprozessrecht. 15. Aufl. Rolf Schmidt, Grasberg

Fall 9: Der mittellose Vater

Die 17-jährige M erhält für ihr nicht ehelich geborenes Kind Unterhaltsvorschuss nach dem UVG. Das zuständige Jugendamt nimmt den volljährigen Vater (V) des Kindes nach § 7 UVG in Regress. Dieser hat aber keinerlei Einkünfte und kein Vermögen. Er legt daher gegen den Bescheid des Jugendamts nach drei Wochen per E-Mail Widerspruch ein. Ist der Widerspruch zulässig?

Fall 10: Der Kraftknoten

Der 16-jährige Schüler A ist nach einem Autounfall auf den Rollstuhl angewiesen. Damit ihn seine Eltern im Rollstuhl sitzend zur Schule fahren können, benötigt er ein Rückhaltesystem (sog. „Kraftknoten"). Er beantragt dieses bei der zuständigen Krankenkasse. Diese lehnt den Kraftknoten ab und verweist im ablehnenden schriftlichen Bescheid vom Montag, den 2. April darauf, dass A „ganz normal auf einen Fahrzeugsitz umgesetzt und dann transportiert werden" könnte. Am Montag, den 7. Mai legen die Eltern des A als dessen Vertreter in der Geschäftsstelle der Krankenkasse mündlich „Einspruch" ein: Es könne ja wohl nicht sein, „dass Minderjährige von der Verwaltung derart über den Tisch gezogen werden und die Eltern vor vollendete Tatsachen gestellt werden." Laut einem auch von der Krankenkasse nicht bestrittenen ärztlichen Gutachten sei das Angurten von A auf einem normalen Autositz im Fall abrupter Bremsvorgänge bei A mit einem erheblichen Risiko von Verletzungen der mittleren Wirbelsäule verbunden. Die Mitarbeiterin der Krankenkasse hält das Vorbringen der Eltern zwar für verständlich, aber auch für verspätet: Rechtlich sei die Entscheidung bindend. Die Eltern des A beharren darauf, dass sie mit ihrer Vorsprache den Rechtsweg beschritten hätten. Sie bestätigen dies noch am gleichen Abend per Telefax. Haben die Eltern ein erfolgreiches Rechtsmittel eingelegt?

9 Die Aufhebung von Verwaltungsakten durch die Verwaltung

Unabhängig davon, ob ein Betroffener Rechtsmittel einlegt, kann die Verwaltung einen Verwaltungsakt auch von sich aus aufheben – selbst wenn dieser bereits bestandskräftig ist. Soll ein Bescheid von einer Behörde aufgehoben werden, so stellt sich immer das Problem, dass einerseits die Verwaltung ein Interesse daran haben muss, „richtige" Entscheidungen zu treffen und fehlerfreie Bescheide zu erlassen. Schließlich ist sie schon durch das Rechtsstaatsprinzip zu einem ordnungsgemäßen Gesetzesvollzug verpflichtet (vgl. den „Vorrang des Gesetzes" und Kap. 5.1.1). Dieses Interesse rechtfertigt grundsätzlich die mit einer Aufhebung verbundene **Durchbrechung der Bestandskraft**. Andererseits ist aber auch zu sehen, dass der Betroffene auf den Bestand und die dauerhafte Wirksamkeit eines Bescheids **vertrauen können muss**.

Das Gesetz versucht, diese – möglicherweise widerstreitenden – Interessen von Bürger und Verwaltung bei der Aufhebung von Verwaltungsakten zu einem sachgerechten Ausgleich im Sinne des Rechtsstaatsprinzips zu bringen: In §§ 44 ff. SGB X sind für verschiedene Fallgestaltungen unterschiedliche Aufhebungsmöglichkeiten vorgesehen (in den besonderen Teilen des SGB gibt es teilweise vorrangig zu beachtende Sonderregelungen, etwa in § 4 Abs. 3 AdVermiG oder § 53 BAföG). Konkret regeln die §§ 44 ff. SGB X die in Übersicht 21 aufgeführten Alternativen.

Im Detail geht es in jedem dieser Fälle um die Frage,

- ob der Verwaltungsakt nur **mit Wirkung für die Zukunft oder auch rückwirkend** aufgehoben werden darf,
- innerhalb welchen **Zeitraums** die (ggf. rückwirkende) Aufhebung noch möglich sein soll, und
- ob der Bürger in seinem Vertrauen auf die Bestandskraft des Bescheids schützenswert ist oder nicht.

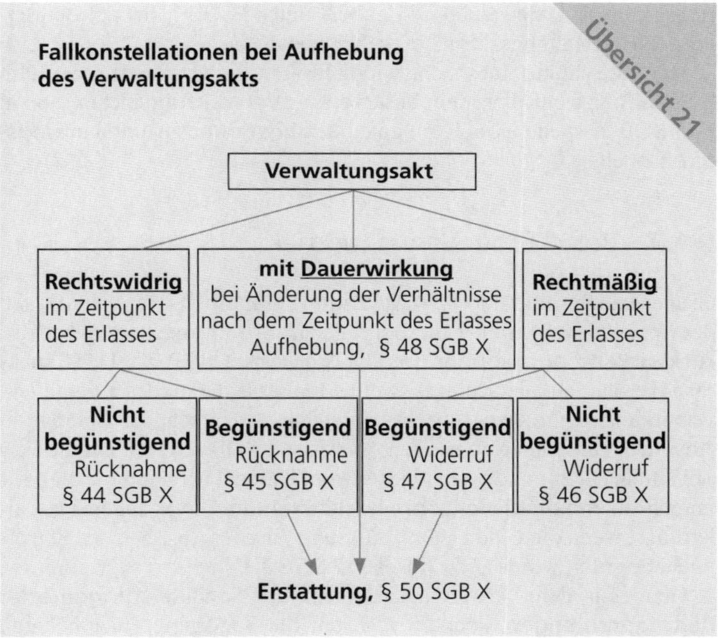

Verändern sich nach dem Erlass eines **Verwaltungsakts mit Dauerwirkung** (Kap. 4.2.10) die Verhältnisse oder verändert sich die Rechtslage, dann greift § 48 SGB X, der insoweit besondere Regelungen vorsieht (Kap. 9.3).

9.1 Rücknahme eines rechtswidrigen Verwaltungsakts

Ist der aufzuhebende Verwaltungsakt **rechtswidrig**, dann kann er von der erlassenden Behörde **zurückgenommen** werden. Entscheidend für die Beurteilung der Rechtswidrigkeit ist der **Zeitpunkt seines Erlasses**. Hatte der Verwaltungsakt zu diesem Zeitpunkt unbeachtliche formale Fehler oder wurden damals noch vorhandene Verfahrensfehler inzwischen geheilt (z. B. durch Nachholen einer unterbliebenen Anhörung), dann sind sie gemäß §§ 41 Abs. 1 und 42 SGB X bei der Beurteilung des Verwaltungsakts nicht mehr zu beachten.

Die Rücknahme eines rechtswidrigen Verwaltungsakts ist geregelt in § 44 SGB X, wenn dieser ein **belastender Verwaltungsakt** ist, und in § 45 SGB X, wenn es sich um einen **begünstigenden Verwaltungsakt** handelt.

9.1.1 Belastender Verwaltungsakt

Grundsätzlich **muss** ein **rechtswidriger belastender** Verwaltungsakt, der Sozialleistungen oder die Beiträge zur Sozialversicherung betrifft, **rückwirkend aufgehoben** werden (§ 44 Abs. 1 SGB X). Der Betroffene hat nämlich ein schützenswertes Interesse daran, das zu erhalten, was ihm kraft Gesetzes zusteht bzw. nicht zu Unrecht für Beiträge in Anspruch genommen zu werden. § 44 Abs. 4 SGB VIII enthält die Verpflichtung der zuständigen Stelle, etwa zu Unrecht verwehrte Sozialleistungen **für maximal vier Jahre nachzuzahlen**. Etwas anderes gilt allerdings, wenn die Geldleistung aufgrund falscher Angaben des Betroffenen bewilligt wurde (§ 44 Abs. 1 S. 2 SGB X).

Geht es in dem Verwaltungsakt **nicht um Sozialleistungen oder Beitragszahlungen,** sondern z. B. um die Versagung einer höheren Pflegestufe, die Ablehnung als Pflegeeltern etc., dann liegt es im **Ermessen** der Behörde, ob die Rücknahme rückwirkend erfolgt (§ 44 Abs. 2 SGB X).

Beispiel

Die Krankenkasse fordert von A die Nachzahlung von Krankenversicherungsbeiträgen, da er scheinselbstständig und damit sozialversicherungspflichtig beschäftigt sei (§ 7 SGB IV). A bestreitet dies und erhält im Anfrageverfahren (§ 7a SGB IV) einen Bescheid, wonach er nicht sozialversicherungspflichtig beschäftigt ist. Während der Dauer des Anfrageverfahrens wurde der Nachforderungsbescheid bestandskräftig. Die Krankenkasse **muss** diesen nun nach § 44 Abs. 1 SGB X rückwirkend aufheben und dem A etwa geleistete Nachzahlungsbeträge zurückerstatten. Der Nachforderungsbescheid beruhte nämlich auf der fehlerhaften Annahme der Sozialversicherungspflicht und war daher rechtswidrig.

9.1.2 Begünstigender Verwaltungsakt

Bei einem **rechtswidrigen begünstigenden** Verwaltungsakt hat der Bürger einen Vorteil erhalten, der ihm gar nicht zustand. Hat der Betroffene den behördlichen Fehler (z. B. durch unvollständige oder falsche Angaben) selbst herbeigeführt oder war ihm aus anderen Gründen klar, dass der Inhalt des Bescheids unrichtig sein muss, dann „darf“ (Ermessen!) der entsprechende Verwaltungsakt, ggf. mit Wirkung für die Vergangenheit, zurückgenommen werden. Der Betroffene war nämlich bösgläubig und sein Vertrauen auf die Bestandskraft des Verwaltungsakts ist nicht schützenswert (vgl. § 45 Abs. 1 und Abs. 2 S. 3 Nrn. 1 bis 3 SGB X).

Beispiel

A täuscht das Sozialamt über seine Vermögensverhältnisse. Dieses bewilligt ihm Sozialhilfe, obwohl ihm diese nicht zustehen würde. Der Bewilligungsbescheid ist also rechtswidrig und begünstigend. Er kann daher nach § 45 Abs. 1 i. V. m. Abs. 2 S. 3 Nr. 1 SGB X mit Wirkung für die Vergangenheit zurückgenommen werden.

Hat der Betroffene dagegen den Fehler nicht erkennen können oder war sein Vertrauen auf die Wirksamkeit des Bescheids aus anderen Gründen **schützenswert, so geht der Vertrauensschutz vor** und der Bescheid darf nicht aufgehoben werden (§ 45 Abs. 1 i. V. m. Abs. 2 S. 1 und 2 SGB X).

Beispiel

B erhält eine Altersrente. Die Kindererziehungszeiten wurden dabei von der Rentenkasse fehlerhaft berücksichtigt, was der B aus dem Rentenbescheid nicht eindeutig ersichtlich war. Die B hat auf die Wirksamkeit des Bescheids vertraut und die erhaltenen Rentenzahlungen vollständig für ihren Lebensunterhalt eingesetzt. Ihr Vertrauen war schutzwürdig; der Bescheid darf nach § 45 Abs. 2 S. 1 SGB X nicht zurückgenommen werden.

9.2 Widerruf eines rechtmäßigen Verwaltungsakts

Ein im Zeitpunkt seines Erlasses rechtmäßiger Verwaltungsakt wird **widerrufen.** Der **Widerruf** richtet sich nach § 46 SGB X, wenn es sich um einen **belastenden Verwaltungsakt**, und nach § 47 SGB X, wenn es sich um einen **begünstigenden Verwaltungsakt** handelt.

9.2.1 Belastender Verwaltungsakt

§ 46 Abs. 1 SGB X erlaubt nur den Widerruf **rechtmäßiger Ermessensverwaltungsakte**. Nachdem die Behörde keine rechtswidrige Entscheidung getroffen hat, muss sie diese auch nicht für die Vergangenheit widerrufen. Da Ermessensentscheidungen im Sozialrecht selten sind, kommt der Widerrufsmöglichkeit nach § 46 SGB X nur eine geringe Bedeutung zu.

9.2.2 Begünstigender Verwaltungsakt

Ein **rechtmäßiger begünstigender** Verwaltungsakt darf ebenfalls nur unter strengen Voraussetzungen widerrufen werden, denn einerseits hat die Behörde keinen Fehler gemacht und andererseits darf der Betroffene auf die Wirksamkeit einer fehlerfreien Behördenentscheidung grundsätzlich vertrauen. Der Widerruf ist daher nur dann möglich, wenn die Begünstigung mit **Nebenbestimmungen** (vgl. § 32 SGB X) erging, also unter einem **Vorbehalt** stand, an nicht eingetretene **Bedingungen** oder nicht vom Betroffenen erfüllte **Auflagen** geknüpft war. Zudem besteht die Widerrufsmöglichkeit, wenn eine gewährte Sach- oder Geldleistung **nicht entsprechend ihrem Zweck eingesetzt** wurde. Hinsichtlich einer möglichen Rückwirkung des Widerrufs wägt § 47 Abs. 2 SGB X erneut den Vertrauensschutz des Betroffenen gegen das öffentliche Interesse ab und trifft für verschiedene Fallkonstellationen differenzierte Regelungen.

Beispiel

Der körperbehinderte A erhält eine Vielzahl von Leistungen in der Form des Persönlichen Budgets (§ 17 Abs. 2 bis 4 SGB IX) ausbezahlt. Die Bewilligung ist ein rechtmäßiger, begünstigender Verwaltungsakt. A verwendet die bewilligten Gelder aber nicht für die Linderung seiner behinderungsbedingten Leiden und häuft schon bald ein beträchtliches Vermögen an. Die zuständige Stelle kann den Bewilligungsbescheid nun nach § 47 Abs. 2 Nr. 1 SGB X widerrufen – sogar mit Wirkung für die Vergangenheit.

9.3 Aufhebung eines Verwaltungsakts mit Dauerwirkung

Sonderregelungen für **Verwaltungsakte mit Dauerwirkung** enthält § 48 SGB X, sofern sich die tatsächlichen oder rechtlichen **Verhältnisse verändert** haben, **nachdem** der Verwaltungsakt wirksam wurde.

Beispiele

- Der chronisch Kranke A erhält eine Arbeitsunfähigkeitsrente. Der entsprechende Bewilligungsbescheid ist ein rechtmäßiger begünstigender Verwaltungsakt mit Dauerwirkung. Kann A aufgrund neuer Behandlungsmethoden geheilt werden und wird er dadurch arbeitsfähig, haben sich die tatsächlichen Verhältnisse nach Erlass des Bewilligungsbescheids verändert. Für dessen Aufhebung gilt daher § 48 Abs. 1 S. 1 SGB X. Der Bescheid ist mit Wirkung für die Zukunft aufzuheben.
- Die Rechtsprechung des Bundessozialgerichts ändert sich, sodass künftig bestimmte Leistungen durch die Grundsicherung übernommen werden müssen. Ein bereits vorhandener Grundsicherungsbescheid kann nun wegen Änderung der rechtlichen Verhältnisse nach § 48 SGB X aufgehoben werden. Da das entsprechende Urteil des BSG eine Verbesserung für den Betroffenen bedeutet, soll der Bescheid nach § 48 Abs. 1 S. 2 Nr. 1 SGB X rückwirkend bis zum Zeitpunkt der Gerichtsentscheidung aufgehoben werden. Nach der Aufhebung ist die Grundsicherung unter Einbeziehung der zusätzlichen Leistung neu zu verbescheiden. Meist werden beide Schritte gleichzeitig in einem sogenannten **Änderungsbescheid** getroffen.

Kann ein **rechtswidriger begünstigender Verwaltungsakt** (z. B. wegen Vertrauensschutz) **nicht zurückgenommen** werden, aber stehen dessen Adressaten aufgrund einer zwischenzeitlichen Änderung der Verhältnisse nunmehr Leistungen zu, dann erhält der Betroffene weiterhin nur den ursprünglich bewilligten Betrag, bis die nun rechtmäßig bewilligten Leistungen diesen übersteigen (sog. **„Einfrieren"**, § 48 Abs. 3 SGB X).

9.4 Rückerstattungspflicht

Wird ein Verwaltungsakt rückwirkend aufgehoben, aber hat der Betroffene bereits Leistungen erhalten, dann hat er diese gemäß § 50 SGB X zurückzuerstatten. Eventuell erhaltene Urkunden (z. B. ein Behindertenausweis) sind zurückzugeben (§ 51 SGB X).

9.5 Verfahren bei der Aufhebung

Auch Aufhebungsbescheide und Bescheide, mit denen bereits bewilligte Leistungen zurückgefordert werden, sind **Verwaltungsakte** (§ 31 SGB X). Das bedeutet, dass die Behörde vor der Rückforderung ein neues, selbstständiges Verwaltungsverfahren gemäß den Vorgaben des SGB X durchführen muss. Dieses wird von Amts wegen eingeleitet (§ 18 SGB X); der Betroffene ist gemäß § 24 SGB X anzuhören. Ein schriftlicher Aufhebungsbescheid muss gemäß § 35 SGB X begründet sein und nach § 36 SGB X eine Rechtsbehelfsbelehrung enthalten. Die **sachliche Zuständigkeit** für die Aufhebung eines Verwaltungsakts liegt bei der Behörde, die auch für den Erlass des Ausgangsverwaltungsakts zuständig war (§§ 44 Abs. 3, 45 Abs. 5, 46 Abs. 2 und 48 Abs. 4 SGB X).

Gegen Aufhebungs- und Rückforderungsbescheide steht dem Betroffenen – neben den formlosen Rechtsbehelfen – das Rechtsmittel **des Widerspruchs** zu; bleibt dieser erfolglos, kann **Klage** erhoben werden.

Fall 11: Das versehentliche Gutachten

Das zuständige Integrationsamt versagt der A die (schriftlich beantragte) Feststellung der Schwerbehinderteneigenschaft nach § 69 SGB IX, weil der für die Untersuchung der A eingeschaltete Gutachter versehentlich ein für eine andere Antragstellerin erstelltes Gutachten unter dem Namen der A an das Integrationsamt übersandt hat. Als sich A nach sechs Monaten erneut bei der Behörde meldet und über ihr Leid klagt, wird der Fehler bemerkt. Kann das Integrationsamt seinen Ablehnungsbescheid aufheben?

Fall 12: Das Ende der Behinderung

Das Jugendamt bewilligt dem 5-jährigen A gemäß § 35a Abs. 3 SGB VIII i. V. m. § 54 Abs. 1 SGB XII und § 55 Abs. 2 Nr. 2 SGB IX Eingliederungshilfe in der Form der Spiel- und Musiktherapie. Nach zwei Jahren ergibt eine neue Untersuchung (den Eltern des A zugegangen am 4. März), dass keine Verhaltensauffälligkeit und keine Einschränkung der Teilhabe des A mehr vorliegt. Aufgrund der guten Beziehung der Eltern und des A zu dessen Musiktherapeuten teilen dies die Eltern dem Jugendamt erst im nächsten turnusmäßigen Hilfeplangespräch am 2. Juli mit. Kann das Jugendamt seinen Bewilligungsbescheid nun rückwirkend zum 4. März aufheben und die bereits bewilligten Kosten für die Therapie zurückfordern?

10 Der öffentlich-rechtliche Vertrag

10.1 Begriff des öffentlich-rechtlichen Vertrags

Während der Verwaltungsakt nur eine einseitige hoheitliche Regelung durch die Behörden darstellt, besteht nach §§ 53 ff. SGB X die Möglichkeit, hoheitliche Aufgaben auch im Wege eines **öffentlich-rechtlichen Vertrags** (teilweise auch „Verwaltungsvertrag" genannt) zu erfüllen.

Jedoch ist **nicht jeder Vertrag, den die Verwaltung schließt, automatisch ein öffentlich-rechtlicher Vertrag**. Bspw. werden die Behörden im Rahmen der gesamten Beschaffungstätigkeit fiskalisch tätig (Kap. 3.2.1), d. h. sie schließen „normale" privatrechtliche Kauf-, Miet-, Pacht oder Werkverträge so ab „wie ein Bürger". Die **Besonderheit des öffentlich-rechtlichen Vertrags** ist, dass durch ihn **einvernehmlich** (und nicht – wie beim Verwaltungsakt – einseitig) **ein Rechtsverhältnis auf dem Gebiet des öffentlichen Rechts begründet, geändert oder aufgehoben wird**.

10.2 Arten öffentlich-rechtlicher Verträge

Das Gesetz unterscheidet die in Übersicht 22 dargestellten Formen öffentlich-rechtlicher Verträge.

10.2.1 Koordinationsrechtliche Verträge

Schon die Bezeichnung „koordinationsrechtlicher Vertrag" verdeutlicht, dass es sich bei derartigen Verträgen um Absprachen hinsichtlich Aufgabenverteilung und Zuständigkeiten, **Leistungserbringung und -koordinierung sowie die Abstimmung öffentlicher Angebote und Leistungen** handelt. In der Situation eines koordinationsrechtlichen Vertrags werden die Vertragspartner **„auf Augenhöhe"** tä-

Übersicht 22

Arten öffentlich-rechtlicher Verträge

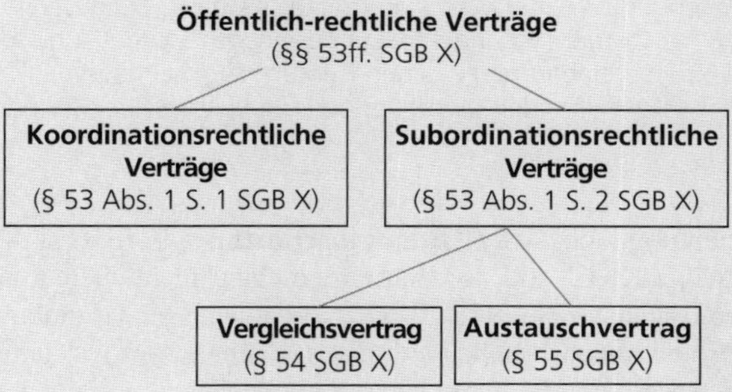

tig; keine Vertragspartei ist der anderen gegenüber weisungsbefugt. Dies ist entweder der Fall, wenn **mehrere Verwaltungsträger** eine vertragliche Absprache über hoheitliche Aufgaben treffen.

Beispiel

Die Landkreise Günzburg und Neu-Ulm haben gemäß § 2 Abs. 1 S. 3 AdVermiG durch Vertrag eine gemeinsame Adoptionsvermittlungsstelle eingerichtet, welche die Aufgaben nach dem AdVermiG für beide Landkreise übernimmt. Es handelt sich um einen koordinationsrechtlichen öffentlich-rechtlichen Vertrag.

Es kann aber auch sein, dass die Behörde eines Leistungsträgers **mit freien Trägern oder Privatpersonen** eine Vereinbarung über das Erbringen von Sozialleistungen im sogenannten „Leistungsdreieck“ (Kap. 2.1.3) trifft.

Beispiele

- Der örtliche Jugendhilfeträger (Leistungsträger) vereinbart mit einem Verein der freien Wohlfahrtspflege (Leistungserbringer), dass dieser für das Jugendamt die Aufgaben der Familien-, Trennungs- und Erziehungsberatung (§§ 16, 17 SGB VIII) übernimmt. Im Gegenzug gewährt das Jugendamt dem Verein Personal- und Sachkostenzuschüsse.

- In einigen Bundesländern vereinbaren die örtlichen Jugendhilfeträger (Leistungsträger) mit Pflegeeltern (Leistungserbringer) die Details zu deren Aufgaben, Vergütung, Rechten und Pflichten im Zusammenhang mit der Versorgung eines Kindes („Pflegevereinbarung" – Achtung, in anderen Bundesländern bedeutet dieser Begriff eine Vereinbarung zwischen Herkunfts- und Pflegefamilie; bei einer solchen handelt es sich jedoch um einen zivilrechtlichen Vertrag).

Die Einrichtung von **Arbeitsgemeinschaften** (§§ 78 und 81 SGB VIII; § 3 KKG) soll nur den allgemeinen fachlichen Austausch ermöglichen. Sie erfolgt daher nicht auf der Grundlage eines koordinationsrechtlichen Vertrages, denn es werden keine konkreten Rechte und Pflichten begründet oder festgeschrieben.

10.2.2 Subordinationsrechtliche Verträge

Die Behörden können auch dann eine Vereinbarung treffen, wenn sie gegenüber dem Bürger oder einer privatrechtlichen Organisation im Über-/Unterordnungsverhältnis tätig werden. Der Inhalt eines solchen öffentlich-rechtlichen Vertrags bezieht sich also – anders als beim privatrechtlichen Vertrag – nicht auf zivilrechtliche, sondern auf **hoheitliche Maßnahmen**. Das ergibt sich aus § 53 Abs. 1 S. 2 SGB X, wonach auch in der Situation des Verwaltungsakts ein Vertrag zwischen der Behörde und dem Adressaten möglich ist. Der Betroffene hat bei einem öffentlich-rechtlichen Vertrag somit die Möglichkeit, den Inhalt der Regelung selbst aktiv mitzugestalten. Der Abschluss eines öffentlich-rechtlichen Vertrages ist jedoch **ausgeschlossen, wenn auf eine bestimmte Sozialleistung ein Rechtsanspruch besteht** (§ 53 Abs. 2 SGB X).

Beispiel

Die Krankenkasse vereinbart mit dem Antragsteller auf einen Rollstuhl, dass dieser einen „E-Rolli" bewilligt bekommt, aber selbst für eventuell erforderliche Ersatzbatterien aufkommt oder den Rollstuhl auf eigene Kosten jährlich zur technischen Inspektion bringt. Diese Vereinbarung ist nach § 53 Abs. 2 SGB X unzulässig, weil der Betroffene gemäß § 33 SGB V einen Rechtsanspruch auf den „E-Rolli" hat, wenn er anderenfalls nicht mobil wäre.

Kein öffentlich-rechtlicher Vertrag liegt vor, wenn mit dem Betroffenen ein partizipatorisches Verfahren (z. B. die Hilfeplanung nach § 36 Abs. 2 SGB VIII oder die Gesamtplanung in der Eingliederungshilfe nach § 58 SGB XII) durchgeführt wird, am Ende des Verfahrens aber ein hoheitlicher Verwaltungsakt steht.

Das Gesetz benennt zwei Formen subordinationsrechtlicher öffentlich-rechtlicher Verträge:

- **Austauschvertrag** (§ 55 SGB X): Der Austauschvertrag in Bezug auf Sozialleistungen ist weitgehend bedeutungslos, da auf diese meist ein Rechtsanspruch der Betroffenen besteht. Ein wichtiges Beispiel ist aber die sogenannte **„Eingliederungsvereinbarung"** (§ 15 SGB II):

Beispiel

Das Jobcenter ist zuständig für die Grundsicherung sowie Vermittlungs- und Qualifizierungsangebote für erwerbsfähige Arbeitssuchende. Es könnte nun separat über die entsprechenden Leistungen entscheiden und Arbeitssuchenden Mitwirkungshandlungen (z. B. die Teilnahme an einer Schulungsmaßnahme, vgl. § 64 SGB I) auferlegen. § 15 SGB II sieht dagegen als Regelfall („Soll"-Vorschrift!) vor, in einer Eingliederungsvereinbarung einvernehmlich zu verabreden, dass sich die Betroffenen z. B. aktiv auf freie Stellen bewerben oder an Sprach- und Integrationskursen für Migranten teilnehmen. Kommen sie den vereinbarten Verpflichtungen nicht nach, kann der Grundsicherungsbetrag gemäß §§ 31, 31a SGB II abgesenkt oder sogar völlig gestrichen werden.

Wichtig ist, dass Leistung und Gegenleistung bei einem öffentlich-rechtlichen Austauschvertrag in einem sachlichen Zusammenhang stehen müssen (sog. **„Koppelungsverbot"**, § 55 Abs. 1 S. 2 SGB X).

Beispiel

In eine Eingliederungsvereinbarung nach § 15 SGB II könnte also nicht die Pflicht aufgenommen werden, dass der Betroffene seinen Führerschein abgibt. Die Verkehrsteilnahme hat mit den Aufgaben der Grundsicherung und Arbeitsvermittlung nämlich nichts zu tun.

Öffentlich-rechtliche Austauschverträge werden häufig im Zusammenhang mit Baugenehmigungen geschlossen: Dem Adressaten wird die Pflicht zur Schaffung eigener Stellplätze erlassen, er verpflichtet sich im Gegenzug dazu, einen Teilbetrag in Geld zur Errichtung eines nahe gelegenen öffentlichen Parkplatzes oder -hauses zu bezahlen.

- **Vergleichsvertrag** (§ 54 SGB X): Durch einen Vergleichsvertrag können **streitige Verhältnisse** im Wege eines **Kompromisses** beigelegt werden.

Beispiel

Zwischen den Eheleuten A und dem Jugendamt kommt es zum Streit über die angezeigte Hilfe für ihren im Sozialverhalten stark beeinträchtigten 5-jährigen Sohn S. Während das Jugendamt eine sozialpädagogische Familienhilfe als ausreichend ansieht, halten die Eheleute zusätzlich die Erziehungsberatung und den Besuch einer heilpädagogischen Tagesstätte für erforderlich. Es kommt zum Rechtsstreit. In diesem wird als Kompromiss vereinbart, dass den Eheleuten die zusätzliche Erziehungsberatung zusteht, der S aber nur eine konventionelle KiTa besuchen soll, um dort sein Sozialverhalten zu trainieren. Diese Vereinbarung wird in einem schriftlichen Vergleichsvertrag (§ 54 SGB X) festgehalten und der Prozess sodann übereinstimmend für erledigt erklärt.

10.3 Abschluss des öffentlich-rechtlichen Vertrags

Wie ein zivilrechtlicher Vertrag kommt auch der öffentlich-rechtliche Vertrag durch **übereinstimmende Willenserklärungen** zustande. Gemäß § 56 SGB X ist dabei zwingend die **Schriftform** zu wahren. Wird diese nicht eingehalten, ist der Vertrag analog § 125 BGB unwirksam.

Da öffentlich-rechtliche Verträge hoheitliche Aufgaben betreffen, ist bei Streitigkeiten aus dem Vertragsverhältnis der Weg zu den Verwaltungs- bzw. Sozialgerichten eröffnet.

Fall 13: Alles Verhandlungssache

a) Der „Kindernest" e.V. beantragt die Erlaubnis zum Betrieb eines Kinderheims gemäß § 45 SGB VIII. Die zuständige Behörde drängt statt einer einseitigen Erlaubnis durch Bescheid auf eine Vereinbarung, wonach sich der Verein zur Bezahlung von 30.000 Euro für die Begrünung des Wohngebiets verpflichtet, in dem das Heim liegt. Ist das zulässig?

b) Wie wäre es, wenn auf dem Gelände des Kinderheims keine Spielgeräte vorhanden wären, die Genehmigungsbehörde dem Verein aber die Möglichkeit vorschlägt, auf dieses Kriterium im Rahmen des Erlaubnisverfahrens zu verzichten, wenn sich dieser mit 10.000 Euro an der Ausstattung mit Spielgeräten für einen nahe gelegenen großen Spiel- und Bolzplatz beteiligt?

Anhang

Überblick über die Bücher des Sozialgesetzbuchs

Buch I – Allgemeiner Teil
Buch II – Grundsicherung für Arbeitssuchende
Buch III – Arbeitsförderung
Buch IV – Gemeinsame Vorschriften für die Sozialversicherung
Buch V – Gesetzliche Krankenversicherung
Buch VI – Gesetzliche Rentenversicherung
Buch VII – Gesetzliche Unfallversicherung
Buch VIII – Kinder- und Jugendhilfe
Buch IX – Rehabilitation und Teilhabe behinderter Menschen
Buch X – Verwaltungsverfahren, Schutz der Sozialdaten
Buch XI – Soziale Pflegeversicherung
Buch XII – Sozialhilfe

Als **weitere Teile des Sozialgesetzbuchs** gelten die in § 68 SGB I aufgelisteten Gesetze (z. B. BAFöG, WoGG, UVG, AdVermiG). Die darin enthaltenen Regelungen gelten gemäß § 37 SGB I vorrangig gegenüber den allgemeinen Bestimmungen aus den Büchern I und X des Sozialgesetzbuchs.

Musterlösungen

Lösung Fall 1: Der Antrag auf Unterhaltsvorschuss

a) Nach dem Grundsatz der Formfreiheit im allgemeinen Verwaltungsrecht (§ 9 SGB X) kann ein Antrag auch per E-Mail gestellt werden. Gemäß § 37 SGB I sind jedoch vorrangig die Regelungen des besonderen Verwaltungsrechts zu prüfen. Vorliegend beurteilt sich die Materie nach dem Unterhaltsvorschussgesetz (UVG), welches nach § 68 Nr. 14 SGB I Teil des Sozialgesetzbuchs ist. Laut § 9 Abs. 1 UVG ist der Antrag schriftlich zu stellen. Dies erfordert nach § 126 BGB eine eigenhändige Unterschrift. Bei einer E-Mail fehlt es an dieser. Das Jugendamt besteht also zu Recht auf einem neuerlichen, schriftlichen Antrag.

b) A hat eine Sozialleistung beantragt. Im besonderen Teil des Sozialgesetzbuchs, zu dem das UVG gehört (s.o.), ergibt sich keine Aussage zu einer Mitwirkungspflicht der Antragstellerin – insbesondere nicht aus § 6 UVG, da dieser nur die Mitwirkungspflichten des nicht mit den Kindern lebenden (!) Elternteils und dessen Arbeitgeber festlegt. Es gelten daher die allgemeinen Regelungen zur Mitwirkungspflicht von Antragstellern. Diese enthält das SGB I: Nach § 60 Abs. 1 SGB I müssen diese alle entscheidungserheblichen Tatsachen angeben. A muss den Namen also nennen.

Lösung Fall 2: Der Lehrplanstreit

a) Die Hochschule hat Recht. Sie ist eine Körperschaft des öffentlichen Rechts und damit rechtlich selbstständig. Sie gehört zur mittelbaren Staatsverwaltung und unterliegt daher nicht den hierarchischen fachlichen Weisungsbefugnissen (hier: Fachaufsicht), die es in der unmittelbaren Staatsverwaltung gibt. Wenn sie mit ihrem eigenen Lehr- und Stundenplan nicht gegen geltendes Recht verstößt, kommen vorliegend auch keine rechtsaufsichtlichen Maßnahmen gegen die Hochschule in Betracht.

b) In dieser Situation darf das Ministerium die Hochschule anweisen, denn es wird ein Rechtsverstoß beanstandet. Dies darf und muss die Hochschulaufsicht im Zuge der Rechtsaufsicht rügen.

Lösung Fall 3: Die Kreditfalle

Die von T monierte Anhörungspflicht nach § 24 SGB X setzt voraus, dass das SGB X überhaupt auf den Fall anwendbar ist. Dem ist nicht so, da das SGB X gemäß § 1 Abs. 1 S. 1 SGB X nur für die „öffentlich-rechtliche", also die hoheitliche Tätigkeit von Behörden gilt. Vorliegend geht es aber um die Abwicklung eines Darlehensvertrages (§§ 488 ff. BGB) – dies ist eine privatrechtliche Frage. Die Anhörung war somit nicht geboten.

Soweit sich T dagegen auf Art. 3 GG beruft, ist dieser in der vorliegenden Situation des Verwaltungsprivatrechts grundsätzlich anwendbar. Allerdings beruft sich T auf eine „Gleichbehandlung im Unrecht" – der grundlose Verzicht auf die vollständige Rückzahlung im Parallelfall ist nämlich rechtswidrig (Kap. 5.1.3).

Lösung Fall 4: Der klagefreudige Verwaltungsbeamte

a) Ein Widerspruch ist laut § 68 VwGO nur statthaft gegen Verwaltungsakte. Die Anordnung des Zimmerwechsels ist eine hoheitliche Maßnahme (Achtung, das Beamtenrecht ist nicht dem Privatrecht sondern dem öffentlichen Recht zugeordnet!) einer Behörde (vertreten durch die Amtsleitung, vgl. § 11 Abs. 1 Nr. 4 SGB X) zur Regelung eines Einzelfalls. Allerdings betrifft die Frage, welches Büro welchen Mitarbeitern zugewiesen ist, nur den innerdienstlichen Betrieb. Die Anordnung hat keine Rechtswirkung „nach außen" und ist daher kein Verwaltungsakt. Ein Widerspruch ist nicht zulässig.

b) Hier ist die Frage, ob – und wenn ja, wann – überhaupt ein Verwaltungsakt erlassen wurde. Die Ablehnung von Unterhaltsvorschussleistungen stellt einen Verwaltungsakt dar, denn es handelt sich um die Regelung eines Einzelfalls mit unmittelbarer Rechtswirkung nach außen. Allerdings muss der Verwaltungsakt nach § 9 Abs. 2 UVG schriftlich erteilt werden. Diese Sonderregelung geht der allgemeinen Bestimmung in § 33 Abs. 2 SGB X vor. Die mündliche Mitteilung vom 1. März führte somit nicht zum Wirksamwerden der Regelung. Der ablehnende Verwaltungsakt wurde daher erst am 14. März wirksam. Er hat jedoch zwei Fehler: Entgegen § 35 SGB X fehlt es an einer ausreichenden Begründung. Der Verweis auf eigene Recherchemöglichkeiten genügt den rechtsstaatlichen Anforderungen an eine ordnungsgemäße Begründung nicht. Als Finanzbeamten kann dem V keine Sachkenntnis (§ 35 Abs. 2 Nr. 2 SGB X) unterstellt werden. Zudem fehlt es entgegen § 36 SGB X an einer Rechtsbehelfsbelehrung. Zu den Folgen dieser Fehler Kap. 7.5 und 7.6.

c) Die Bindungswirkung eines Verwaltungsakts erstreckt sich laut § 77 SGG an sich nur auf „die Beteiligten", das wären im Fall der Feststellung der Behinderung nur der Antragsteller und das zuständige Integrationsamt. Die „relative Bindungswirkung" führt jedoch dazu, dass alle staatlichen Stellen an die Feststellung gebunden sind, vorliegend also auch das Finanzamt. Die Verweigerung der Steuerbegünstigungen war also rechtswidrig.

Lösung Fall 5: Jede Menge Anträge

a) Es fehlt an einem wirksamen Antrag, denn A ist noch nicht handlungsfähig (§ 11 Abs. 1 Nr. 2 SGB X). Zudem hat sie die nach § 7 Abs. 1 S. 1 des Bundeselterngeldgesetzes (BEEG) erforderliche Schriftform nicht eingehalten.

b) Hier ist ein Hinweis auf einen Auslandsbezug gegeben: Wegen der französischen Staatsangehörigkeit des A muss zunächst überlegt werden, ob die deutschen Behörden überhaupt zuständig sind. Dies ist nach § 8 Abs. 1 Nr. 2 BAföG der Fall: A ist EU-Bürger. Die sachliche Zuständigkeit des Studentenwerks ergibt sich aus § 40 Abs. 2 BAföG i. V. m. dem bayerischen Landesrecht; die örtliche richtet sich nach § 45 Abs. 3 BAföG. Das Studentenwerk Augsburg ist demnach international, sachlich und örtlich zuständig. Allerdings durfte es die Leistung nicht bewilligen, denn § 46 Abs. 1 S. 1 BAföG (Sonderregelung, die der allgemeinen Regelung in § 9 SGB X vorgeht!) setzt einen schriftlichen Antrag voraus. Schriftform bedeutet nach § 126 BGB, dass eine eigenhändige Unterschrift vorliegen muss. Die Tatsache, dass A minderjährig ist, spielt dagegen keine Rolle – er ist über 15 Jahre alt und damit handlungsfähig (§ 11 Abs. 1 Nr. 2 SGB X i. V. m. § 36 Abs. 1 SGB I).

c) Auch hier muss aufgrund des Auslandsbezugs zunächst die internationale Zuständigkeit geprüft werden. Diese ist nach § 6 Abs. 2 SGB VIII (Sonderregelung für Ausländer in der Jugendhilfe!) gegeben, da V in München lebt; es ist also ein gewöhnlicher Aufenthalt im Inland anzunehmen. Das Stadtjugendamt war auch sachlich zuständig (§§ 85 Abs. 1 und 69 Abs. 3 SGB VIII). Es fehlt aber an der örtlichen Zuständigkeit: Nach § 86 Abs. 2 S. 2 SGB VIII ist maßgeblich der gewöhnliche Aufenthalt („Lebensmittelpunkt") des Sorgeberechtigten, bei dem das Kind gewöhnlich lebt. Dieser ist in Augsburg, sodass an sich das dortige Stadtjugendamt zuständig wäre.

d) Die Kündigung schwerbehinderter Menschen ist von der Zustimmung des Integrationsamts abhängig. Dafür ist nach § 87 SGB IX ein schriftlicher Antrag erforderlich. Eine GmbH ist nach § 10 Nr. 1 SGB X beteiligtenfähig; sie kann daher im Verwaltungsverfahren Anträge stellen. Gemäß § 11 Abs. 1 Nr. 3 SGB X wird sie insoweit durch ihren Geschäftsführer oder „besonders Beauftragte" vertreten. Bei einem Personalleiter wird die „besondere Beauftragung" regelmäßig anzunehmen sein, nicht aber zwingend bei einem Sachbearbeiter. Es kommt für die Lösung des Falles also darauf an, ob der Personalsachbearbeiter firmenintern die Befugnis zur Einschaltung des Integrationsamts bei Kündigungen hatte oder nicht.

e) Der Rollstuhl ist ein Hilfsmittel im Sinne von § 33 SGB V. Dieses konnte A beantragen, da er insoweit als Fünfzehnjähriger bereits handlungsfähig ist (§ 11 Abs. 1 Nr. 2 SGB X i. V. m. § 36 SGB I). Zuständig für die Leistung ist aber – selbst wenn es sich um einen Jugendlichen handelt – die Krankenkasse (s.a. § 10 Abs. 1 SGB VIII). Der Antrag wurde also bei der sachlich nicht zuständigen Stelle eingereicht. Das Jugendamt muss diesen daher unverzüglich an die zuständige Krankenkasse weiterleiten (§ 16 Abs. 2 SGB I). Darüber hinaus hat es den A nach § 15 SGB I auf die fehlende Zuständigkeit hinzuweisen.

f) Der Antrag konnte von A gestellt werden (§ 11 Abs. 1 Nr. 2 SGB X i. V. m. § 36 Abs. 1 SGB I). Die Eltern durften diesen aber zurücknehmen. Das ergibt sich – wenn auch nicht ausdrücklich – aus § 36 Abs. 2 SGB I, der dem Elternrecht Vorrang vor der sozialrechtlichen Handlungsfähigkeit Minderjähriger gibt.

g) Ja. Das Tätigwerden des Jugendamts nach dem SGB VIII erfordert keinen Antrag. Es gilt daher die allgemeine Regelung aus § 18 SGB X, dass das Jugendamt von Amts wegen tätig wird (was im Interesse eines funktionierenden Kinderschutzes auch sinnvoll ist; vgl. i.Ü. § 8a SGB VIII).

h) Für die Bewilligung von Sozialhilfe ist kein Antrag erforderlich; ein solcher ist aber auch nicht verboten. Vorliegend vertritt R den M bei der Antragstellung – das ist zulässig (§ 13 Abs. 1 SGB X). Eine eigenhändige Unterschrift des M ist nicht erforderlich, da R für ihn handeln darf.

i) Hier kommt der Grundsatz „Die Amtssprache ist Deutsch" zum Tragen (§ 19 Abs. 1 SGB X). Die Behörde wird den Antrag dennoch nicht sofort ablehnen, denn sie ist gemäß §§ 16 Abs. 3 und 17 SGB I verpflichtet, auf eine sachgerechte Antragstellung hinzuwirken. Wenn die Behörde die schwedischen Angaben nicht versteht, muss sie den S unverzüglich zur Vorlage einer Übersetzung auffordern (§ 19 Abs. 2 SGB X). Geht eine solche nicht ein, darf die Behörde die Übersetzung auf Kosten des S in Auftrag geben.

Lösung Fall 6: Der Streit um die Adoptionsbewerbung

Hier ist zunächst auf den **Befangenheitsantrag** einzugehen: Dieser ist nach § 17 SGB X zulässig. Die Eheleute durften sich insofern auch durch einen Anwalt vertreten lassen (§ 13 Abs. 1 SGB X). Allerdings wird der Antrag nur auf den Ausschluss der T gestützt. Diese wurde aber völlig zu Recht vom Gespräch ausgeschlossen: Zwar durfte sie als Beistand der Eheleute an dem Termin teilnehmen (§ 13 Abs. 4 SGB X). Da sie aber offenbar nicht zu einem sachgemäßen Vortrag fähig war, greift § 13 Abs. 6 SGB X. Der Ausschluss war also rechtmäßig; eine Befangenheit kann aus dem rechtmäßigen Handeln der J nicht abgeleitet werden.

Der zweite Teil des Falles betrifft die **Akteneinsicht**. Diese steht den Eheleuten nach § 25 SGB X grundsätzlich zu, allerdings nur hinsichtlich der **ihre** Person betreffenden Akten. Daher können sie keinesfalls Einsicht in die „Kinderliste" nehmen. Eine Übersendung der Akten an Rechtsanwälte können die Behörden nach § 25 Abs. 4 SGB X nur im Ausnahmefall gestatten. Da Adoptionsakten grundsätzlich höchst persönliche und extrem vertrauliche Daten enthalten und der Rechtsanwalt keinerlei Grund für den Übersendungswunsch angegeben hat, wird ein solcher vorliegend nicht angenommen werden können.

Lösung Fall 7: Viele Ermittlungen

a) Hier will die Wohngeldstelle Informationen einholen, es geht also um die Erhebung von Daten. Das Wohngeldgesetz enthält hierzu keine eigene Bestimmung, es gilt somit die allgemeine Regelung des SGB X. Gemäß § 67a Abs. 2 SGB X sind Daten grundsätzlich beim Betroffenen erheben. Da der Arbeitgeber kein Leistungsträger ist, dürfen Daten bei diesem gemäß § 67a Abs. 2 S. 2 Nr. 2a SGB X nur erhoben werden, wenn er eine Übermittlungspflicht hat. Dies ist bei einem Antrag auf Wohngeld der Fall: § 23 des Wohngeldgesetzes (WoGG) verpflichtet den Arbeitgeber zu den entsprechenden Angaben!

b) Die „Frühen Hilfen" möchten Daten einer anderen Organisationseinheit derselben Behörde (!) einsehen. Es geht vorliegend nicht um die Übermittlung, sondern um die Nutzung von Jugendhilfedaten. Dafür ist der Datenschutz des SGB VIII einschlägig. § 64 Abs. 1 SGB VIII besagt, dass die vorhandenen Daten nur zu dem Zweck genutzt werden dürfen, für den sie erhoben wurden. Zweck war die Bewilligung von Hilfen zur Erziehung (§§ 27 ff. SGB VIII) aufgrund eines erzieherischen Defizits (§ 27 Abs. 1 SGB VIII). Die Frühen Hilfen erfüllen im Gegensatz zu Erziehungshilfen einen völlig anderen, nämlich rein primärpräventiven Zweck. Auch die Tatsache, dass die Frühen Hilfen im KKG und damit noch nicht einmal in einem besonderen Teil des Sozialgesetzbuchs geregelt sind, spricht dafür, dass die Frühen Hilfen eine von den Jugendhilfeleistungen streng zu trennende Aufgabe darstellen. Die Nutzung der ASD-Daten durch die „Frühen Hilfen" ist damit unzulässig.

c) Hier geht es zunächst um eine **Datenerhebung** durch das Jobcenter. Diese dient der Durchführung der Grundsicherung. § 51b SGB II lässt zu, dass Daten für diesen Zweck erhoben werden. Weitere einschlägige Bestimmungen sind im SGB II und dem dazu allgemeineren SGB IV nicht enthalten. Wegen der Details ist damit auf das SGB X zurückzugreifen. Gemäß § 67a Abs. 2 SGB X sind Daten grundsätzlich beim Betroffenen zu erheben. Da das Jugendamt aber als Behörde eines Leistungsträgers tätig wird (vgl. § 27 Abs. 2 SGB I), gilt § 67a Abs. 2 S. 2 SGB X. Wenn man unterstellt, dass beim Betroffenen selbst keine weitere Aufklärung zu erwarten ist, hängt die Zulässigkeit der Erhebung davon ab, ob das Jugendamt die Daten an das Jobcenter **übermitteln** darf. Nach § 69 Abs. 1 Nr. 1 SGB X ist das grundsätzlich möglich, da auch das Jobcenter die Behörde eines Leistungsträgers ist. Der allgemeine Datenschutz des SGB X wird im Bereich der Jugendhilfe aber überlagert durch den besonderen Geheimhaltungsschutz der §§ 64 und 65 SGB VIII. Selbst wenn man davon ausgeht, dass der Vater derzeit nicht beraten wird und die Hilfe bereits abgeschlossen ist (§ 64 SGB VIII würde der Übermittlung dann nicht entgegen stehen), so hat es sich bei der Tatsache der Schwarzarbeit um eine anvertraute Information im Sinne von § 65 SGB VIII gehandelt. Deren Weitergabe ist daher unzulässig.

d) Vorliegend **erhebt** die Unfallkasse personenbezogene Daten. Einschlägiges Spezialgesetz für die Unfallversicherung ist das SGB VII. Dieses enthält in §§ 199 ff. besondere Datenschutzbestimmungen. Gemäß § 199 Abs. 1 Nr. 2 SGB VII dürfen die Unfallversicherungsträger Daten erheben, die für die Prüfung der Leistungsvoraussetzungen erforderlich sind. Dazu gehören die vorliegend erbetenen Informationen über eventuell bekannte Rückenleiden des A. Grundsätzlich wären die Daten an sich beim Betroffenen, also bei A zu erheben. § 188 SGB VII erlaubt jedoch als spezialgesetzliche Ausnahme von diesem Grundsatz die Erhebung von Informationen bei den gesetzlichen Krankenkassen. Die dabei nach § 188 S. 2 SGB VII gebotene Beschränkung auf für den Versicherungsfall erhebliche Daten wurde eingehalten. Die Erhebung ist damit zulässig. Die Krankenkasse muss die ihr vorliegenden Daten der Unfallkasse auch **übermitteln**, denn § 188 verpflichtet die Krankenkasse insoweit zur Auskunft, wie sich bereits aus dessen Überschrift ergibt.

Lösung Fall 8: Viele Fehler

a) Auch wenn alle Beteiligten Deutsche sind, hat der Fall einen **Auslandsbezug:** Das Kind wohnt bei seiner Mutter in Italien. Daher muss geklärt werden, ob sich der Geltungsbereich des Unterhaltsvorschussgesetzes auf in Italien lebende Kinder erstreckt. Dies ist nicht der Fall, denn unterhaltsvorschussberechtigt sind nur Kinder, die mit einem Elternteil in Deutschland leben (§ 1 Abs. 1 Nr. 2 UVG, der als Spezialgesetz den allgemeinen Territorialitätsgrundsatz aus § 30 SGB I verdrängt – aus dem sich aber die gleiche Lösung ergeben hätte). Vorliegend fehlte es also an der internationalen Zuständigkeit der deutschen Jugendhilfebehörden. Zugleich liegt hierin ein Sachfehler. Dieser Fehler führt zur Rechtswidrigkeit des Bescheids, wie sich im Umkehrschluss aus § 40 Abs. 3 Nr. 1 und § 42 SGB X ergibt. Der Verwaltungsakt ist demnach wirksam, die Behörde könnte ihn aber nach § 45 SGB X zurücknehmen.

b) Sachlich zuständig für die Bewilligung von Kindergeld sind die Familienkassen (§ 7 Abs. 2 BKGG) und nicht die Jugendämter. Die fehlende sachliche Zuständigkeit führt im Umkehrschluss aus § 40 Abs. 3 Nr. 1 und § 42 SGB X ebenfalls zur Rechtswidrigkeit des Bescheids. Das Jugendamt könnte ihn zurücknehmen.

c) Hier stellt sich die Frage nach der **örtlichen Zuständigkeit** des Jobcenters München. Laut § 36 S. 2 i. V. m. § 6 Abs. 1 Nr. 2 SGB II ist entscheidend für diese der gewöhnliche Aufenthalt. Hierunter ist der Lebensmittelpunkt zu verstehen, den A offensichtlich in Augsburg hat. Ein etwa angemeldeter Wohnsitz ist insoweit nicht relevant. Das Jobcenter München war demnach zwar sachlich (§ 6 Abs. 1 i. V. m. §§ 44b und 6 Abs. 1 SGB II), aber nicht örtlich zuständig. Für die Rechtmäßigkeit des Bescheids ist dies nach § 42 S. 1 SGB X unerheblich, wenn dieser ansonsten rechtlich korrekt war und deshalb offensichtlich ist, dass die Sachentscheidung nicht auf die fehlende örtliche Zuständigkeit zurückzuführen ist.

d) Gemäß § 37 SGB II setzt die Bewilligung von Grundsicherung einen Antrag voraus. § 38 SGB II kann entnommen werden, dass diesen nur der Leistungsberechtigte stellen kann, nicht aber dessen offenbar nicht bevollmächtigter Sohn. Es fehlte also an einem wirksamen Antrag; der Bescheid hätte demnach nicht ergehen dürfen. Er ist rechtswidrig.

In der Variante ist dieser Fehler nach § 41 Abs. 1 Nr. 1 SGB X geheilt worden. Da § 37 SGB II keinen schriftlichen Antrag voraussetzt, war die Heilung auch durch den per Telefax eingegangenen Antrag möglich.

e) Leistungen nach dem SGB VIII setzen keinen Antrag voraus. Allerdings greift die von V beantragte, für diesen günstige Bewilligung (Verwaltungsakt) zugleich in das Elternrecht der sorgeberechtigten Mutter ein (Verwaltungsakt mit Drittwirkung!). Diese hätte daher mit der Hilfe einverstanden und vom Jugendamt vor deren Bewilligung hinzugezogen angehört werden müssen (§ 36 Abs. 1 SGB VIII, § 24 SGB X). Dies ist nicht geschehen. Die Hinzuziehung, die Anhörung und das Einverständnis können aber gemäß § 41 Abs. 1 Nrn. 1, 3 und 6 SGB X nachgeholt werden.

f) A ist aufgrund seiner starken geistigen Behinderung nicht geschäftsfähig (§ 104 Nr. 2 BGB) und damit nicht handlungsfähig (§ 11 Abs. 1 Nr. 1 SGB X). Es fehlt also an dem gemäß § 19 SGB IV erforderlichen Antrag. Eine Heilung nach § 41 Abs. 1 Nr. 1 SGB X ist angesichts der Einlassung des Betreuers nicht zu erwarten. Der Bescheid ist daher rechtswidrig und kann von der Behörde aufgehoben werden. Außerdem kann der Betreuer Rechtsmittel und formlose Rechtsbehelfe gegen den Bescheid einlegen.

g) Die Bewilligung von 18.700 Euro Sozialhilfe monatlich ist ein offensichtlicher, besonders schwerwiegender Sachfehler, sodass der Bescheid an sich nichtig und damit unwirksam wäre (§ 40 SGB X). Allerdings handelt es sich ganz offensichtlich um einen Kommafehler, sodass das Sozialamt den Fehler gemäß § 38 SGB X berichtigen könnte.

h) Überraschende Verwaltungsentscheidungen entsprechen nicht dem rechtsstaatlichen Grundsatz des „fairen Verfahrens“: K hätte vor der Kürzung gemäß § 31 SGB II belehrt und nach § 24 SGB X gehört werden müssen. Dies ist unterblieben. Da nach § 41 Abs. 1 Nr. 3 SGB X zwar die Anhörung nachgeholt werden könnte, nicht aber die Belehrung, ist der Bescheid rechtswidrig (Achtung: Dieser Fall hat zwar einen Auslandsbezug, die internationale Zuständigkeit ist aber laut der Fallangebe gegeben).

i) Dieser Fall hat zwei Facetten: Zum einen hat die Stadt im Ausgangsbescheid eine sich aus Art. 3 GG ergebende Selbstbindung ausgeschlossen. Das ist möglich, sodass die Beratungsstelle in der Tat keinen Förderanspruch hat (Kap. 4.2.12). Allerdings ist die Begründung des Bescheids falsch, weil sie unzutreffend auf nicht vorhandene Fördermittel gestützt wird. Die Stadt kann diesen Fehler jedoch heilen, indem sie die zutreffende Begründung (kein Rechtsanspruch und daher anderweitige Verwendungsmöglichkeit der Fördermittel) gemäß § 41 Abs. 1 Nr. 2 SGB X nachreicht.

j) Hier liegt ein Sachfehler vor. Es gibt in §§ 90 und 91 SGB VIII keine Rechtsgrundlage für das Jugendamt, aufgrund derer es von Leistungsempfängern die Kosten für eine sozialpädagogische Familienhilfe (§ 31 SGB VIII) einfordern könnte. Der Bescheid ist damit inhaltlich („materiell") rechtswidrig. Da ein rechtswidriger Bescheid nicht automatisch unwirksam ist, müssten die Eltern des B Rechtsmittel gegen diesen einlegen; das Jugendamt muss ihn aber auch von sich aus nach § 44 Abs. 2 SGB X zurücknehmen, wenn es von dem Fehler Kenntnis erlangt.

Lösung Fall 9: Der mittellose Vater

Der Regressbescheid des Jugendamts ist ein Verwaltungsakt, der aufgrund des UVG erlassen wurde. Da Streitigkeiten im Bereich des UVG nicht nach § 51 SGG den Sozialgerichten zugewiesen sind, beurteilen sich die Rechtsmittel nach den Vorschriften der VwGO. Nach § 68 VwGO ist gegen Verwaltungsakte der Widerspruch statthaft. V ist als Adressat des o.g. Bescheids auch widerspruchbefugt (§ 42 Abs. 2 VwGO). Er hat die Widerspruchsfrist eigehalten (§ 70 VwGO). Allerdings hat er den Widerspruch nur per E-Mail eingereicht. Dies genügt nicht dem Schriftformerfordernis des § 70 VwGO. Der Widerspruch ist somit nicht zulässig; er ist erfolglos.

Gleichwohl sollte das Jugendamt den Vortrag des V zur Kenntnis nehmen und als formlosen Rechtsbehelf (Gegenvorstellung) behandeln. Es wird nämlich deutlich, dass V mangels eigener Mittel nicht in Regress genommen werden durfte. Der Bescheid war damit rechtswidrig. Das Jugendamt muss (!) ihn daher nach § 44 Abs. 2 SGB X zurücknehmen.

Lösung Fall 10: Der Kraftknoten

Die Eltern wollten durch ihre Vorsprache offensichtlich den Rechtsweg beschreiten, also ein Rechtsmittel gegen die Ablehnung des Kraftknotens einlegen. Da es sich um einen Streit mit der Krankenversicherung handelt, richtet sich der Rechtsweg nach dem SGG (§ 51 Abs. 1 Nr. 2 SGG). Ein Rechtsmittel wäre erfolgreich, wenn es zulässig und begründet wäre.

Zur **Zulässigkeit:**

- Die Ablehnung des Kraftknotens stellt unzweifelhaft einen Verwaltungsakt dar. Dagegen ist nach §§ 78 Abs. 3 und 83 SGG ein Widerspruch **statthaft**. Das Vorbringen der Eltern ist als ein solcher auszulegen (§ 133 BGB).
- Die Eltern sind zwar nicht selbst Adressat des Verwaltungsakts, sie handeln aber als gesetzliche Vertreter des A (§ 1629 Abs. 1 BGB), der selbst als Adressat des Bescheids **widerspruchsbefugt** ist.
- Es ist fraglich, ob die mündliche Einlegung des „Einspruchs" der **Formvorgabe** des § 84 SGG („zur Niederschrift") genügte. Die Eltern gaben der Mitarbeiterin durch ihr Vorbringen in der Behörde eindeutig zu verstehen, dass sie ein Rechtsmittel einlegen möchten. Allerdings hat die Bearbeiterin den Widerspruch (pflichtwidrig!) nicht schriftlich niedergelegt. Die Folge hiervon kann indes offen bleiben, denn die Eltern haben den Widerspruch per Telefax bestätigt – entgegen dem Wortlaut von § 126 BGB genügt ein solches für einen formgerechten Widerspruch, wenn das gefaxte Originalschreiben unterschrieben war.
- Die **Widerspruchsfrist** beträgt nach § 84 SGG zwar einen Monat, sodass der Widerspruch an sich verfristet wäre. Es ist aber zu sehen, dass der postalische Bescheid wegen der Dreitagesfrist in § 37 Abs. 2 S. 1 SGB X erst am 5. April wirksam wurde. Die Widerspruchsfrist endete somit am 5. Mai. Da dies ein Samstag war, konnte der Widerspruch am Montag, den 7. Mai noch wirksam eingelegt werden (§ 64 Abs. 3 SGG). Der Widerspruch ist damit **zulässig.**

Zur **Begründetheit:**

Der Widerspruch wäre **begründet**, wenn der Bescheid fehlerhaft wäre, d. h. entweder einen beachtlichen Verfahrensfehler oder einen Sachfehler hätte.

Mögliche **Verfahrensfehler:**

- Vorliegend ist der Bescheid nicht deshalb fehlerhaft, weil der Antrag durch den 16-jährigen A gestellt wurde. A war nämlich insoweit **handlungsfähig** (§ 36 Abs. 1 SGB I).
- Der Bescheid leidet aber an einem Verfahrensfehler, denn der A wurde vor der für ihn negativen Entscheidung offensichtlich nicht **angehört** (§ 24 SGB X). Eine Heilung dieses Fehlers ist bislang nicht erfolgt, der Bescheid ist damit rechtswidrig.
- Weitere Verfahrensfehler sind nicht ersichtlich. Dennoch hat bereits die fehlende Anhörung zur Folge, dass der Verwaltungsakt rechtswidrig ist.

Mögliche **inhaltliche** Fehler:

Der Bescheid ist auch inhaltlich falsch: Das Bundessozialgericht hat mehrfach entschieden, dass es sich bei Kraftknoten in Fällen wie dem vorliegenden um eine Krankenkassenleistung handelt (§ 33 SGB V). Damit hat die Krankenkasse das Recht fehlerhaft angewendet; der Bescheid ist auch materiell rechtswidrig.

Im **Ergebnis** ist der Widerspruch demnach zulässig und begründet – er hätte Erfolg.

Lösung Fall 11: Das versehentliche Gutachten

Die Ablehnung der Feststellung der Behinderteneigenschaft stellt einen belastenden Verwaltungsakt dar. Dieser war rechtswidrig, weil er inhaltlich falsch war. Er beruhte nämlich auf dem falsch zugeordneten Gutachten und damit nicht auf einer korrekten Entscheidungsgrundlage. Es geht vorliegend nicht um eine Sozialleistung, denn die Feststellung der Behinderteneigenschaft ist nicht im Leistungskatalog des § 29 SGB I enthalten. Daher muss das Integrationsamt (welches als Ausgangsbehörde auch für die Aufhebung zuständig ist, § 44 Abs. 3 SGB X) den Bescheid nach § 44 Abs. 2 SGB X zurücknehmen. Dabei steht es gemäß § 44 Abs. 2 S. 2 SGB I im Ermessen des Integrationsamts, ob es den ablehnenden Bescheid rückwirkend zurücknimmt und die Behinderteneigenschaft sodann ebenfalls rückwirkend feststellt. Da die A hieran ein erhebliches rechtliches Interesse hat (an die Feststellung knüpfen z. B. steuerrechtliche Vorteile!) und kein Anliegen der Behörde erkennbar ist, das einer rückwirkenden Behebung des Fehlers entgegensteht, wird das Integrationsamt den Bescheid rückwirkend aufheben und die Behinderteneigenschaft feststellen.

Lösung Fall 12: Das Ende der Behinderung

Der Bewilligungsbescheid des Jugendamts (begünstigender Verwaltungsakt) war im Zeitpunkt des Erlasses rechtmäßig. Da es sich um einen Verwaltungsakt mit Dauerwirkung handelt und sich die Verhältnisse nach dem Zeitpunkt des Erlasses verändert haben, richtet sich die Aufhebung nicht nach § 47 SGB X, sondern nach § 48 SGB X. Nach dessen Abs. 1 S. 2 soll die Aufhebung rückwirkend zum Zeitpunkt der Änderung (vorliegend also zum 4. März) erfolgen, wenn der Betroffene eine gesetzliche Mitwirkungspflicht verletzte. Eine solche Pflicht zur Mitteilung ergab sich vorliegend aus § 60 Abs. 1 Nr. 2 SGB I und wurde verletzt. Die Bewilligung ist daher rückwirkend zurückzunehmen; Die für die erbrachte Therapie erforderlichen Kosten sind nach § 50 Abs. 1 S. 2 SGB X rückwirkend ab 4. März zurückzuerstatten.

Lösung Fall 13: Alles Verhandlungssache

a) Dem Abschluss eines öffentlich-rechtlichen Vertrags steht § 53 Abs. 2 SGB VIII nicht entgegen, weil der Heimträger zwar einen Rechtsanspruch auf die Betriebserlaubnis hat (§ 45 Abs. 2 SGB VIII); diese kann (Ermessen!) aber mit Nebenbestimmungen versehen werden (§ 45 Abs. 4 SGB VIII). Zudem (und das ist das Entscheidende!) handelt es sich bei der Erlaubnis nicht um eine Sozialleistung i.S.v. § 11 SGB I. Allerdings ist der öffentlich-rechtliche Vertrag nach § 55 Abs. 1 S. 2 SGB X unzulässig: Eine entsprechende Geldzahlung des Vereins steht in keinem erkennbaren sachlichen Zusammenhang mit der Heimerlaubnis (Verstoß gegen das „Koppelungsverbot").

b) Hier ist ein sachlicher Zusammenhang zwischen der Heimerlaubnis und der Geldleistung gegeben. Ein geeigneter Außenbereich ist ein Kriterium für die Erteilung der Erlaubnis; dem Heimträger könnte also als Auflage gemacht werden, Spielgeräte vorzuhalten. Mit der Kostenbeteiligung am öffentlichen Spielplatz wird eine geeignete Alternative zu einer solchen Auflage vereinbart (vgl. § 55 Abs. 2 SGB X). Der öffentlich-rechtliche Vertrag ist zulässig.

Literatur

Literaturempfehlungen zum Sozialverwaltungsrecht für die Soziale Praxis

Bossong, H. (2006): Sozialverwaltung. Ein Grundkurs für soziale Berufe. Juventa, Weinheim

Palsherm, I. (2010): Sozialrecht. Kohlhammer, Stuttgart

Papenheim, H.-G., Baltes, J., Dern, S., Palsherm, I. (2013): Verwaltungsrecht für die soziale Praxis. 24. Aufl. Fachhochschulverlag, Frankfurt/M.

Sommer, I. (2009): Lehrbuch Sozialverwaltungsrecht. Beltz Juventa, Weinheim und München

Juristische Lehrbücher zum Sozialverwaltungsrecht

Battis, U. (2002): Allgemeines Verwaltungsrecht. 3. Aufl. C. F. Müller, Heidelberg

Bley, H., Kreikebohm, R. (2006): Sozialrecht. 9. Aufl. Luchterhand, Neuwied und Kriftel

Braatz, W. (2011): Äußere Behördenorganisation. Neue Reihe der Bayerischen Verwaltungsschule, Bd. 17

Brand, J. (2011): Praxis des Sozialrechts. 2. Aufl. C. H. Beck, München

Bull, H.-P., Mehde, V. (2009): Allgemeines Verwaltungsrecht mit Verwaltungslehre. 8. Aufl. C. F. Müller, Heidelberg

Dahme, H.-J., Schütter, S., Wohlfahrt, N. (2008): Lehrbuch Kommunale Sozialverwaltung und Soziale Dienste. Grundlagen, aktuelle Praxis und Entwicklungsperspektiven. Juventa, Weinheim

Detterbeck, S. (2013): Allgemeines Verwaltungsrecht mit Verwaltungsprozessrecht. 11. Aufl. C. H. Beck, München

Dillmann, F. (2008): Allgemeines Sozialverwaltungsrecht und Grundzüge des sozialgerichtlichen Verfahrens. Boorberg, Stuttgart

Dörr, G., Francke, K. (2012): Sozialverwaltungsrecht. 3. Aufl. Erich Schmidt, Berlin

Eichenhofer, E. (2012): Sozialrecht. 8. Aufl. Mohr Siebeck, Tübingen

Erlenkämper, A., Fichte, W. (2007): Sozialrecht – Allgemeine Rechtsgrundlagen, Sozialgesetze, Verfahrensrecht. 6. Aufl. Luchterhand, Köln
Fichte, W., Plagemann, H., Waschull, D. (2008): Sozialverwaltungsverfahrensrecht. Nomos, Baden-Baden
Fritsch, G. (2009): Innere Behördenorganisation. Neue Reihe der Bayerischen Verwaltungsschule, Bd. 16
Kitzeder, P. (2013): Kommunalrecht. Neue Reihe der Bayerischen Verwaltungsschule, Bd. 8
Kramer, U. (2013): Allgemeines Verwaltungsrecht und Verwaltungsprozessrecht. 2. Aufl. C. H. Beck, München
Lehmann, P. (2009): Allgemeines Verwaltungsrecht. Neue Reihe der Bayerischen Verwaltungsschule, Bd. 3
Maurer, H. (2011): Allgemeines Verwaltungsrecht. 18. Aufl. C. H. Beck, München
v. Maydell, B., Ruland, F., Becker, U. (2012): Sozialrechtshandbuch. 5. Aufl. Nomos, Baden-Baden
Muckel, S., Ogorek, M. (2011): Sozialrecht. 4. Aufl. C. H. Beck, München
Peine, F.-J. (2011) Allgemeines Verwaltungsrecht. Mit höchstrichterlichen Entscheidungen. 10. Aufl. C. F. Müller, Heidelberg
Schmalz, D. (1997): Allgemeines Verwaltungsrecht und Grundlagen des Verwaltungsrechtsschutzes. 6. Aufl. Deutscher Gemeindeverlag, Stuttgart
Schmidt, R. (2013): Allgemeines Verwaltungsrecht: Grundlagen des Verwaltungsverfahrens; Staatshaftungsrecht. 16. Aufl. Rolf Schmidt, Grasberg
Sodan, H., Ziekow, J. (2012): Grundkurs Öffentliches Recht. 5. Aufl. C.H. Beck, München
Wolff, H.-J., Bachof, O., Stober, R., Müller, M. (1999): Verwaltungsrecht Band I. 11. Aufl. C. H. Beck, München

Kommentare zu den Gesetzen des Allgemeinen Sozialverwaltungsrechts

Diering, B., Timme, H., Waschull, D. (2011): Sozialgesetzbuch X (Lehr- und Praxiskommentar). Nomos, Baden-Baden
Kopp, F. O., Schenke, W.-R. (2013): Verwaltungsgerichtsordnung (Kommentar). 19. Aufl. C. H. Beck, München
Kopp, F. O., Ramsauer, U. (2012): Verwaltungsverfahrensgesetz (Kommentar). 13. Aufl. C. H. Beck, München
Krahmer, U. (2011): Sozialdatenschutz nach SGB I und X (Kommentar). 3. Aufl. Luchterhand, Köln
Krahmer, U., Trenk-Hinterberger, P. (2013): Sozialgesetzbuch I (Lehr- und Praxiskommentar). 3. Aufl. Nomos, Baden-Baden

Mrozynski, P. (2010): SGB X (Kommentar). 4. Aufl. C. H. Beck, München
Seifert, D., Hömig, K.-H. (2007): Grundgesetz für die Bundesrepublik Deutschland (Kommentar). 8. Aufl. Nomos, Baden-Baden
v. Wulffen, M. (2010): SGB X (Kommentar). 7. Aufl. C. H. Beck, München

Sachregister

Abzweigung 73
Änderungsbescheid 169
Akteneinsicht 114
Allgemeines Verwaltungsrecht 16 f.
Allgemeinverfügung 48, 51
Amtsermittlungsprinzip 88–88
Amtshaftung bei Falschberatung 109
Amtshilfe 105
Anfechtungsklage 52, 158, 160, 161
Angemessenheit 82
Anhörung 112, 141 f., 170
Anstalten 23, 31, 37, 75
Antrag 54, 96–96
–, Rücknahme 98
–, Form 97
–, Heilung 100, 141
Antragsteller 92
Anzeige 96
Arbeitsgemeinschaften 174
Aufhebung des Verwaltungsakts 145 f. 156, 164–164
Aufhebungsbescheid 170
Aufklärung 108
Auflage s. Nebenbestimmungen
Aufsicht 35–35
Aufsichtsbeschwerde 146
Ausgeschlossene Amtspersonen 110–110
Auskunft 47, 108
Ausstrahlung 102

Barrierefreiheit 98
Beauftragte 147
Befangenheit 111 f.
Begründung 67, 141, 170
Behörde 24–24, 45 f.
–, oberste 25
–, untere 25
Beistand 107
Bekanntgabe des Verwaltungsakts 65–65
Beliehene 32, 46
Beratung 47, 108 f.
Berichtigung 140, 145
Berufung 162
Besonderes Verwaltungsrecht 17 f.
Bescheid s. Verwaltungsakt
Beschleunigungsgrundsatz 87
Bestimmtheitsgrundsatz 65
Beteiligte s. Verfahrensbeteiligte
Beteiligtenfähigkeit 93
Beurteilungsspielraum 61 f.
Bevollmächtigung 106 f.
Bindungswirkung des Verwaltungsakts 72
Bundesbehörden 16 f., 24, 75

Daten 123 f.
–, Anonymisierung 124 f.
–, Erhebung 126 f.
–, Nutzung 132 f.
–, Pseudonymisierung 125
–, Speicherung 127 f.
–, Übermittlung 128–128
–, Verarbeitung 126
Datenschutz 117–117
–, Allgemeiner 119 f.
–, bei freien Trägern 120 f.

–, bereichsspezifischer 119 f.
–, nach dem Tod 124
–, Prüfschema 135
–, Sanktionen bei Verstoß 134
Devolotiveffekt 150
Dienstaufsicht 36
Dienstaufsichtsbeschwerde 146
Dienstleistung 74

Einfrieren von Leistungen 170
Eingeschränktes Ermessen 60
Eingriffsverwaltung 14
Einstrahlung 102
Einstweilige Anordnung 161
Einstweiliger Rechtsschutz 159–159
Einwilligung 131
–, mutmaßliche 131
Einzelverfügung 50
Erforderlichkeit 118
Ermessen 57–57
–, eingeschränktes 60
Ermessensverwaltungsakt 56–56, 168
Ersatzvornahme 75, 77
Ersatzzwangshaft 77
Exekutive 14

Fachaufsicht 38 f.
Feststellungsklage 53, 158
Fiskalisches Handeln 42 f.
Formfreiheit 65 f., 86, 97
Formulare 90, 97, 98
Freibeweis 89
Freie Träger 33 f., 173 f.
–, Datenschutz 120 f., 128 f.
Fristen 155 f.

Gebietskörperschaften 29–29
Geltungsbereich s. Zuständigkeit, Internationale
Gerichtsbarkeit 149 f.
Geschäftsfähigkeit s. Handlungsfähigkeit
Gesetzmäßigkeit der Verwaltung 80 f., 118
Gleichbehandlungsgrundsatz 57, 59, 83 f.

Handlungsfähigkeit 69, 94 f., 97
Heilung von Verfahrensfehlern 141
Herstellungsanspruch 109
Hoheitliches Handeln 40, 46
–, schlicht hoheitliches Handeln 47

Informationelle Selbstbestimmung 118
Internationale Zuständigkeit s. Zuständigkeit

Klage 158–158
–, Arten 160
Körperschaften des öffentlichen Rechts 28–28
Kommunen 16, 29–29, 75
Koordinationsrechtlicher Vertrag 172–172
Koppelungsverbot 175
Kostenfreiheit 88
–, im Widerspruchsverfahren 151

Landesbehörden 16, 24–24, 75
Landratsamt 25 f., 30
Leistungen 72–72
–, Fälligkeit 72
–, Verjährung 72
–, Verzicht 73
Leistungsdreieck, sozialrechtliches 34 f., 173
Leistungsverwaltung 15

Mahnung 76
Minderjährige, s. Handlungsfähigkeit
Ministerium 25
Mittelbare Staatsverwaltung 27–27, 46, 75
Mittelbehörde 26
Mitwirkungspflicht des Antragstellers 90 f.
Mutmaßliche Einwilligung 131

Nebenbestimmungen 62–62, 168
Neutralität, behördliche 86, 110
Nichtförmlichkeit 86 f.
Nichtigkeit des Verwaltungsakts 139 f.

Oberste Bundes- und Landesbehörde 25
Objektivität, behördliche 86, 110
Öffentliches Recht 15, 46
Öffentlich-rechtlicher Vertrag 172–172
–, Schriftform 176
Örtliche Zuständigkeit s. Zuständigkeit

Personenbezogene Daten s. Daten
Petition 147 f.
Pfändung 75, 76
Privatrechtliches Handeln 40–40
Prozesskostenhilfe 159

Realakt 47
Rechtmäßigkeit, Prüfung der 156
Rechtsaufsicht 36 f.
Rechtsbehelfe 144–144
–, formlose 144–144
–, förmliche 148–148
Rechtsbehelfsbelehrung 68 f., 142, 155, 170
Rechtsmittel 148–148
Rechtsschutz, einstweiliger 159–159
Rechtsstaatsprinzip 16, 57, 72, 79 f.
Rechtsweg 149 f., 158, 162
Rechtswidrigkeit des Verwaltungsakts 138 f., 165–165
Regierungspräsidium 26
Revision 162
Rückerstattung von Leistungen 170
Rücknahme des Verwaltungsakts 165–165

Sachleistung 74
Sachliche Zuständigkeit s. Zuständigkeit
Schlicht hoheitliches Handeln 47
Schweigepflichtsentbindung 131
Selbstbindung der Verwaltung 59
Solidargemeinschaft 27, 29
Sozialbehörden 18 f.
Sozialdaten s. Datenschutz
Sozialgeheimnis s. Datenschutz
Sozialgerichtsbarkeit s. Gerichtsbarkeit
Sozialrecht 18–18
Sozialversicherung 27 f., 29
Sozialverwaltung 18 f.
Sozialverwaltungsrecht 18–18
Staatliche Verwaltung 23–23
–, unmittelbare Staatsverwaltung 24–24, 46
–, mittelbare Staatsverwaltung 27–27, 46
Stiftungen des öffentlichen Rechts 32
Subordinationsrechtlicher Vertrag 174–174
Suspensiveffekt 148, 161

Tenor des Verwaltungsakts 69
Territorialitätsgrundsatz 101
Transparenzgebot 118
Träger, der Verwaltung 23–23
–, freie 33–33, 120f, 173

Übermaßverbot 82
Übermittlung von Daten 128–128
–, Übermittlungsbefugnisse 129 f.
–, Übermittlungspflichten 129
Unmittelbarer Zwang 75, 77
Unmittelbarkeit der Datenerhebung 118, 126
Untere Staatsbehörde 25 f.
Untersuchungsgrundsatz 88
Unvertretbare Handlung 75, 77

Verfahrensbeteiligte 92–92
–, Beteiligtenfähigkeit 93
–, Handlungsfähigkeit 94 f.
Verfahrensfehler 137, 139, 141 f., 156
Vergleichsvertrag 176
Verhältnismäßigkeit 57, 59, 82 f., 91, 118
Verjährung 72
Verpflichtungsklage 51, 158, 160, 161
Vertrag 40–40
–, öffentlich-rechtlicher 172–172
Vertretbare Handlung 75, 77
Vertretung s. Bevollmächtigung
Verwaltung 14 f.
–, mittelbare Staatsverwaltung 27–27
–, Selbstbindung 59
–, unmittelbare Staatsverwaltung 24–24
Verwaltungsakt 45–45
–, Arten 50–50
–, Aufhebung 145, 146, 156, 164–164
–, Begriff 45–45
–, begünstigender 51, 167, 168
–, Begründung 67
–, Bekanntgabe 65–65
–, belastender 51f, 166, 168
–, Berichtigung 140
–, Bestandskraft 71
–, Bindungswirkung 72
–, fehlerhafter 137-142
–, feststellender 52 f.
–, Formfreiheit 65 f.
–, gebundener 56
–, gestaltender 53
–, mehrstufiger 54
–, mit Dauerwirkung 55, 169 f.
–, mit Doppelwirkung 52
–, mit Drittwirkung 53 f., 92, 153
–, mitwirkungsbedürftiger 54
–, Nebenbestimmungen 62–62
–, Nichtigkeit 139 f.
–, Rechtsbehelfsbelehrung 68, 155
–, rechtswidriger 138 f.
–, Rücknahme 165–165
–, Umdeutung 141
–, Unterschrift 66 f.
–, Vollstreckung 75–75
–, Widerruf 168 f.
–, Wirksamwerden 71
–, Zustellung 69 f.
Verwaltungsgerichtsbarkeit s. Gerichtsbarkeit
Verwaltungshelfer 33
Verwaltungsprivatrecht 43
Verwaltungsrecht 15–15
–, allgemeines 16
–, besonderes 17 f.
Verwaltungsverfahren 79–79
–, Beginn 95–95

–, Beteiligte 92–92
–, Kostenfreiheit 88
–, Zuständigkeit 100–100
Verwaltungsverfahrensrecht 16
Verwaltungsvollstreckung 75–75
Verwaltungsvorschriften 58
Verwaltungszwang 77 f.
Verzicht auf Sozialleistungen 73
Verzinsung 72
Vollmacht s. Bevollmächtigte
Vollstreckungsanordnung 76, 77
Vorbehalt des Gesetzes 80 f.
Vorläufige Leistung 73 f.
Vorrang des Gesetzes 80
Vorschuss 73 f.

Widerruf des Verwaltungsakts 168 f.
Widerspruch 150–150, 170
–, Begründetheit 156, 157
–, Devolotiveffekt 150
–, Form 154
–, Frist 154 f.
–, Statthaftigkeit 152
–, Suspensiveffekt 148
–, Zulässigkeit 152–152, 157
Widerspruchsbefugnis 153
Widerspruchsbehörde 150, 154
Widerspruchsbescheid 150
Wiedereinsetzung in den vorigen Stand 155
Willkürverbot, s. Gleichbehandlungsgrundsatz
Wirksamwerden des Verwaltungsakts 71
Wirtschaftlichkeitsgrundsatz 84 f., 89

Zusicherung 47
Zuständigkeit 100–100
–, funktionale 105
–, internationale 100–100, 142
–, Örtliche 104 f., 142
–, sachliche 102–102, 142, 170
Zustellung 69 f.
–, Brief 69
–, förmliche 70 f.
Zwang, unmittelbarer 75, 77
Zwangsgeld 75, 77
Zwangshaft s. Ersatzzwangshaft
Zweckbindungsprinzip 118, 133
Zweckmäßigkeit 88

Leseprobe

Christiane Eichenberg/Stefan Kühne

Einführung Onlineberatung und -therapie

Grundlagen, Interventionen und Effekte der Internetnutzung

2.2 Vor- und Nachteile

Eine Einteilung in Vor- und Nachteile ist bei der Onlineberatung oftmals nicht eindeutig vorzunehmen. Die nachfolgenden Aspekte dienen der Anregung zur Diskussion, da manche der genannten Punkte sowohl Vor- als auch Nachteile haben.

So kann die „Ortsunabhängigkeit" einen großen Vorteil darstellen, wenn Ratsuchende aus entlegenen Gebieten eine Onlineberatungsstelle kontaktieren. Der Nachteil kann darin liegen, dass ggf. eine Weiterverweisung an eine Beratungsstelle vor Ort schwierig wird, wenn die Onlineberatungsstelle in einer ganz anderen Region beheimatet ist und sie daher das psychosoziale Betreuungsangebot im Wohnumfeld des Ratsuchenden nicht gut kennt.

2.2.1 Vorteile der Onlineberatung

Die Ratsuchenden können den Grad der Anonymität selbst bestimmen. Je nach Angebot ist es möglich, völlig anonym zu bleiben (z.B. bei der Telefonseelsorge im Internet) oder sich mit Nickname und Pseudonym anzumelden bzw. seinen richtigen Namen preiszugeben. Eine Angabe der E-Mail-Adresse ist nicht bei allen Angeboten erforderlich. Ob die IP-Adresse gespeichert wird, ist eine Entscheidung des Anbieters des Onlineberatungsangebotes.

Die Ratsuchenden sind relativ autonom in der Gestaltung des Beratungsprozesses. Sie bestimmen den Zeitpunkt der Kontaktaufnahme (bei asynchronen Beratungsangeboten) und sie können auch selbstbestimmt den Beratungsprozess beenden, z.B. durch Schließen des Chatfensters (dieser Abbruch wäre natürlich auch im Face-to-Face-Prozess durch Aufstehen und Gehen möglich, allerdings ist die Hemmschwelle dort wesentlich höher). Sie bestimmen den Grad der Selbstdarstellung und der Selbstoffenbarung. Diese Möglichkeit der eigenen Steuerung des Beratungsprozesses kann für diejenigen Ratsuchende besonders hilfreich sein, die Erfahrungen mit Grenzüberschreitungen und Ohnmacht erlebt haben.

Da Onlineberatung überwiegend schriftlich stattfindet, kann die Beratung bzw. der Beratungsprozess dokumentiert werden. Ratsuchende können die E-Mails oder das Chat-Protokoll ausdrucken und nachlesen. Damit bietet sich eine weitere Ebene der Reflexion des Themas sowie des Beratungsgeschehens auf Seiten der Ratsuchenden wie auch auf Seiten der Berater (z.B. Supervision).

Die schriftliche Darstellung des Beratungsprozesses ermöglicht eine Vertiefung des Problemverständnisses, da die Aussagen des Beraters dauerhaft verfügbar sind und immer wieder gelesen werden können. Schriftlichkeit steigert daher den Lerntransfer und erhöht die Wahrscheinlichkeit einer Umsetzung von Lösungen in den Lebensalltag.

Im Rahmen der Onlineberatung können Informationen (z.B. Dokumente, Links) einfach zugänglich gemacht werden. Wie in Kapitel II.1 gezeigt, ist dabei die Homepage der Beratungsstelle eine wichtige Ressource. Aber auch im direkten Beratungsprozess können Texte, Broschüren, Links, Videos etc. für ein effektiv und zielgerichtetes Informations- und Wissensmanagement eingesetzt werden.

Onlineberatung ist (zumindest in den deutschsprachigen Ländern) meistens ein Angebot von öffentlich bzw. kirchlich geförderten Beratungsstellen und somit kostenlos. Damit werden Beratungsangebote auch für diejenigen zugänglich, die sich eine kostenpflichtige Beratung nicht leisten können (oder wollen).

Durch die Reduzierung auf die Schriftsprachlichkeit kann es für Ratsuchende einfacher sein, mit einer Beratungsstelle in Kontakt zu treten, z.B. gerade bei angst- und schambesetzten Themen („disinhibition effect", Suler, 2004). Das geschriebene Problem steht im Vordergrund, nicht die Person in ihrer Erscheinung. Video-basierte Beratungsformen, z.B. über VoIP-Dienste, haben sich – ggf. gerade deshalb – in den letzten Jahren im Bereich der Onlineberatung nicht durchgesetzt.

Die Angebote der Onlineberatung können in Anspruch genommen werden, sobald ein Zugang zum Internet besteht. Damit sind Beratungsangebote auch für diejenigen leicht zu erreichen, die keinen Zugang zu lokaler bzw. regionaler Beratungsinfrastruktur haben; sie sind ortsunabhängig.

Döring beschreibt das Phänomen, dass computervermittelte Kommunikation eine „Dialektik von körperlicher Abwesenheit und sinnlicher Präsenz, physischer Distanz und psychologischer Nähe" erzeugt (Döring, 2003, S. 367). Sie weist damit darauf hin, dass es gerade durch den Wegfall von Mimik und Gestik zu einer offeneren und schnelleren Problemkommunikation kommen kann.

Durch die Möglichkeiten der Anonymität und der Kontaktsteuerung kommt es auf Seiten der Ratsuchenden zu einer schnelleren Offenheit. Diese Offenheit besteht auch gegenüber den Beratungsantworten, da die Ratsuchenden nicht direkt mit dem Berater, sondern mit dem Text der Antwort konfrontiert sind, von dem sie sich auch wieder leicht distanzieren können. Dadurch gibt es eine wesentlich geringere Abwehr und eine stärkere Bereitschaft, sich selbst in Frage zu stellen und heikle Dinge an sich heranzulassen.

Bei den asynchronen Formen der Onlineberatung (E-Mail, Forum) können die Intervalle zwischen den E-Mails/Postings auch für Fragestellungen, angeleitete Reflexionen und „Hausaufgaben“ genutzt werden (wenn ein Mehrfachkontakt gewollt ist). Gleichzeitig sollte immer von Seiten der Berater mitgeteilt werden, wann mit der nächsten Beraterantwort zu rechnen ist. Studien zeigten, dass Ratsuchende im Verlauf des Beratungsprozesses häufiger ihre E-Mails abrufen, d.h. in einer Wartehaltung sind (Eichenberg, 2007a).